KB110283

4차 산업혁명의
본질

4차 산업혁명의 본질

발행일 2024년 7월 5일

지은이 이민주
펴낸이 손형국
펴낸곳 (주)북랩
편집인 선일영   편집 김은수, 배진용, 김현아, 김다빈, 김부경
디자인 이현수, 김민하, 임진형, 안유경   제작 박기성, 구성우, 이창영, 배상진
마케팅 김회란, 박진관
출판등록 2004. 12. 1(제2012-000051호)
주소 서울특별시 금천구 가산디지털 1로 168, 우림라이온스밸리 B동 B113~115호, C동 B101호
홈페이지 www.book.co.kr
전화번호 (02)2026-5777   팩스 (02)3159-9637

ISBN 979-11-7224-175-9 03320 (종이책)   979-11-7224-176-6 05320 (전자책)

(주)북랩 성공출판의 파트너
북랩 홈페이지와 패밀리 사이트에서 다양한 출판 솔루션을 만나 보세요!
홈페이지 book.co.kr • **블로그** blog.naver.com/essaybook • **출판문의** book@book.co.kr

작가 연락처 문의 ▶ ask.book.co.kr
작가 연락처는 개인정보이므로 북랩에서 알려드릴 수 없습니다.

이 책에서 사용된 '구산업화', '신산업화', '구산업혁명', '신산업혁명', '개별 맞춤', '개별 맞춤생산', '개별 맞춤소비'는 저자가 개발한 독창적 용어입니다. 이 용어를 사용할 때는 반드시 출처를 밝히시기 바랍니다.

인구 감소와 자원 고갈 시대의 새로운 패러다임 혁명

4차 산업혁명의 본질

The essence of the 4th industrial revolution

◈ 이민주 지음 ◈

 북랩

들어가는 글

17~18세기[1]에 영국에서 시작되어 현재까지 약 3세기 동안 진행되어 온 대량생산 대량소비를 근간으로 하는 산업화 사회는 21세기에 들어서면서 본질적인 전환의 조짐을 보이고 있다. 이러한 전환은 클라우스 슈바프(K. M. Schwab)[2]가 2016년 세계경제포럼(WEF, World Economic Forum)[3]에서 '4차 산업혁명'을 주제로 선정하여 포럼을 개최한 이후, 국내에서도 4차 산업혁명에 대한 논의가 백가쟁명식으로 뜨겁게 진행되고 있다. 그러나 이러한 논의의 대부분은 현재 일어나고 있는 산업적 변화에 대한 거시적이고 깊이 있는 이해가 부족한 상태에서 4차 산업혁명에 대한 미시적 대응방안에만 집중되고 있는 게 아닌가 하는 염려가 있다.[4]

---

1 토인비(A. Toynbee)는 산업혁명의 시발점을 18세기 중엽인 1760년으로 잡았으나 미국의 역사가 네프(J. Nef)는 대규모 공업과 기술혁명의 시작을 16세기에서 17세기 초로 잡았다.

2 슈바프(Klaus Martin Schwab)는 독일의 공학자이자 경제학자로, 1971년에 세계경제포럼을 창설하고 의장으로 활동하고 있다. 국내에서는 '슈밥'으로 많이 불리고 있으나, 독일인이므로 '슈바프'라고 표기하는 것이 더 적절하다고 본다.

3 이 포럼은 매년 스위스 다보스(Davos)에서 열려 '다보스 포럼'이라고 불리기도 한다.

4 4차 산업혁명과 관련하여 얼마나 많은 갖가지 방안이 제시되고 있는가를 보기 위해 인터

'4차 산업혁명'이라는 말에는 '4차'라는 단어가 포함되어 있어, 앞으로 펼쳐지는 산업적 변화가 마치 1~3차 산업혁명의 연장선상에서 일어나는 것이라는 의미를 내포하고 있다. 그러나 과연 현재 또는 가까운 미래에 일어나는 산업 혁신이 1~3차 산업혁명의 연장선에 있는 것일까? 아니면 1~3차 산업혁명과는 궤를 달리하는 새로운 형태의 산업적 혁신일까? 저자는 4차 산업혁명의 성격을 올바르게 이해하고 제대로 대응하려면, 이러한 질문에 대한 답을 찾는 것에서부터 시작해야 한다고 생각한다. 그러나 저자는 불행히도 지금까지 이러한 근본적인 질문에 대한 논의를 제시하는 글은 아직까지 찾아볼 수 없었다. 그렇다면 소위 4차 산업혁명이라는 것의 본질은 과연 무엇이며, 왜 이 시대에 4차 산업혁명이 필요하며, 4차 산업혁명을 성공적으로 수행하기 위해서는 무엇을 어떻게 준비해야 할까?

우리가 4차 산업혁명의 본질을 이해하려면, 1~3차 산업혁명이 일어나게 된 시대적 배경(1~3차 산업혁명의 본질)과 4차 산업혁명이 진행될 시기의 시대적 배경(4차 산업혁명의 본질)의 차이를 이해하는 것에서부터 시작해야 할 것이다. 1~3차 산업혁명 시기는 인구의 급격한 팽창(즉, 소비자의 급격한 증가)과 그에 따른 산업 생산량의 급격한 증가(생산 기술의 발전과 자원 개발을 통한)로 특징지어진다. 즉, 17~18세기에서 시작되어 현재까지 3세기에 걸쳐 진행되어 온 1~3차 산업혁명은 급격한 인구 증가를 근간으로 하여 '인구 증가

넷 교보문고에서 '4차 산업혁명'으로 검색을 해 보았다. 2024년 5월 12일 현재 국내도서(번역서 포함)만으로도 1,614종이 올라와 있는 것을 볼 수 있었다.

→ 대량생산 대량소비 → 인구 증가'가 수레바퀴처럼 맞물리며 눈덩이처럼 서로를 키워 온 기간이었다.

그렇다면, 3차 산업혁명 이후에 전개되는 산업 혁신의 본질은 무엇일까? 21세기 이후에도 인구 증가가 지속된다면 4차 산업혁명은 1~3차 산업혁명의 연장선에 있는 산업 혁신이 될 것이다. 그러나 1~3차 산업혁명의 수레바퀴를 굴려 온 근간인 인구 증가가 멈추거나 인구 감소로 역전된다면, 4차 산업혁명은 그간의 1~3차 산업혁명과 그 본질이 완전히 다른 산업 혁신이 될 것이다. UN의 세계인구전망(World Population Prospects)에 따르면, 세계 인구는 이번 세기 중에 고소득국부터 시작하여 저소득국으로 퍼져 나가며 감소세로 전환될 것으로 예측되고 있다.[5] 따라서 4차 산업혁명은 1~3차 산업혁명과 궤를 같이하는 연장선상의 산업 혁신이 아니라, 완전히 새로운 패러다임의 산업혁신으로 들어가는 첫걸음이 될 가능성이 높다.

인구 구조의 패러다임이 바뀌는 새로운 지구촌에서 우리 산업은 어떻게 대응해 나가야 할까? 현재 발걸음을 재촉하며 나아가고 있으며 또한 전 산업 분야로 퍼져나갈 미래의 산업사회는 어떠한 모습일까? 저자는 독자들과 함께 이러한 본질적인 물음에 대한 논의의 폭을 넓히고, 그에 대한 답을 찾아가는 데 작은 보탬이 되고자 이 책을 집필했다. 만약 우리 산업과 경제계에 종사하는 분들, 국가의 비전과 정책을 입안하는 정부 관계자들이 다가

---

5   *World Population Prospects 2022*, Online Ed., United Nations, Department of Economic and Social Affairs, Population Division, **2022**.

오는 산업적 패러다임 변화에 대응하는 데 이 책이 다소나마 도움이 된다면 큰 보람이 될 것이다. 특히, 미래 세대가 이 책을 읽고 그들의 미래를 준비하는 데 하나의 길을 제시할 수 있게 된다면 저자로서 그보다 더 큰 영광이 없을 것이다. 이를 통해 우리 사회가 새롭게 도래하는 산업 혁신에 보다 올바르고 효율적으로 대응하는 데 도움이 되기를 기대해 본다.

이 책은 2개 부 6개 장으로 구성되어 있다. I부에서는 1~4장에 걸쳐 1~3차 산업혁명의 본질이 무엇이며, 그 본질과 각 산업혁명의 전개 과정과의 상관관계를 살펴보았다. 이 가운데 1장에서는 영국에서 1차 산업혁명이 시작된 원인과 그 전개 과정을 살펴보았고, 그 본질을 제시했다. 2장에서는 2차 산업혁명의 주역인 미국 산업혁명의 배경과 과정을 살펴보았고, 그 이면에 흐르는 본질을 고찰했다. 이어서 3장에서는 1, 2차 산업혁명의 본질에 대해 종합적으로 논하고, 1차 산업혁명의 선도국이었던 영국과 2차 산업혁명을 미국보다 한발 앞서 시작했던 독일이 2차 산업혁명의 선두 주자에서 탈락하게 된 근원을 간략하게 기술했다. I부의 마지막 장인 4장에서는 제2차 세계대전 후에 전개된 2차 세계화와 3차 산업혁명인 정보혁명과의 상관관계를 고찰하고, 그 본질을 논했다. 그리고 II부에서는 5장에서 새롭게 도래하는 산업혁명은 인구 감소와 자원 고갈이 그 배경에 있으며, 이 양대 문제를 해결하고자 하는 산업 혁신이 그 본질임을 논했다. 이 책의 대미인 6장에서는 4차 산업혁명을 비롯하여 새롭게 전개되는 산업 혁신에 대응하는 몇 가지 방안을 제시했고 4차 산업혁명의 거시적인 의미를 살펴보았다.

끝으로 이 책을 집필하는 데 많은 조언을 아끼지 않았던 'H & S Research Co.'의 박동동 박사님에게 특별한 감사를 드린다. 박 박사님은 원고를 꼼꼼히 읽어 주셨고, 그의 조언은 〈6장의 4〉의 인재 고도화 방안을 집필하는 데 큰 도움이 됐다. 그리고 흔쾌히 이 책의 출판을 맡아 주신 북랩 출판사의 손형국 사장님과 직원 여러분에게도 깊은 감사를 드린다.

2024년 5월

이민주

minjoolee303@gmail.com

차
례

1부

1~3차 산업혁명의 본질:
인구 폭증, 자원 개발 시대의 산업혁명

제1부

1~3차
산업혁명의 본질

○

○

○

인구 폭증,
자원 개발 시대의 산업혁명

지금 한창 뜨겁게 논의되고 있는 4차 산업혁명이 무엇인지 알고자 한다면, 4차 산업혁명이 기존의 산업혁명과 무엇이 다르고 무엇이 같은지를 파악하고 이해하는 데에서부터 시작해야 할 것이다. 그렇다면 1~3차 산업혁명은 왜 일어나게 됐으며, 어떻게 시작되어 어떻게 진행됐을까? 이 질문에 대한 답을 찾는 것이 지금까지의 산업혁명의 본질을 이해하는 길이 될 것이다. 그리고 현재 진행 중이며 앞으로 전개될 새로운 산업혁명을 올바르게 이해하고 대처하는 길이 될 것이다.

소위 1~3차 산업혁명 시대라고 불리우는 18세기에서 21세기(?)까지의 시대는 생산과 소비를 포함한 거의 모든 분야에서 '보다 많이'의 시대였다. 이 시기에는 어떤 국가 또는 국민이 연간 얼마나 많은 재화와 서비스를 생산했는가를 산출하기 위해 GDP[6]와 GNP[7] 같은 지표를 개발하여 그 국가 또는 국민이 한 해 동안 얼

---

6   GDP(Gross Domestic Product, 국내총생산)는 일정 기간(보통 1년) 동안 한 국가 내에서 생산된 재화와 서비스의 시장 가치를 합한 값이다.

7   GNP(Gross National Product, 국민총생산)는 일정 기간(보통 1년) 동안 한 국가의 국민

마나 생산했는지를 비교해 왔다(21세기인 2024년 현재에도 이러한 비교는 아직도 계속되고 있다). 뿐만 아니라 국민 총소득(GNI)[8], 1인당 국민소득(PCI)[9], 구매력 평가(PPP)[10]와 같은 지표도 만들어 한 국가와 국민이 얼마나 많은 소비를 하는지(또는 할 수 있는지)를 평가하고 비교해 왔다. 이러한 지표들은 이 시대가 얼마나 대량생산과 대량소비를 금과옥조로 삼는 사회인지를 단적으로 드러내는 것이라 할 수 있다.

그렇다면 이 시기에는 무엇이 보다 많이 생산하고 보다 많이 소비하는 산업사회의 수레바퀴를 끊임없이 돌리고 또 돌리게 한 것일까? 그리고 이 수레바퀴는 왜 영국에서 시작되어 미국으로 그리고 세계 전체로 퍼져 나가게 된 것일까? 17~18세기에 영국에서는 도대체 무슨 일이 있었기에 혁명이라고까지 불리게 된 산업적 변화가 일어나게 된 것일까? 그리고 19세기 말~20세기 초에 미국에서는 왜 산업의 혁명적인 변화가 필요했으며, 20세기 중엽부터 현재에 이르는 정보혁명의 동력은 무엇일까? 이러한 질문들에 대해서 이 책의 전반부인 I부에서는 그 답을 찾아 감으로써 1~3차

이 장소의 제약을 받지 않고 생산한 재화와 서비스의 시장 가치를 합한 값이다. 1980년 대까지는 한 나라의 국민소득의 지표로 GNP를 주로 사용했으나, 국내 거주 국민의 실질적 소득을 측정하는 데 GDP가 더 적합하다고 여겨져 이후로는 GDP가 널리 사용되고 있다.

8 국민총소득(GNI, Gross National Income)은 한 나라의 국민이 생산활동을 통해 얻은 소득의 총합이다. 국내 총소득에 국외에서 얻은 순소득을 더하여 구한다.

9 1인당 국민소득(PCI, Per Capita Income)는 국민 1인당 평균 소득으로 국민 총소득을 전체 인구로 나누어 구한다.

10 구매력 평가(PPP, Purchasing Power Parity)는 모든 개별 상품은 전 세계 어느 나라에서나 같은 가치를 가질 것이라는 원칙에 의해서 각국 통화의 구매력을 산출하는 방법이다. 대표적인 것으로는 빅맥 지수(Big Mac Index)가 있다.

산업혁명의 본질이 무엇인지를 살펴본다. 이러한 과정을 통해 우리는 4차 산업혁명과 이후 전개될 산업적 혁신의 본질이 무엇이 될 것인지를 이해할 수 있게 될 것이다. '역사는 반복되고', '온고지신(溫故知新)'이라고 했다. 옛것을 깊이 살펴보고 이해해야 새것을 미루어 짐작할 수 있을 것이다. 현재 일어나고 있는 겉으로 보이는 현상만을 가지고 앞으로 전개될 거대한 산업적 변화를 말하다 보면 '나무를 보고 숲을 보지 못하는 우(遇)'를 범하기 십상이기 마련이다.

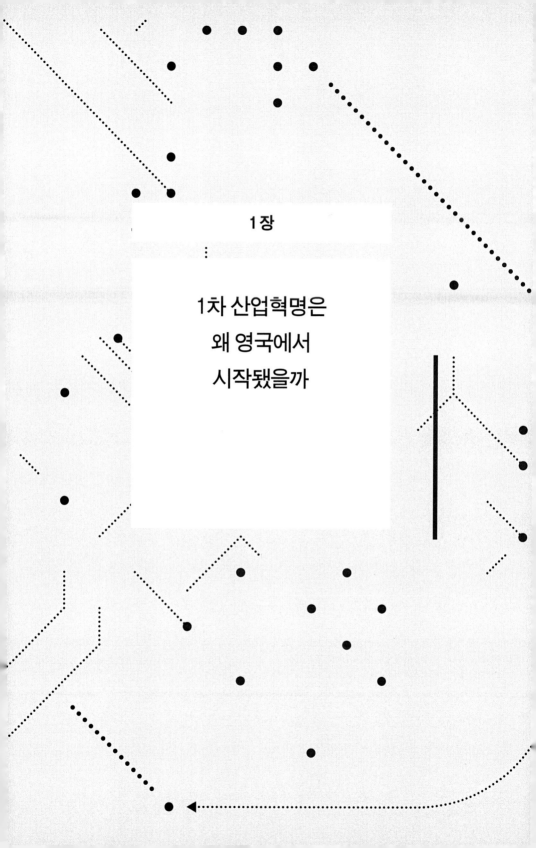

1장

:

1차 산업혁명은
왜 영국에서
시작됐을까

'필요는 발명의 어머니다'라는 말이 있다. 이는 '발명은 필요에 의하여 만들어진다'라는 뜻이다. 나는 이를 모방하여 '절실함이 혁명의 어머니다'라 바꾸어 말하고자 한다. 절실하지 않으면 점진적인 변화는 가능할지언정 혁명적인 변화는 일어나기 어렵다. 이는 산업혁명, 정치혁명, 사상혁명 등 모든 혁명적 변화는 절실한 곳에서 절실한 때에 일어나기 때문이다.

　17~18세기에 1차 산업혁명이 일어나기 직전, 영국은 본토(잉글랜드와 웨일스)를 기준으로 프랑스의 1/4 정도밖에 안되는 국토 면적과 1/4(1700년 기준)에서 1/7(1500년대 중반 기준) 정도밖에 되지 않는 인구를 가지고 있었다. 거기에 더해서 당시 과학 기술이 가장 발달되어 있던 나라는 영국이 아니라 프랑스였다. 왜 과학·기술, 인구, 영토면적 등 거의 모든 면에서 당시 최강국 중의 하나였던 프랑스가 아니라 영국에서 산업혁명이 일어난 것일까? 과학·기술의 발달? 저자를 포함해서 많은 과학기술인은 산업혁명을 과학·기술의 발달의 결과로 보려고 하는 경향이 있으나, 산업혁명이 시작될 당시에 과학·기술은 프랑스가 더 발달되어 있었다. 풍부

한 노동력? 그것 역시 프랑스가 더 풍부한 인력을 가지고 있었다. 그럼에도 불구하고 1차 산업혁명은 영국에서 시작됐다. 그러므로 과학·기술의 발달이나 노동력의 풍부함이 산업혁명을 야기한 근본적인 원인으로 보기 어렵다. 그렇다면 영국에서 산업구조를 혁명적으로 변화시키게 한 절실한 사회적 현상은 무엇일까? 이 사회적 현상이 영국에서 산업혁명이 일어나게 된 본질이며 이후 21세기 현재까지 진행된 1~3차 산업혁명의 본질이라 할 수 있다.

1
인구의 폭발적인 증가,
산업혁명을 촉발하다

일반적으로 경제변동은 팬데믹(pandemic)과 같은 큰 재난이 덮치는 경우를 제외하면, 단기적으로는 부침이 있을지라도 장기적으로는 점진적이며 느리게 진행되어 왔다. 그러나 이러한 점진적이고 느린 변화는 17~18세기경 영국[11]에서부터 시작된 산업혁명이라고 불리는 급격한 경제팽창으로 깨어졌다. 이후 이 급격한 경제팽창은 전 세계로 퍼져 나가며 지금까지 지속되고 있다. 도대체 17~18세기를 전후해서 영국에서는 어떤 상황이었기에 혁명이라고 불리울 정도까지의 급격한 산업 변화가 필요했던 것일까?

국가와 경제의 가장 기본적인 토대는 인구이다. 따라서 인구 규모는 국가와 경제를 떠받치는 기반이기도 하지만 한계가 되기도 한다. 〈표 1.1〉을 보면 잉글랜드는 15세기 중반인 1450년 190만 명에 불과했으나, 약 100년 후인 1560년에는 약 1.7배 증가한 320만 명이 됐다. 그리고 200년 후인 1650년에는 2.8배 증가한

---

11 여기에서 영국은 통상 영국이라 칭하는 그레이트 브리튼 및 북아일랜드 연합 왕국(United Kingdom: 잉글랜드, 웨일스, 스코틀랜드 및 북아일랜드) 중 잉글랜드와 웨일스 지역을 말한다.

531만 명에 달했음을 알 수 있다. 이는 유래를 찾아보기 힘든 인구 혁명이라고 할 수 있을 정도의 폭발적인 증가세였다. 즉, 이 시기에 잉글랜드에서는 경제 토대인 인구 구조가 뿌리부터 흔들리는 변화가 일어나고 있었다. 이러한 인구 증가세가 얼마나 가파른지는 〈그림 1.1〉을 보면 더욱 확연하게 드러난다.

표 1.1 1차 산업혁명 전 잉글랜드의 역사적 인구.[12, 13]

연도	인구수/천명	증감률	연도	인구수/천명	증감률
1315	4,690		1490	2,140	12.6%
1325	4,120	-12.2%	1522	2,350	9.8%
1348	4,810	16.7%	1541	2,830	20.4%
1351	2,600	-45.9%	1560	3,200	13.1%
1377	2,500	-3.8%	1600	4,110	28.4%
1400	2,080	-16.8%	1650	5,310	29.2%
1430	2,020	-2.9%	1700	5,200	-2.1%
1450	1,900	-5.9%			

12 S. Broadberry, et al., *British Economic Growth 1270-1870*, Cambridge Univ. Press, **2015**, Chap. 1.

13 E. A. Wrigley, R. S. Schofield, *The Population History of England, 1541-1871: A Reconstruction*, Harvard Univ. Press, **1981**, p. 208.

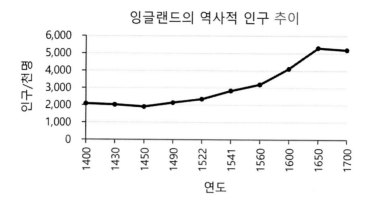

그림 1.1 흑사병 이후 1차 산업혁명전까지 잉글랜드의 역사적 인구 추이.[14]

    또한 당시 잉글랜드의 이러한 인구 증가가 얼마나 혁명적이었 는지는 〈표 1.2〉와 〈그림 1.2〉의 프랑스(본토)의 인구 변화와 비교 하면 잘 드러난다. 이를 보면 같은 기간대에 프랑스의 인구는 2,000만 명을 중심으로 오르내리며 급격한 인구 증가가 나타나지 않고 있다. 이러한 인구 변화 추이는 유럽의 다른 나라들도 마찬 가지였다.[15]

---

14 〈표 1.1〉의 자료를 토대로 작성됨.

15 16~17세기 유럽 최강국으로 최초로 '해가 지지 않는 제국'으로 불리운 스페인도 이 기간 동안 인구 750만 명을 전후로 등락하며 큰 변동없이 유지됐다. 유럽 내에서 인구 증가가 가장 빠르고 컸던 서유럽의 경우에도 18세기 전반기에 전통 사회의 일반적인 값인 연평 균 0.3%의 인구증가율을 나타냈다. 반면에 동유럽 지역의 증가율은 이보다 낮았다.

표 1.2 1차 산업혁명 전 프랑스(본토)의 역사적 인구.[16]

연도	인구수/천명	증감률	연도	인구수/천명	증감률
1345	20,200	26.3%	1600	20,000	0.0%
1400	16,600	-17.8%	1670	18,000	-10.0%
1457	19,700	18.7%	1700	21,000	16.7%
1580	20,000	1.5%			

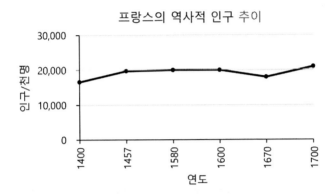

그림 1.2 흑사병 이후에서 1차 산업혁명전까지 프랑스(본토)의
역사적 인구 추이.[17]

〈표 1.1〉에서 보듯이 1450년 이후 세대를 거듭할수록 급격히
증가하는 잉글랜드의 인구는 성인 1인당 부양가족 수 역시 급격
히 증가시켰을 것임은 너무나 자명하다.[18] 이러한 인구 급증으로

16　Demographics of France - Wikipedia, 2023년 1월 23일.

17　〈표 1.2〉의 자료를 토대로 작성됨.

18　이 기간 중의 인구 증가는 출생률의 증가에 의한 것이 아니라 주로 사망률의 하락에 기인
했다. 출생률은 10년 단위로 보았을 때 36~38%를 유지했다. 그러나 사망률은 흑사병
(1348~1351년)으로 인구가 1/3~1/2가량이 감소하는 대재앙을 겪은 후, 보건위생 의식이
고취되어 음식과 주거 환경 개선, 강제 격리 및 쓰레기 처리와 적절한 시신 매장법에 대한
발전이 사망률을 극적으로 감소시켰다.

인한 부양가족 수(주로 부양자녀 수[19])의 증가는 가족의 최소한의 삶[의식주(衣食住)]을 유지하기(가족이 헐벗고 굶주리지 않도록 하기)위해서는 생필품 생산의 혁명적 증산이 영국사회 전반에 걸쳐 절체절명의 과제였을 것임은 불을 보듯 확실하다.

---

19 예를 들어 런던 지역의 5세 이전 아동 사망률이 1730~1749년 74.5%에서 1810~1829년에 31.8%로 떨어진 것(M. C. Buer, *Health, Wealth and Population in the Early Days of the Industrial Revolution*, George Routledge & Sons, London, **1926**, p. 30.)을 보아도 부양 자녀수가 급격히 늘어났을 것임을 충분히 예측할 수 있다.

2

인구 폭증,
농업혁명을 일으키다

〈표 1.1〉과 〈그림 1.1〉에서 보았듯이 1450년대 이후 급격히 증가한 인구는, 기존의 농업생산 방식으로는 도저히 폭증하는 인구(각 가정에 대해서는 가족 수)가 생존할 수 있을 만큼의 식량을 공급하기에 역부족일 수밖에 없었다. 인구 증가로 인한 식량부족은 영국의 전 지역에 걸쳐 식량가격의 폭등을 야기했다. 이에 영국의 각 가정과 대지주, 정부는 각자의 목적은 서로 다를지 몰라도[20] 영국 사회 전체적으로 획기적인 식량 증산이 절실히 필요했다.

15세기 중엽부터 시작된 인구의 폭발적인 증가로 인한 식량 부족 사태는 16세기에서 18세기에 걸쳐 영국의 전지역에서 식량 생산 방식에 중대한 변화를 가져왔다.[21] 물론 이러한 변화는 지역에 따라 형성 시기에 상당한 차이가 있고, 현재의 기준으로 보면 상당히 느리게 진행된 것으로 보일 수도 있다. 그러나 16세기 이전

---

[20] 예를 들면, 소농민에게는 불어난 가족의 생계유지, 대지주에게는 가격 폭등에 따른 경제적 이익추구, 정부에게는 불어난 국민이 생활고로 인해서 폭도화 하는 것을 방지하는 것이 있다.

[21] 이러한 농업 방식 변화를 후대 역사가들은 농업혁명이라 부른다.

인류의 농업 방식 변화 속도와 비교하면 거의 전광석화와 같이 빠르게 진행됐다고 할 수 있다.

이러한 농업 분야에서의 변화는 다음과 같은 세 가지 특징을 가지는 것으로 분석되고 있다.[22] 첫째, 공동지에서의 가축 방목, 연료 벌채 및 사냥의 권리를 가진 농민[23]들이 분산된 지조(地條)[24] 형태로 경작하던 개방 경지를 대신하여 대규모의 통합(인클로저[25])된 단위의 토지에서 농사를 짓게 됐다. 둘째, 경작 가능한 농지가 황무지와 공동지에까지 확장됐고 집약적인 가축사육 등 집약농업이 채용됐다. 셋째, 농업 생산성 즉 한 단위의 농지 및 노동력이 생산하는 산출량이 크게 증대됐다.[26]

---

22   P. Deane, 나경수, 이정우 역, 영국의 산업혁명, 민음사, **1987**, p. 49.

23   당시 영국의 농민은 자유보유농민(freeholders), 등본보유농민(copyholders), 정기차지농민(leaseholders), 오두막농민(cottagers)으로 등급 지어져 있었다. 자유보유농민은 토지에 대한 소유권은 물론이고 자유로이 매매 또는 양도하거나 분할 상속할 수 있는 농민이고, 등본보유농민은 장원재판소에 기록되어 있는 등본으로 자신의 소유지에 대한 권리를 주장할 수 있는 농민이다. 반면에 정기차지농민과 오두막농민은 토지를 가지고 있지 못한 농민으로 정기차지농민은 영주나 지주로부터 일정 기간동안 토지를 임차하여 사용하는 농민이고, 오두막농민은 주로 영주, 부농 또는 촌락 공동체에 고용되어 생계를 유지하는 영세 농민이다.

24   중세 유럽의 개방 경지 제도에서 농민의 보유 토지를 다시 세분한 경작지.

25   인클로저(enclosure 또는 inclosure)는 산업혁명기에 영국에서 일어난 토지 병합 운동이다. 16세기에서 17세기 중반까지 진행된 1차 인클로저는 주로 직물공업에 양모를 공급하기 위한 '양치기'를 목적으로 했고, 2차인 17세기 중반 이후에 일어난 인클로저는 '집약적 농업'을 목적으로 했다. 인클로저의 결과로 나타난 가장 중요한 사실은 토지 생산성이 높아졌다는 것이다.

26   영국에서 생산되는 주요 곡물은 기후 여건상 밀, 호밀, 보리 같은 밭 작물이었다. 이들은 지력 소모가 커서 기존에는 경지의 1/2 또는 2/3을 놀리며 윤작하는 이포제 또는 삼포제 방식으로 경작해야 했다. 그러나 지력 회복에 도움이 되는 콩과 식물과 순무 같은 작물의 도입 등의 농업 생산 기술의 개발로 휴경지는 축소되거나 없어지게 됐다. 그 결과, 거의 모든 경작지가 휴지기 없이 농산물을 생산하게 됨으로써 단위 면적당 및 가구당 생산량이 크게 증가하게 됐다(이영림, 주경철, 최갑수, 근대 유럽의 형성: 16~18세기, 초판 2쇄, 까

이러한 혁명적인 농업생산 방식의 변화인 농업혁명은 결국 늘어나는 인구를 먹여 살리기 위해 새로운 생산기술의 도입, 황무지와 공동지의 개간, 농업의 집약화와 같은 식량증산을 위한 필사적인 노력의 결과라 할 수 있다. 그 결과, 영국의 농업은 다양하고 풍부한 식량생산을 가능해졌다. 이는 이후 지속적인 인구증가를 가능하게 했음은 물론이고, 팽창하는 도시 인구와 산업에 종사하는 노동자를 먹일 수 있는 안정적인 식량을 공급할 수 있게 함으로써, 산업혁명이 지속적으로 전개되고 확장되는 데 핵심적인 역할을 하게 됐다.[27]

치글방, **2012**, p. 352).

27 산업이나 상업이 발전하기 위해서는 대규모의 노동력을 필요로 한다. 이것은 생존하는 데 가장 가치 있는 식량을 생산하는 농업으로부터 노동력이 풀려날 때 가능해진다. 그러므로 산업혁명이 일어나려면 먼저 농업혁명으로 충분한 잉여 식량 생산이 확보되어야 한다.

3

땔감 부족, 석탄(연료 자원)
개발 시대를 열다

1450년대부터 시작된 인구 폭증은 식량 수요를 급증시켰을 뿐만 아니라, 취사와 난방을 위한 땔감과 새로운 주거지 건설을 위한 건축용 목재 수요 역시 급증시켰다. 여기에 더해 식량 생산 증산에 기여한 인클로저 운동은 황무지와 공동지에 울타리를 치고 양모 또는 식량을 생산함으로써 땔감을 비롯한 목재 공급을 만성적으로 부족하게 하는 부작용을 낳게 됐다.

영국의 구조적인 목재 공급 부족은 16세기 들어 국가의 경제, 사회 및 자연 환경[28] 등 광범위한 분야에 영향을 미치는 중요한 문제로 대두됐다. 이에 영국 정부는 남아 있는 숲을 보존하고 목재 사용을 줄이기 위해 건축 재료로 석재, 벽돌, 철과 같은 재료로 목재를 대체하게 하는 등 다양한 조처를 취했다. 그러나 이러한 조처는 폭증하는 목재 수요(대부분 취사와 난방을 위한 땔감 수요)를 해소하는 데는 근본적인 한계가 있을 수밖에 없었다. 16세기에 수

---

[28] 목재 부족은 목재 가격을 상승시켜 심각한 삼림 벌채와 그에 따른 토양 침식으로 자연 환경을 훼손했다.

십 년간 지속되고 있는 목재 공급 부족은 영국사회에서 반드시 해결해야 할 절실한 문제 중 하나였다. 여기에서 자연스럽게 대두된 것이 목재를 대체하는 연료로 석탄을 개발하는 것이었다.

영국에서 석탄은 13세기에 더럼(Durham), 노섬벌랜드(Northumberland), 노팅엄셔(Nottinghamshire)와 더비셔(Derbyshire), 스태퍼드셔(Staffordshire), 북과 남 웨일스(North and South Wales) 등지에서 소규모로 채굴되고 있었다. 이때의 석탄은 바다 콜(Sea Cole)[29]이라 불렸는 데, 이 석탄은 14세기 전반기부터 석탄 생산지역을 중심으로 가정용 난방 등에 제한적으로 사용되고 있었다. 그랬던 것이 16세기 이후 영국에서 목재 공급이 심각하게 부족해지면서 연료로서 석탄 사용이 급속히 확대되기 시작했다. 이에 1575년에 스코틀랜드 쿠러스(Culross) 지방의 브루스(J. Bruce)는 스코틀랜드 포스만(灣)의 바다 밑 해자 구덩이에서 석탄을 채취하는 최초의 탄광을 열었고, 이는 대체 연료로서 본격적인 석탄개발의 신호탄이 됐다.

이어 17세기에 들어 채광 기술에 대한 괄목할 만한 발전이 이루어지며 1913년에 2억 9,200만 톤으로 정점을 찍을 때까지 석탄 생산량은 해를 거듭할수록 급증했다. 〈표 1.3〉과 〈그림 1.3〉에서 보듯이, 19세기 중엽인 1853~1862년의 연평균 생산량 7,200만 톤이었다. 이는 19세기~20세기 중엽의 2억톤을 넘는 수량에 비하면 매우 적어 보일 수 있다. 그러나 이 양은 영국의 농지 전체 면적(2,600만 에이커)에서 장작을 생산해야 댈 수 있는 정도의 연료

---

29 절벽이나 해저 노두(露頭)로부터 영국 북동부 해안으로 밀려온 석탄을 지칭하는 말에서 기원한다.

량이다.[30] 또한 추정치이기는 하나, 1700년의 약 250만 톤, 1750년의 약 475만 톤에 비해 각각 29배와 15배에 달하는 양이다. 이로서 석탄은 단순히 취사와 난방을 위한 연료로의 역할을 넘어, 증기기관을 비롯한 다양한 기계에 동력을 공급하는 에너지원으로서 1차 산업혁명에 박차를 가하는 핵심 자원으로 자리매김하게 됐다.[31] 이 석탄개발은 인류가 연료 자원으로서 화석연료(석탄, 석유, 천연가스 등) 개발에 매진하게 하는 화석연료 시대의 막을 여는 견인차가 됐다.

표 1.3 영국의 역사적 석탄 생산량.[32]

기간	수량/백만톤*	연도	수량/백만톤*
1853~1862	72	1933~1942	225
1863~1872	106	1943~1952	208
1873~1882	140	1953~1962	216
1883~1892	173	1963~1972	170
1893~1902	207	1973~1982	125
1903~1912	258	1983~1992	95
1913~1922	245	1993~2002	44
1923~1932	237	2003~2012	20

* 10년 기간 동안의 연평균.

30   G. Clark, D. Jacks, *Coal and the Industrial Revolution, 1700-1869*, European Review of Economic History, **11**(1), 39 (2007).
31   연료원으로서 석탄의 등장은 목재(목탄 포함)를 사용하던 증기기관에 큰 변화를 가져왔다. 석탄은 뉴커먼(T. Newcomen) 기관과 와트(J. Watt)의 증기기관 같은 발명을 가져와 인력(人力), 수력(水力), 축력(畜力) 등을 사용하던 기존의 산업을 기계화하여 대량생산 사회로 나아가게 했다.
32   Department for Energy Security and Net Zero, Department for Business, Energy & Industrial Strategy, *Historical coal data: coal production, availability and consumption 1853 to 2022*, the Government of the United Kingdom, Updated 27 July 2023.

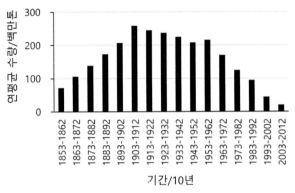

그림 1.3 영국의 역사적 석탄 생산량 추이.[33]

---

33 〈표 1.3〉의 자료를 토대로 작성됨.

4

인구 폭증, 면(綿)공업혁명으로
산업혁명을 이룩시키다

너무나도 당연히 먹을거리(식량)와 더불어 입을 거리(직물)는 전세계 모든 지역에서 인류가 삶을 유지하기 위해 절대적으로 필요한 물품이다. 면공업은 영국이 '세계의 공장'으로 발돋움하게 되는 원동력이 된 공업으로 평가되는 산업이다.[34, 35] 면공업의 발전과 더불어 영국은 드디어 역사가들이 말하는 1차 산업혁명이 본격적으로 시작됐다.

산업혁명 전 영국의 직물제조는 주로 양모(wool)를 원료로 하는 모직물을 생산하는 것이었다. 당시 영국에서 양모와 관련해서 고용된 사람의 수와 거래량은 농업 분야에 버금갈 정도였다. 영국에서 모직물 제조가 뛰어났던 것은 질 좋고 풍부한 양모 공급에 기반한다.[36] 여기에 더해 보온이 잘 되는 양모로 짠 직물은 서늘

---

34   W. W. Rostow, *The Stages of Economic Growth: A Non-Communist Manifesto*, 3rd. ed., Cambridge Univ. Press, **1991**, p. 36.

35   J. A. Schumpeter, *Business Cycles, Vol. 1: A Theoretical Historical, and Statistical Analysis of the Capitalist Process*, Martino Fine Books, **2017**, p. 271.

36   초기의 인클로저 운동은 황무지와 공동지에 울타리를 치고 주로 양모 생산을 위한 양을 키우려는 목적으로 이루어졌다.

한 기온의 고위도 사람들에게 잘 맞아 수요도 풍부했다. 반면에 면직물 제조는 모직물에 비해 뒤처져 있었다. 영국에서 생산되는 면직물은 인도에서 들여오는 옥양목과 같은 고운 무명(cotton) 제품에 비해 질이나 가격면에서 경쟁이 되지 못했고 규모도 작았다. 추정치이기는 하나 1760년대 초에 면직물의 연간 판매액은 60만 파운드이고, 그 수출액은 연평균 20만 파운드를 겨우 넘는 정도로 모직물의 연평균 수출액 550만 파운드의 1/25에도 못 미치는 수준이었다.[37]

그랬던 것이 1450년대 이후 지속적으로 증가하는 인구로 인한 직물 수요의 급증은 1750년대에 들어 모직물 생산만으로는 그 수요를 감당할 수 없는 상태에 이르렀다. 여기에 더해 2차 인클로저 운동으로 식량 증산을 위해 황무지와 공동지를 농지로 개간했기에 양을 키우는 목초지를 추가로 확보하는 것은 불가능한 상태가 됐다. 따라서, 어떤 형태로든 직물제조의 생산성을 높이는 것이 당시 영국사회에서 반드시 해결해야할 과제가 됐다. 이것이 얼마나 다급하고 절실한 과제였는지는 1790년대 초에 이를 위한 현상금제도가 운영됐던 것으로도 알 수 있다.

한편, 발전 속도는 느렸지만 직물제조에 대한 주요한 발명들이 연이어 일어나고 있었다. 예를 들면, 1733년에 케이(J. Kay)가 발명한 무늬 짜는 북(flying shuttle)[38], 1748년에 폴(L. Paul)이 발명한 소면기(carding machine)[39], 1764년 혹은 1765년에 하그리브스(J. Har-

---

37   P. Deane, 나경수, 이정우 역, 영국의 산업혁명, 민음사, **1987**, p. 98.

38   이 장치는 이전의 수작업 과정을 크게 가속화하고 노동력의 투입을 절반으로 줄였다.

39   대강 탄 솜(rove)을 천으로 만드는 것이 가능한 실로 가공하는 기계. 이 기술은 나중에 아

greaves)가 발명한 다축(多軸) 방적기인 제니 방적기(spinning jenny)[40] 등이 있다. 이러한 발명들은 영국사회에 직물 증산의 필요성이 반영된 결과라 할 수 있다. 제니 방적기의 발명은 비록 완벽한 것은 아니었으나 놀라운 결과를 가져왔다. 그 결과는 한 사람이 자을 수 있는 실의 양이 수배에서 수십 배로 증가한 것이었다. 뿐만 아니라, 이 기계는 작고 가격도 싸며 조작도 간단하여, 일반 가정에 설치할 수도 있었고 어린이도 조작할 수 있었다. 이에 영국에서 모사(양모 실) 방적은 줄어들고 면을 원료로 사용하는 방적이 주류가 됐다.

이어서 아크라이트는 1768년에 처음에는 말의 힘으로 구동되는 정방기(spinning frame)를 개발했고, 1775년에는 수력방적기(water-frame)을 개발했다. 이 기계는 처음부터 제니 방적기와 달리 공장용이었다. 이로부터 방적은 가내공업에서 벗어나 공장공업으로 전환되기 시작했다. 1779년 크롬프튼(S. Crompton)이 제니 방적기와 수력방적기의 원리를 결합하여 이전보다 훨씬 더 부드럽고 고운 실을 뽑아내는 뮬 방적기(spinning mule)를 개발함으로써 영국은 면포의 질에서도 인도를 능가하게 됐다. 1785년에는 아크라이트의 수력방적기 특허가 만료되고, 방적기의 동력으로 왓트(J. Watt)의 증기기관이 도입됐다. 이로써 영국을 비롯한 전 세계

크라이트(R. Arkwright)의 수력방적기 개발에 기초가 됐다.

40 이 방적기의 초기 모델은 한 번에 8개 이상의 실패(spool)를 작업할 수 있어 작업자가 천을 생산하는 데 필요한 작업량을 대폭 줄여 주었다. 나중에 기술이 발전함에 따라 작업할 수 있는 실패의 수는 120개까지 증가했다. 이 방적기는 면제조 공장 시스템이 시작되는 데 크게 기여했다.

인류는 새로운 생산체계인 대규모 공장공업에 의한 대량생산 대량소비 사회로 첫발을 내딛게 됐다.

표 1.4 영국의 실질 면직 산업 생산량 증가율(%/연).[41]

연도	증가율*
1700~1760	1.37
1770~1780	6.20
1780~1790	12.76
1790~1801	6.73
1801~1811	4.49
1811~1821	5.59

* 1700~1790년: 1700년을 기준으로 한 가중치, 1790~1821년: 1801년을 기준으로 한 가중치.

1750년대에만 해도 가장 보잘것없는 공업 중 하나였던 면직물 제조업이 '입을 거리 마련'이라는 절실한 문제를 해결하려는 노력의 결과 1/4세기가 조금 넘는 기간 만에 영국에서 가장 중요한 공업 중 하나가 됐다. 이후 영국에서 면공업은 〈표 1.4〉에서 보듯이 1770년대부터 성장을 거듭하여, 1815년에는 면직물 수출이 영국 국산품 수출의 40%를 차지했고 1830년에는 50%를 넘었다. 이는 〈표 1.5〉에서 영국의 방직기 수의 연도별 숫자 증가를 보아도 그 성장세가 얼마나 가팔랐는지 알 수 있다. 〈표 1.5〉에서 보듯이 1803년에 2,400대였던 방직기는 반세기 만인 1857년에는 25만

---

41 C. Freeman, F. Louçã, 김병근 외 역, *혁신의 경제사: 산업혁명에서 정보혁명까지*, 박영사, **2021**, p. 177.

대로 100배가 넘게 증가했고, 면직물의 노동 생산성 역시 〈표 1.6〉에서 보듯이 방적 기술의 발전과 더불어 눈부시게 높아지며 면공업이 영국에 산업혁명이라는 거대한 비행기를 이륙시키게 됐다.

표 1.5 영국의 방직기 수.[42]

연도	1803	1820	1829	1833	1857
방직기 수	2,400	14,650	55,500	100,000	250,000

표 1.6 방적기의 면직물 노동 생산성: 면 100파운드 당 작업 시간(OHP).[43]

방적기	OHP
인도 수동 방적기(18세기)	50,000
크롬프턴의 뮬 방적기(1780)	2,000
100축 뮬 방적기(c. 1790)	1,000
동력 뮬 방적기(c. 1795)	300
로버트의 자동 뮬 방적기(c. 1825)	155
현대의 최신 기계(1990)	40

42 R. L. Hills, *Power from Steam: A History of the Stationary Steam Engine*, Cambridge Univ. Press, **1993**, p. 117.
43 C. Freeman, F. Louçã, 김병근 외 역, 혁신의 경제사: 산업혁명에서 정보혁명까지, 박영사, **2021**, p. 177.

5
운송물량의 증가,
교통혁명을 요구하다

사회간접자본인 수송시설(도로, 철도, 운하 등)은 대규모 자본 투입이 필요하고 실질적 이윤을 얻을 때까지 긴 시간이 요구되어 일반적으로 중앙 정부나 지역자치단체 등 국가기관에서 건설한다. 그러나 놀랍게도 영국에서 산업혁명 과정에서 필수적이었던 수송시설 건설에 주도적인 역할을 했던 것은 사기업이었다. 이윤 추구를 목적으로 하는 사기업이 도로와 운하, 철도 같은 사회공공시설 건설에 투자했다는 것은 이러한 시설에 대한 투자가 충분히 이윤을 창출할 수 있는 여건이 형성됐기 때문이라 할 수 있다.

중세 장원시대이래 전략적으로 중요한 일부 도로를 제외하고 도로의 건설과 보수는 그 지방의 문제였고, 지주는 그 책임을 소작농에게 떠넘겼다. 그리고 일부 교량 등에서는 통행료를 받아 그 보수 비용을 충당했다. 오랫동안 유지되어 온 이러한 관습은 지주가 수시로 소작농을 불러 도로와 교량을 보수하는 등 그 폐해가 만만치 않았다. 이에 영국에서는 16세기에 1년 중 일정한 날짜에만 소작농을 동원할 수 있도록 하고 나머지 기간에는 농사에 집중하도록 하는 부역제도가 제정되어 운영됐다. 이 제도는

산업화가 정착되어 더 이상 그 효용성이 완전히 사라진 1835년에
폐지될 때까지 유지됐다.

이 제도는 가내공업이 지배적이고 생산물의 수송이 주로 국지
적이었던 17세기까지는 충분히 훌륭하게 그 역할을 수행했다. 그
러나 18세기 들어 인구 증가로 인한 식량과 연료 수송량이 지속
적으로 증가하며 당시 도로의 수용능력을 훨씬 상회하게 되자 기
존의 부역제도로는 도로건설과 보수를 감당하기 어려운 지경에
이르게 됐다. 이에 영국 정부는 사기업에 통행료징수권을 주고
도로보수의 임무를 맡기는 유료도로법(Turnpike Acts)을 제정하여
이러한 문제를 해소하기 위한 정책을 적극적으로 도입했다. 그
결과, 1750년까지 주요 런던발 도로와 주요 지방도로가 유료화됐
고, 1751~1772년에는 389개의 도로가 사기업이 관리하는 유료
도로(Turnpike)가 됐다.[44]

교통량의 증가와 식량과 목재 등 비교적 무거운 화물의 증가는
도로를 파손하기 일쑤였다. 결국 도로관리업체(Turnpike Trusts)는
무거운 교통량에도 장기간 견딜 수 있고 겨울철에도 통행할 수
있는 도로를 건설하고 그들이 잘 유지되도록 관리해야 했다. 초
기의 도로건설 기술은 특별히 새로운 것은 아니었다. 이 기술은
큰 돌덩어리로 기초를 다진 후, 그 위에 깨진 자갈을 몇 겹 덮고
다져 빈틈을 메우고, 길 중앙을 약간 불룩하게 하여 배수가 잘 되
게 하는 것으로, 로마인들의 방법과 크게 다르지 않았다. 그럼에

---

44   W. Albert, *The Turnpike Road System in England 1663~1840*, Cambridge Univ. Press,
      1972, Chap. 3 & 8.

도 불구하고, 마차가 주요 수동 수단이었던 당시에는 운송시간을 단축하고 교통량을 증가시키는 데 크게 기여했다.

이러한 도로개량으로 가장 크게 개선된 것은 경량수송 분야였다. 잭크만(W. T. Jackman)의 추정에 의하면 큰 공로에서 상거리 수송에 걸리는 시간이 1750년에 비해 1830년에는 1/3 내지 1/5정도밖에 걸리지 않았고 한다.[45] 그러나 중량화물을 수송하는 데는 마차 수송을 위한 도로개량만으로는 역부족이었다. 다행히 영국은 국토의 폭이 좁고 섬으로 구성되어 있을 뿐만 아니라 강의 길이도 비교적 길어 운하로 연결하기에 수월해서 수상수송에 유리한 환경이었다.

18세기에는 진흙길로 운반하기에는 시간과 비용이 엄청나게 들어갈 수밖에 없는 석탄과 곡물 등이 해안을 따라 수송됐다. 대부분의 해안수송은 런던 시민에게 식량, 주거, 연료(주로 석탄)를 공급하기 위한 것이었다. 런던의 성장은 이에 힘입은 바 크다. 17세기 말에 런던의 인구는 50만 명 정도이었지만, 18세기 말에는 100만 명 이상으로 증가했다.

18세기 말에서 19세기 초에 영국의 연안해운에는 커다란 변화가 없었으나 내륙의 수운체계에는 혁신적인 변화가 일어났다. 그것은 운하의 건설이었다. 산업혁명이 진행됨에 따라 생산지와 소비지 간에 화물의 양이 급격하게 증가한 데에 따른 결과였다. 영국에서 운하건설은 두 차례에 걸쳐 폭발적으로 일어났다. 첫 번

---

45   W. T. Jackman, *The Development of Transportation in Modern England*, Vol. 1, Cambridge Univ. Press, **1916**, p. 339.

째는 1760년대와 1770년대 초에 워슬리(Worsley) 탄광과 맨체스터(Manchester) 사이를 연결하는 운하를 시작으로 미국의 독립전쟁으로 경기가 후퇴할 때까지 지속됐다. 두 번째는 미국의 독립전쟁이 끝날 무렵인 1780년대에 시작하여 1790년대에 전국적으로 열풍적인 운하건설이 일어났다. 그 결과, 18세기말에 잉글랜드에는 자연적으로 운항할 수 있는 강을 포함하여 약 3,200km에 달하는 수로가 완성됐다. 이 가운데 1/3 정도가 1760년과 1800년 사이에 건설된 운하였다.[46] 이러한 운하건설 열기는 1830년대의 철도시대가 개막될 때까지 지속되어 1858년에는 약 6,800km에 달하는 내항수로가 형성됐다. 운하는 대량생산 대량소비 사회로 가는 혁명적 변화(즉 1~3차 산업혁명에서 대량 생산자와 대량 소비자를 연결해주는 대량운송 시대)를 여는 훌륭한 첫걸음이 됐다.

운하는 짧은 기간(1760~1830년) 동안에 폭발적으로 건설되며 영국 경제에 지대한 영향을 미쳤다. 운하는 식량, 석탄, 철 등 부피가 크고 무거운 상품의 운송비를 크게 줄여 시장에서 멀리 떨어진 농업지역과 탄광지역 등 생산지의 경쟁력을 높이는 데 기여했다. 그러나 수로로부터 멀리 떨어진 지역에 위치하는 광산과 같은 곳에서는 그 이용이 제한적일 수밖에 없었다.

일찍부터 탄광에서는 석탄을 포구나 항구에 마차로 실어 나르기 위해 도로에 각목을 깔아 사용했다. 18세기 말까지만 해도 철로는 대부분 탄광이나 제철소 주변에 부설됐다. 이때의 철로는

---

46   A. R. Hall, N. Smith ed., *History of Technology*, Vol. 3, Bloomsbury Academic, **1978**, p. 456.

석탄이나 철광석을 실은 마차바퀴가 안전하고 빠르게 굴러가게 하기 위한 용도였다. 그러나 석탄 수요가 급증하면서 말이 끄는 마차로는 그 물량을 감당하는 것이 점점 어려워졌고 무엇인가 새로운 내안이 절실해졌다.

한편, 증기기관의 발전에 따라 마력을 대신하여 증기력을 운송수단에 이용하는 방법을 개발하려는 노력이 자연스럽게 일어났다. 1784년에 머독(W. Murdoch)은 소규모 증기기관차 모형을 만들었으나 당시 증기기관에 대한 특허권을 가지고 있던 와트(J. Watt)의 폐쇄적인 태도로 상용화에는 이르지 못했다. 이후 와트의 특허가 소멸되자 트레비식(R. Trevithick)은 고압 증기기관을 개발하여 1802년과 1804년에 제철소를 위한 기관차를 제작하는 등 증기 기관차의 실험과 개발을 선도했다.

1814년부터 탄광의 기관제작공이었던 스티븐슨(J. Stephenson)은 연이어 기관차를 개발하여 최대 16대의 기관차를 개발했다. 그는 1817년에 기관차 듀크(The Duke)를 개발했는 데, 이는 스코틀랜드의 킬마넉(Kilmarnock)과 트룬(Troon) 사이의 철로를 달린 최초의 증기 기관차였다. 이러한 성공에 힘입어 영국에서는 1825년에 세계 최초의 공공 철도인 영국 북동부의 스톡턴(Stockton)과 달링턴(Darlington) 간을 달리는 로코모션 1호(Locomotion No. 1)라는 철도를 건설됐다.

영국의 철도는 1930년에 약 160km가 개설됐고, 1830년대에 들어 서로 연결되며 철도망을 형성했다. 이어 1840년대에 철도는 더욱 더 빠른 속도로 건설되어 1850년에는 약 9,800km가 개설됐다.[47] 이에 철도는 영국 물류산업의 중심으로 자리잡았을 뿐만 아니라 전 세계 육상교통에 혁명적인 변화를 이끌어 내게 됐다.[48] 여기에 더해 철도는 모든 산업의 기간이 되는 석탄과 철을 모든 산업화 지역에 값싸게 투입할 수 있도록 했다. 철도혁명으로 인한 운송혁명이 시작된 것이다.

---

47 1846~1848년에는 철도 건설이 영국 총 투자의 절반을 차지했고, 총 25만 명의 노동자가 종사했다(C. Freeman, F. Louçã, 김병근 외 역, 혁신의 경제사: 산업혁명에서 정보혁명까지, 박영사, **2021**, p. 223).

48 1840년대 이후 유럽과 북미의 철도 노선 확장이 세계 교통량 증가의 거의 대부분을 차지했다.

6

목탄 부족과 철 수요 증가,
철공업을 발전시키다

철의 대부분은 소비자가 직접 사용하는 상품을 생산하는 데 들어가는 원료로 사용되는 것이 아니다. 철공업은 최종 소비재를 만드는 데 필요한 증기기관과 방적기를 비롯한 기계류, 선박, 교량과 항만 건설 같은 유발수요에 지배되는 공업분야이다. 영국의 철공업은 18세기의 마지막 분기인 4/4분기에 기술 혁신을 일으키며 혁명적인 변화가 시작됐다. 이는 저열량의 목탄에서 고열량의 석탄으로의 연료 전환, 면공업 혁명에 따른 기계류 수요의 증가, 목조에서 석조로의 건물 건축방식 변화, 그리고 운송량 증가에 따른 교량과 항만 건설 등으로 철 수요가 증가한 필연적 결과라 할 수 있다.

영국의 철공업은 18세기 전반기까지는 자원(주로 연료인 목탄)의 한계에 의해 그 생산량이 제약되는 산업이었다. 추정치이기는 하나, 목탄 생산량이 최고치를 기록했던 1625~1635년 사이에 평균 선철 생산량이 연간 26,000톤이었던 것이 목탄 생산량이 감소한 1720년대에는 연간 20,000~25,000톤으로 감소한 것으로도 철 생산의 목탄 의존성을 잘 알 수 있다. 그러나 목탄은 위의 〈1장의

3)에서 보았듯이 소진되어가는 연료 자원이었다. 또한 영국의 철광석은 불순물이 많이 포함되어 있어서 질 높은 철제품인 연철[49]이나 강철[50]을 생산하는 데는 적합하지 않았다. 그러므로 18세기 후반부에 들어서면서, 영국의 철공업은 급증하는 수요에 부응하기 위해서는 두 가지 과제를 해결해야 했다. 첫째는 점점 더 확보하기 어려워지는 목탄에 대한 대체연료를 찾는 것이었고, 둘째는 질 높은 철을 생산하는 것이었다.

첫 번째 문제를 해결하는 방법은 새롭게 등장하는 연료인 석탄을 용광로의 연료로 사용하는 것이었다. 제철소에서 선철[51]이나 주물[52]을 생산할 때 목탄 대신 코크스(cokes)[53]를 시험적으로 사용하기 시작한 것은 18세기 초부터였다. 그러나 코크스 사용은 선철을 봉철(bar iron)로 제련하는 과정에서 석탄에서 불순물이 들어가는 등의 애로점으로 인해 1760년에 영국에서 코크스로 가동되는 용광로는 14개에 불과했다. 그러나 목탄 공급 부족은 꾸준히 코크스를 사용하는 용광로 수를 증가시켜 1770년대 초에는 그 수가 두 배로 증가했다.

초기의 코크스 용광로 제철소에서는 선철을 제련하는 데는 코크스를 사용하고, 선철을 봉철로 전환하는 데는 목탄을 사용하는 방식으로 석탄에서 들어가는 불순물의 양을 최소화했다. 그러나

---

49   탄소 함유량이 0.01% 이하인 무른 쇠.
50   탄소 함유량이 0.035~1.7%인 쇠. 열처리로 강도나 인성을 높일 수 있다.
51   탄소 함유량이 1.7% 이상인 쇠. 강철에 비해 단단하지만 부러지기 쉽고 녹이 잘 슨다.
52   쇳물을 일정한 형태의 거푸집에 넣어 굳혀서 만든 물건.
53   석탄을 건류하여 휘발성분을 없앤 다공성의 고체 탄소 연료.

목탄의 공급부족으로 인한 목탄 가격의 상승은 봉철 생산 전 과정에서 목탄을 코크스로 대체해야 하는 압박으로 작용했고, 이에 봉철 생산에 코크스만을 사용하려는 노력이 꾸준히 시도됐다. 이러한 시도는 코트(H. Cort)가 1783~1784년에 정련54과 압연55에 대한 두 가지 기술을 개발함으로써 철공업에 있어서 혁신적인 전환점이 마련됐다. 이 기술은 대체연료 확보와 질 높은 철 생산이라는 두 마리 토끼를 동시에 잡는 계기가 됐다.

코트의 방법은 다음의 세 가지 특징으로 요약된다. 첫째, 연료로 석탄만을 사용함으로써 연료로서 목탄을 석탄으로 완전하게 대체했다. 이는 목탄을 생산과정에서 완전하게 배제함으로써 철을 생산하는 데 필요한 연료를 안정적으로 확보할 수 있게 했을 뿐만 아니라 생산비도 낮추었다. 둘째, 기존에 여러 단계로 이루어지던 일련의 철 제품 생산과정을 단일화하여 생산성을 높였다. 셋째, 제철소가 삼림지대(즉 목탄 생산 지역)에 의존하던 것을 해방시켜 여기저기 흩어져 있던 용광로를 탄전지대로 집결시켰다. 이러한 특징들로 인해서 영국의 철공업은 석탄 채굴부터 봉철 생산까지 단일 집단이 모든 공정을 관리하는 대규모 기업으로 성장하게 됐다. 그 결과, 영국의 제철업은 스태퍼드셔(Staffordshire)56, 사

---

54 광석이나 기타 원료에서 금속을 뽑아내어 정제하는 일.
55 회전하는 롤 사이에 가열된 쇠붙이를 넣어 막대 모양이나 판 모양으로 만드는 일.
56 잉글랜드 중서부에 있는 카운티(county). 10~11세기 전쟁 피해로 황폐한 곳이었으나 산업혁명기에 석탄과 철강 산업의 발전과 더불어 성장했다.

우스요크셔(South Yorkshire)[57], 클라이드강(Clyde River)[58], 사우스웨일스(South Wales)[59]의 네 곳에 집중됐고, 철 생산량은 빠르게 증가했다. 공업지대가 형성된 것이다.

1790~1810년에 철공업은 여러 방면에서 확장됐다. 특히 1788~1805년 사이에 선철 생산량이 4배가 되는 등 선철에 대한 수요가 급증했다. 1760년에 3만 톤 가량이었던 선철생산량이 1800~1810년 사이에는 연간 평균 생산량이 100만 톤에 이르렀다. 이어 18세기 4/4분기에는 증기기관에 힘입어 광산에서는 증기펌프로 질 높은 석탄과 광석을 값싸게 생산하고, 제철소에서는 용광로와 해머에 증기력을 사용함으로써 철 생산비에 엄청난 절약을 가져왔다. 이러한 혁신에 의해서 1788~1805년 사이에 용광로 1개당 평균 생산량은 750톤에서 1,491톤으로, 그리고 1839년에는 3,566톤으로 증가했다.[60] 또한 석탄 소비는 꾸준한 절약이 일어나 1788년에 선철 1톤을 생산하는 데 석탄 7톤이 필요했으나 1810년에는 5톤, 1840년에는 3.5톤으로 감소했다.

이러한 철공업의 발전에 따른 효과는 후방연쇄효과[61]와 전방연

---

[57] 잉글랜드 중부에 있는 카운티. 큰 규모의 탄전이 있고 내륙수로가 잘 연결되어 영국의 산업혁명기에 크게 발전했다.

[58] 스코틀랜드 남부 지방을 흐르는 강. 스코틀랜드에서 가장 비옥한 저지대이다. 석탄이 산출되어 중공업이 입지하고 중심도시는 글라스고(Glasgow)이다. 글라스고는 영국 조선업의 중심지이다.

[59] 영국 남서부에 위치. 산업혁명기에 풍부한 천연자원으로 주목을 받았다. 특히 탄광산업이 유명했다.

[60] C. K. Hyde, *Technological Change and the British Iron Industry 1700~1870*, Princeton Univ. Press, 1977, p. 113.

[61] 한 산업의 발전이 그 산업에 투입되는 투입재를 생산하는 산업의 발전을 유발하는 효과.

쇄효과[62]로 나누어 볼 수 있다. 후방연쇄효과로는 품질이 낮아 실제 가치를 갖지 못하던 광석에 가치를 부여했고, 석탄수요를 증가시켜 석탄산업 활성화와 수송설비에 대한 수요를 창출한 것이다. 위의 〈1장의 5〉에서 언급한 운하는 주로 석탄 수송을 위한 것으로 대표적인 후방연쇄효과 중 하나이다. 또한 철공업은 다양한 용도로 증기력을 사용함으로써 증기기관 발전에 기여했다.

전방연쇄효과로는 값싸고 질 높은 철 제품을 공급함으로써 영국의 공업 전반에 걸쳐 절대적으로 필요한 자재를 공급했다. 무엇보다도 산업용 기계류에 필요한 자재를 원활하게 공급함으로써 영국뿐만 아니라 전 세계에 기계를 공급한 기계공업의 기초를 닦아 놓았다. 철공업은 이전에는 생각하지 못했던 대규모 생산과 표준화된 제품 생산을 위한 혁신을 자극함으로써 지속적인 경제성장을 추구하는 대량생산 대량소비라는 현대산업사회의 수레바퀴를 굴리는 견인차가 됐다.

결론적으로 목탄 공급의 감소와 철 제품 수요 증가에 따른 철공업 발전은 근대적 각종 산업 발전에 가장 중요한 요인이 됐다. 그것은 본격적인 생산자 중심 산업을 등장시키고 기존의 목제품들을 철제품으로 대체했을 뿐만 아니라, 손으로 만들 때는 상상할 수 없을 정도로 정교한 제품을 만들 수 있게 한 것이다. 그리고 무엇보다도 철공업이 1차 산업혁명에서 가장 크게 기여한 분야는 철도였다. 근대문명에서 가장 중요한 수송수단 중 하나인 철도는 철공업의 발전이 없었다면 그렇게 빠르게 성장하는 것은 불가능했을 것이다.

---

62 한 산업의 발전이 그 산업의 생산물을 사용하는 산업의 발전을 유발하는 효과.

7

정치·경제·사회적 환경,
영국의 산업혁명을 뒷받침하다

영국 사회는 1, 2차 흑사병 대재앙으로 잉글랜드 인구가 1450년 약 190만 명으로 저점을 찍은 후, 증가하는 인구로 인한 의식주 문제 해결이라는 절실한 과제에 직면했다. 이를 해결하려는 혁신적 노력의 결과 농업혁명, 석탄개발(연료혁명), 면공업혁명, 교통혁명, 철공업혁명이 연쇄적으로 일어나게 됐다. 그러나 인류 역사로 볼 때 인구 급증이라는 현상이 15세기 후반부 이후의 영국에서만 있었던 사건도 아니고, 인구 급증으로 인해서 빈국으로 전락하여 그 굴레에서 벗어나지 못하는 경우도 적지 않았다. 이러한 점을 생각할 때, 당시 영국사회는 인구 급증을 산업혁명으로 나아가게 할 수 있는 다른 여건들 역시 성숙되어 있었기 때문이라 하지 않을 수 없다. 그렇다면, 당시 영국사회는 정치, 경제, 사회적으로 유럽 대륙의 다른 나라들과 어떤 차이가 있었기에 산업혁명이 성공적으로 일어날 수 있었는지 역시 깊이 이해할 필요가 있다.

영국에서 산업혁명이 서서히 태동하던 17~18세기에 유럽대륙

의 주요 강대국들은 그들 왕국의 영토확장과 왕조의 왕권강화[63]
에 골몰하며 '왕권신수설' 같은 것을 신봉하는 절대군주제로의 길
을 걷고 있었다. 여기에 더해 30년 전쟁(1618~1648), 프랑스-스페
인 전쟁(1635~1659), 7년 전쟁(1756~1763) 등 유럽 대륙에는 대규모
전쟁이 끊임없이 일어났다.[64] 이러한 전쟁들은 기존 유럽의 강대
국들을 피폐화했다.[65]

반면에 영국은 대륙으로부터 분리되어 있는 섬나라로서, 대륙
에서 벌어지는 전쟁으로부터 직접적인 피해를 피할 수 있었을 뿐
만 아니라, 대륙의 다른 나라들과는 다른 길을 걸었다. 영국에서
는 일찍이 1215년에 왕이 최하위 귀족계급인 남작(baron)[66]에게
공정한 재판을 받을 권리를 보장하는 내용을 포함하는 대헌장
(Magna Carta)에 조인하게 하고, 1264년에는 최초의 의회(Parliament)
가 소집되는 등 대륙의 주요 국가들과는 다른 길을 걷기 시작했
다. 또한 영국은 1453년 프랑스와의 백년전쟁에서 패배한 후
1455년부터 1485년까지 30년간에 걸친 긴 왕권쟁탈전인 장미전

---

63 예를 들면, 오스트리아의 합스부르크(Habsburg), 프랑스의 부르봉(Bourbon), 프로이센의
호헨촐레른(Hohenzollern) 왕조 등이 있다.

64 유럽 대륙에서 전쟁 없이 평화로운 시기를 유지한 기간은 16세기에는 10년 미만, 17세기
에 4년, 18세기에는 16년에 불과했다(이영림, 주경철, 최갑수, 근대 유럽의 형성: 16~18세
기, 초판 2쇄, 까치글방, 2012, p. 261).

65 30년 전쟁 결과 신성로마제국의 독일 지역이 크게 황폐화됐다. 특히, 인구 감소가 심각해
서 도시 지역은 1/3, 시골은 40% 정도의 인구가 감소했다(Ibid, p. 273).

66 잉글랜드에서 남작(baron)은 11~12세기 초에 모든 봉토직 수령자를 일컬었으나, 1200년
경부터 하나의 계급으로 자리잡았다.

쟁[67]은 왕실 귀족 가문들을 몰락시켰다. 이로써 젠트리(Gentry)[68], 요먼(Yeoman)[69], 상인 등 비귀족 출신들이 국가 운영의 실무를 담당하는 관료의 주축으로 등장하게 됐다. 즉, 장미전쟁의 결과로 많은 귀족들이 몰락하고[70] 평민들이 국정운영의 주역으로 등장하게 된 것이다.

---

67 백년전쟁 이후 영국 귀족 가문들 간에 벌어진 왕권 다툼 전쟁. 랭커스터 가문은 붉은 장미, 요크 가문은 흰 장미를 문장으로 사용했기에 장미전쟁이라고 부른다.

68 영국에서 중세 후기에 지방에 토착하여 중소지주가 된 사람들.

69 영국에서 젠트리와 서민 사이에 위치하는 독립자영농민.

70 18세기 말경 대략적으로 폴란드에는 75만 명, 독일에는 30만 명, 프랑스에는 13~25만 명 정도의 귀족이 있었다. 그러나 잉글랜드에는 200개 가문의 가장만 작위 귀족이었고, 그 작위와 토지는 오직 한 명에게만 상속되어 귀족의 수가 제한됐다(이영림, 주경철, 최갑수, *근대 유럽의 형성: 16~18세기*, 초판 2쇄, 까치글방, **2012**, p. 301).

표 1.7 영국의 주요 정치·사회적 사건.

연도	사건
1215	존 왕, 대헌장(Magna Carta) 조인
1264	최초의 의회 소집
1315~1317	대기근
1348~1349	1차 흑사병 대재앙
1361~1362	2차 흑사병 대재앙
1453	백년전쟁 패배
1455~1485	장미전쟁
1485	튜더 왕조 시작
1558~1603	엘리자베스 1세 재위
1603	스튜어트 왕조 시작
1642~1646	1차 내전, 왕당파 패배
1648~1649	2차 내전, 찰스 1세 처형
1649~1659	공화정 실시
1660	왕정 복구
1688	명예혁명, 제임스 2세 축출
1689	권리장전(Bill of Rights) 채택
1721	초대 수상 월폴 취임

장미전쟁 이후 118년간 통치한 튜더(Tudor) 왕조[71] 시대에는 시민(의회)과 협력하여 왕권을 안정시키며 국정을 운영한 결과, 엘리자베스 1세 시대에는 '영국의 황금기(the Golden Age in English History)'라고 불리는 영국 르네상스의 정점을 구가했다.[72] 그러나 튜더

---

[71] 1485~1603년에 걸쳐 영국(잉글랜드와 웨일스)을 통치한 왕조. 1603년 엘리자베스 1세가 후사 없이 사망하고, 스코틀랜드 출신 제임스 1세가 영국 왕으로 즉위함으로써 스튜어트 왕조로 바뀌었다.

[72] J. Guy, *Tudor England*, Oxford Univ. Press, 1990.

왕조와는 달리, 뒤를 이은 스튜어트(Stuart) 왕조[73]의 초기 왕인 제임스 1세(James I)[74]와 찰스 1세(Charles I)[75]는 절대왕권을 추구하며 의회와 충돌을 일으켰다. 특히 찰스 1세 시절에는 내전이 일어났으며, 내전에서 패배한 찰스 1세는 처형당했고, 영국은 공화정이 됐다. 이는 시민의 대표자인 의원들이 왕을 처형하는 당시 대륙의 국가들은 상상도 할 수 없는 일이 영국에서 일어난 것이었다.[76] 이어 1660년에 왕정이 복고됐으나 영국의회는 1688년에 명예혁명(Glorious Revolution)[77]을 일으켜 복고된 왕 제임스 2세(James II)를 축출하고, 1689에는 왕권을 제한하고 의회의 권한을 강화한 권리장전(Bill of Rights)[78]을 제정했다. 법을 왕권 위에 두는 '국왕은 군림하나 통치하지 않는다'는 입헌군주제의 기틀을 세운 것이다. 그리고 1721년에는 월폴(R. Walpole)[79]이 초대 수상으로 취임했다.

---

73 1603~1714년에 걸쳐 110년간 영국을 통치한 왕조. 스코틀랜드와 아일랜드를 통합함으로써 통합왕국(the United Kingdom) 시대를 열었다.

74 잉글랜드와 스코틀랜드의 국왕. 스코틀랜드 여왕 메리 1세의 뒤를 이어 1567년 스코틀랜드 왕 제임스 6세로 즉위했고, 후에 잉글랜드 여왕 엘리자베스 1세의 종손 자격으로 1603년 잉글랜드 왕 제임스 1세가 됐다. 따라서 제임스 1세가 잉글랜드와 스코틀랜드의 공동 국왕이 되어 잉글랜드와 스코틀랜드는 하나의 나라로 합병됐다.

75 잉글랜드의 국왕이자 스코틀랜드와 아일랜드의 왕. 재위기간은 1625~1649년이다. 그는 왕권신수설의 신봉자로 의회의 동의 없는 세금 부과, 종교계(특히 청교도)와의 갈등 등으로 내전을 일으켰다. 그는 1차(1642~1645)와 2차(1648~1649) 내전에서 모두 패했고, 재판 결과 국왕임에도 불구하고 반역죄로 처형됐다.

76 프랑스가 1789~1799년에 프랑스 대혁명의 결과로 공화정을 실시한 것을 고려하면, 영국의 공화정은 프랑스의 공화정에 비해 무려 150년이나 앞선다.

77 1688년에 영국에서 일어난 시민혁명. 유혈사태가 없었기에 이런 명칭이 붙여졌다. 이때부터 영국은 의회의 통치권이 확고한 의회 민주주의 국가가 됐다.

78 명예혁명의 결과로 이루어진 인권선언. 영국 헌법의 기초가 되는 중요한 법률 중 하나이다.

79 잉글랜드 동부 노픽의 젠트리 계급 출신으로 1721년부터 1742년까지 약 21년간 수상직을 수행했다.

영국의 초기 내각은 수상이 모든 국정을 책임지는 완전한 책임 내각제는 아니었다. 초기에는 국왕의 책임하에 수상이 대리하는 내각제였으나 이후 점차 책임내각제로 발전하여 오늘에 이르고 있다. 이와 같이 산업혁명이 일어나기 오래전부터 영국에서는 왕권과 귀족의 특권은 제한되고[80] 시민권은 신장되는 방향으로 정치체제가 변화(민주화)되어[81] 오고 있었다. 위 기간 중 일어난 주요 정치·사회적 사건을 정리하면 〈표 1.7〉과 같고, 이를 통해서도 영국의 정치 및 사회적 환경이 유럽 대륙의 여러 나라들과 얼마나 다른지 잘 알 수 있다.

이와 더불어 영국에서는 16~17세기에 근본적인 경제적 변화가 일어났다. 1600년 이후 유럽의 경제 중심지는 이탈리아 북부 지역을 중심으로 하는 지중해 지역에서 북해 지역으로 이동했고, 영국은 저지대(Low Lands)[82] 국가들과 함께 대서양과 아시아 무역

---

80 유럽 대륙의 귀족들은 토지 소유권으로 지대를 받았고, 도로와 교량 같은 독점시설의 사용료를 받았다. 그럼에도 그들은 모든 세금을 면제받았고, 일부는 사법권까지 행사했다. 반면에 영국의 귀족은 오히려 재산세를 납부해야 했다. 그들이 가진 특권이라면, 상원에서 의석을 가질 권리와 재판을 동료 배심원단에게 받을 권리 정도였다(이영림, 주경철, 최갑수, 근대 유럽의 형성: 16~18세기, 초판 2쇄, 까치글방, **2012**, p. 302.).

81 예를 들면, 런던 시정부는 명예혁명을 통해 획득한 중앙정부의 의회 구조를 본떠 유사한 구조로 조직됐다. 시장과 치안관은 동업조합의 자유시민들이 선출했다. 그리고 상원에 해당하는 참사회(Court of Aldermen)는 일정한 재산을 지닌 자유시민이 선출한 25명의 종신 회원으로 구성됐다. 끝으로 18세기에 시의 최고행정기구가 된 시의회(Court of Common Council)은 매년 시민이 선출하는 210명의 시의원에 25명의 참사회원을 더해서 구성됐다(ibid, p. 313.).

82 역사적으로 네덜란드(Netherlands), 플랜더스(Flanders), 벨지카(Belgica)로 불리는 지역. 라인강(Rhine)-뫼즈강(Meuse)-쉘드강(Scheldt) 삼각주의 하부 유역을 형성하는 북서유럽의 지역이다.

을 통해 많은 경제적 이익을 얻었다.[83] 한편, 신대륙으로부터 스페인과 포르투갈에 대량으로 유입된 금과 은의 일부가 영국에도 유입되어 화폐로 사용됐다. 이로 인해 상업거래 비용이 절감되고 시장 범위가 확대됐으며 자본 축적이 용이해졌다. 또한 정부는 세금징수가 쉬워지고 정부 재정이 강화되어 공공재 제공에 대한 여력이 증가됐다.[84]

절대 왕권의 약화와 의회제의 성립 등 민주적인 사회 분위기와 경제 여건은 교육과 출판의 확대, 과학연구 증가, 통신의 보편화, 그리고 청교도 윤리에 입각하여 혁신에 적극적이고 직업윤리에 충실한 정신을 고양했다.[85, 86] 이와 같이 영국에서는 일반적으로 영국의 산업혁명 시작된 시점으로 잡고 있는 1760년 훨씬 전부터 인구 폭증으로 인해서 발생하는 영국사회의 제반 문제점에 적극적이며 창의적으로 대응할 수 있는 정치·사회·경제적 환경 역시 유럽 대륙의 강대국들과는 달리 성숙되어 있었다. 특히, 1640년대에 치러진 1, 2차 내전과 1688년의 명예혁명은 왕과 의회 간에 권력균형을 만들어 냄으로써 시민의 재산권과 정치적 안전을 보장하게 했다. 이에 따라 경제력을 가진 중산층이 출현하게 됐고, 더 많은 젊은이들이 더 많은 교육을 받을 수 있게 되어 수준 높은

83 J. Baten, *A History of Global Economy: 1500 to the Present*, Cambridge Univ. Press, **2016**, p. 13.

84 N. Palma, *Money and Modernization in Early Modern England*, Financial History Review, **25**(3), 231 (2019).

85 D. Hirst, *Locating the 1650s in England's Seventeenth Century*, History, **81**(263), 359 (1996).

86 M. C. Jacob, M. Kadane, *Missing, Now Found in the Eighteenth Century: Weber's Protestant Capitalist*, American Historical Review, **108**(1), 20 (2003).

인적 자원이 축적됐다. 그 결과, 전국 각지와 모든 사회 계층에서
발명가와 기업가들이 생겨날 수 있었다.[87]

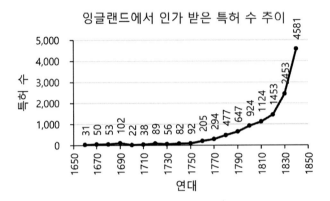

그림 1.4 잉글랜드에서 인가된 특허 수 추이.[88]

이러한 정치·사회·경제적 환경이 영국사회 구성원들로 하여금
인구 폭증과 함께 닥쳐온 여러 문제를 적극적이면서도 창의적으
로 대응할 수 있도록 뒷받침했다. 이러한 대응은 〈그림 1.4〉의 특
허 수 추이에서도 확인할 수 있다. 또한 농업혁명의 결과 단위 면
적 당 농업 생산량의 증가는 생계노동을 줄이고 임금노동을 늘리
는 현상을 가져왔다. 이는 농업혁명으로 여유가 생긴 사람들이

---

87 농업 혁신을 일으킨 콕(T. Coke)은 백작이었고, 물레방아나 증기기관을 이용한 역직기를
    발명하고 직물공장을 세운 카트라이트(E. Cartwright)는 목사였다. 또한 방적기를 발명한
    아크라이트(R. Arkwright)는 이발사, 산업 규모의 황산 제조법을 개발한 로벅(J. A. Roe-
    buck)은 의사 출신이었다.

88 B. R. Mitchell, *Abstract of British Historical Statistics*, Cambridge Univ. Press, 1962, p.
    268.

점점 더 많은 물품을 자가생산에서 임금노동을 통해 얻은 수입으로 구입하는 새로운 소비 형태로 이동하게 했다. 이는 전통적인 수공업을 정체 또는 후퇴시킴과 동시에 산업에 소비시장을 제공하여, 산업화의 전 단계라고 할 수 있는 원산업화[89]가 진행되게 했다.

---

[89] 원산업화(原産業化, proto-industrialization)는 산업혁명의 원형이 되는 경제 형태를 일컫는 말이다.

8
영국 산업혁명의 본질

 지금까지 〈1장의 1〉에서 〈1장의 6〉까지 살펴보았듯이 영국의 산업혁명은 흑사병 대재앙이 종료되면서 인구 폭증이 일어나고, 이로 인해 발생한 삶의 기본 요소(의식주) 해결이라는 절실함에서 비롯됐다고 할 수 있다. 이는 〈표 1.8〉에서 보듯이 영국의 산업혁명 과정을 시기별로 정리해 보면 분명하게 드러난다.

 〈표 1.8〉을 보면, 영국에서 잉글랜드의 인구는 2차 흑사병 대재앙이 끝난 후인 1450년 190만 명에 불과했던 것이 1560년에는 320만 명으로 1.7배가 됐다. 그러나 320만 명이라는 인구는 1차 흑사병 대재앙이 발생하기 직전인 1348년의 잉글랜드 인구가 481만 명이었던 점을 생각할 때, 이 정도의 인구는 식량부족을 일으킬 만한 인구가 아니었다.

표 1.8 영국의 산업혁명 관련 분야별 주요 사건.

세기	잉글랜드 인구	농업	석탄 개발	면공업	교통	철공업
15	1450년: 190만명					
16	1560년: 320만명	1차 인클로저	1575년: 최초의 탄광			
17	1650년: 531만명	2차 인클로저				
18	1700년: 520만명		1700년: 250만톤 생산 1750년: 475만톤 생산	1733년: 무늬 짜는 북 개발 1765년: 제니방적기 개발 1779년: 뮤울 방적기 개발	1750년: 주요도로 유료화 1760~70년: 1차 운하 건설 붐 1780~90년: 2차 운하 건설 붐	1783~84년: 코트 정련과 압연기술 개발 1788년: 생산량 750톤/용광로
19	1851년: 1,674만명		1853~62년: 7,200만톤/연		1802~04년: 제철소용 기관차 제작 1814년: 스티븐슨 기관차 제작 1825년: 로코모션 1호 철도 건설	1805년: 생산량 1,479톤/용광로 1839년: 생산량 3,566톤/용광로

이러한 연유로 이 시기에는 인구 증가로 늘어난 직물 수요를 충당하려는 양모 생산을 위한 1차 인클로저 운동이 일어나게 됐다. 그러나 계속해서 증가하는 인구(1650년에는 531만 명에 도달)는 상황을 완전히 바꿔 놓았다. 특히, 1차 인클로저 운동으로 인해서 많은 농경지가 목초지로 전환됨으로써 식량부족을 더욱 악화시켰

다. 이는 농업혁명을 시발점으로 하여 산업혁명이라는 거대한 물결 속으로 영국사회를 밀어 넣었다. (1장의 1)

2차 흑사병 대재앙 이후 16~17세기에 들어서도 멈출 기미를 보이시 않고 서침없이 증가하는 인구는 식량부족과 식량가격 폭등이라는 국가의 존립을 위협하는 문제로 대두했다. 이를 타개하기 위해 영국사회는 황무지와 공동지를 농지로 편입하여 개발하는 2차 인클로저 운동을 실시하고, 농업 생산성을 높이는 농업 방식의 변화(농업혁명)를 모색해야만 했다. 그러나 황무지와 공동지의 농지로의 전환과 지속적인 인구 증가는 연료와 건축재 등으로 사용되는 목재 부족이라는 새로운 문제를 야기시켰다. 이에 목재를 대체하는 연료를 개발하는 것(목재 연료를 생산하기 위해 농지로 개간된 곳에 다시 나무를 심을 수는 없으므로)이 절실하게 필요해졌다. 따라서 이전에는 극히 일부에서만 제한적으로 사용하던 석탄을 목재 연료의 대체제로 개발하게 됐다. 이로써 영국사회는 연료 부족 문제를 성공적으로 해결하게 됐고, 더불어 인류는 본격적으로 주에너지원으로 화석연료를 사용하는 화석연료 시대로 들어서게 됐다. (1장의 2, 3)

이와 같이 영국사회는 인구 폭증으로 인해서 발생한 삶의 기본 요소를 위협하는 먹을거리(식량)와 땔거리(연료)라는 두 가지 문제를 해결할 수 있었다. 그러나 인구 폭증으로 인해 야기된 또 하나의 문제인 입을거리(의복) 역시 반드시 해결해야 할 절실한 문제였다. 이 문제는 기존의 주직물인 모직물의 생산량 중대로는 해결할 수 있는 것이 아니었다.[90] 이에 영국사회는 양모를 대체하는 원료로 영국의 식민지인 인도에서 대량으로 수입할 수 있고, 단위 면적당 생산량도 큰 면화로 눈을 돌렸다. 이와 더불어 직물을 효율적으로 대량 생산할 수 있는 방적기의 개발도 이루어내 면공업혁명을 이룸으로써 본격적인 산업혁명의 길로 들어서게 됐다. (1장의 4)

한편, 목재에서 석탄으로의 주연료의 전환과 도시 생활인의 증가는 필연적으로 수요가 급증한 석탄과 식량 수송을 위한 새로운 운송 수단의 개발(교통혁명)이 절실하게 됐다. 이는 1차적으로는 운하를 포함한 내륙수로 개발을 일으켰고, 이어 증기 기관차의 발명과 함께 철도 개발로 이어졌다. 또한 목재 연료 부족은 철공업에서도 연료를 목탄 대신 석탄으로 대체하게 했다. 면공업혁명과 교통혁명 등은 이에 필요한 철 수요를 증가시켜 철공업혁명으로 이어졌고, 이는 영국의 산업혁명을 완성 단계로 이끌었다. (1장의 5, 6)

결론적으로 영국 산업혁명의 본질을 일련의 과정으로 요약하면 다음과 같다.

1. 2차 흑사병 대재앙 이후 지속적으로 인구가 급격하게 증가(인구혁명)하며 삶의 기본 요소인 의식주 해결을 위협하게 됐다.

2. 인구 폭증으로 인한 먹을거리와 땔거리를 해결해야만 하는 절

---

[90] 모직물의 원료인 양모를 생산하기 위해서는 양을 키울 목장을 확대해야 하는데 이를 위해서는 농지 또는 임야지를 목초지로 전환해야 한다. 이는 식량과 목재 생산 감소로 이어져 더 큰 문제를 야기한다. 또한 양모는 면화에 비해 단위 면적당 생산량이 적어 효율성 면에서도 면화에 뒤진다.

실함은 농업혁명과 석탄개발(연료혁명)을 일으켰고, 입을거리를 해결하려는 노력의 결과 면공업혁명이 일어나게 됐다.

3. 산지와 소비지 간에 석탄과 식량 등을 원활하게 수송하기 위한 노력은 내륙수로 확충과 철도망 구축이라는 교통혁명이 일어나게 됐다.

4. 석탄 연료(코크스)는 철 생산에 필요한 연료확보 문제를 해소했고, 면공업혁명과 교통혁명으로 인한 철 수요의 급증은 철공업혁명을 가져왔다.

5. 위와 같은 일련의 과정을 통한 인구 폭증으로 인해서 발생한 제반 문제에 대한 해결은 다시 인구 증가로 이어져 '인구 증가 → 생산 증가 → 소비 증가 → 인구 증가'라는 순환을 이루며 영국의 1차 산업혁명이 성공적으로 이루어지게 했다.

따라서, 영국에서 시작된 1차 산업혁명은 흑사병 대재앙 이후 영국에서 폭발적으로 증가하는 인구의 생존에 필요한 기본요소(의식주)를 해결하고자 하는 필사적인 노력의 결과이다. 이러한 노력의 결과로 농업, 연료, 직물 생산 방식에 혁신이 일어났고, 이러한 혁신은 교통혁명과 철공업혁명을 동반하며 1차 산업혁명을 형성하게 됐다. 그러나 영국에서의 이러한 연쇄적인 혁신들은 영국 사회의 정치체제가 시민의 자율성과 창의성이 발현될 수 있는(즉, 민주화된) 사회가 아니었다면(즉, 절대군주 체제 같은 사회였다면) 불가능했을 것이다. 오히려 인구 폭증이 영국이라는 나라를 절대 빈국이라는 나락으로 떨어뜨리지 않았다고 장담하기 힘들다.

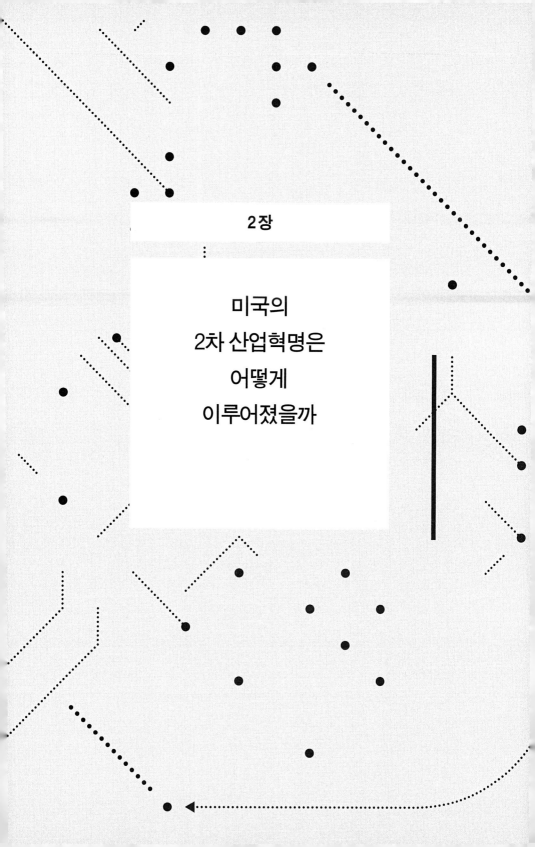

2장

미국의
2차 산업혁명은
어떻게
이루어졌을까

미국의 1, 2차 산업혁명은 남북전쟁(1861~1865년)을 경계로 하여 18세기 후반에서 남북전쟁 때까지 진행된 1차 산업혁명과 남북전쟁 이후 제2차 세계대전 직후까지 진행된 2차 산업혁명으로 구분할 수 있다. 독립 전 미국의 산업은 생계형 농업을 주로 하는 산업화 이전 단계였다. 시장에서 거래되는 것은 지역 소비를 위한 천연자원과 제분(製粉) 및 제재(製材) 같은 단순 가공품 생산이 주를 이루었다. 식민지 시대에 미국은 많은 완제품을 영국에서 구입해서 사용했는데, 이는 영국이 법률로 많은 종류의 물품에 대해 완제품을 만드는 것을 금지했기 때문이기도 하다.[91] 이러한 연유로 18세기 중·후반에 서유럽 각지에서 산업화가 진행되는 동안 독립한 미국의 주요 산업은 여전히 농업이었고, 비농업 분야는 자원 가공, 제분, 제재 정도였다.

　미국에서 1차 산업혁명은 미국에서는 '미국 산업혁명의 아버

---

[91] 당시의 중상주의 경제 철학에 의해 식민지는 원자재 공급처이자 공산품 시장으로 이용되어 대부분의 제조업이 금지됐다.

지', 영국에서는 '배신자 슬레이터'[92]라고 불리는 새뮤얼 슬레이터 (Samuel Slater)가 1793년에 수력으로 가동되는 방적공장을 세웠을 때부터 시작됐다고 할 수 있다. (비록 미국 최초의 면화 공장은 1787에 설립됐지만 말의 힘으로 가동되는 것이었다.) 한편, '기술혁명(technological revolution)'이라고도 불리는 2차 산업혁명은 영국에서 시작된 1차 산업혁명의 성과가 주변국으로 퍼져 나가면서 미국, 독일을 중심 으로 하면서 서유럽 전역과 일본까지도 급속한 산업 발전이 이루 어진 산업 혁신이다. 일반적으로 2차 산업혁명이 시작된 시기는 1870년경으로 잡는데 이는 미국에서는 남북전쟁이 끝난 직후에 해당된다.

남북전쟁 후, 미국사회는 지속적으로 증가하는 인구(《표 2.1》)와 노예해방[93], 그리고 남부 지역의 초토화[94]로 인해 큰 변화가 일어 났다. 이로 인해 흑인들을 비롯한 많은 남부 출신자들이 남부의 농장을 떠나 북부와 서부로 이주했고, 그 결과 실업자가 급증했 다. 또한, 전쟁 중 병사로 복무했던 많은 백인들이 전쟁이 끝나자 실업자로 전락했다. 여기에 더해 1803년의 루이지애나(Louisiana) 매입과 1845년의 텍사스 공화국(Republic of Texas) 병합 등으로 확

---

[92] 당시 방직기를 이용한 면직물의 대량생산 기술은 영국이 독점하고 있었고, 이를 외국으로 유출하는 것은 불법이었다.

[93] 1863년 링컨 대통령의 노예해방선언에 따라 북부 연방군이 남부 지역을 점령함으로 약 350만 명의 흑인 노예가 자유를 찾았다. 이어 1865년 승인된 '제13차 수정헌법'에서 노예 제도가 미국의 모든 곳에서 불법이 되어 남아있던 노예들도 해방됐다(C. D. Goldin, *The Economics of Emancipation*, The Journal of Economic History, **33**(1), 66 (1973)).

[94] 북부의 셔먼(W. T. Sherman) 장군은 1864년 9월 3일 조지아주의 주도 애틀란타를 함락시 킨 뒤 '셔먼의 바다로의 행진(Sherman's March to the Sea)'라고 불리는 작전으로 남부 주 요 도시들을 초토화하고 민간인들을 몰아냈다.

보한 광활한 영토(《그림 2.1》) 역시 개발이 절실히 필요했다. 따라서 실업자들에게 일자리를 마련해 주는 것과 지역 간에 교통망과 통신망을 연결하는 것은 전쟁 후 미국사회가 해결해야 할 가장 절실한 과제로 부상했다.

1

원료 수출과 공산품 수입의 차단,
산업혁명을 촉발하다

미국의 독립전쟁(1775~1783년)이 끝난 후, 유럽은 프랑스 혁명 (1789~1799년)에 이어 나폴레옹 전쟁(1803~1815년)에 휩싸이게 됐다. 이 전쟁 기간 중 유럽의 해군들은 미국의 상인과 화물선을 약탈 하는 행위를 일삼았을 뿐만 아니라, 영국 해군은 미국인 선원을 잡아 영국 해군으로 강제 편입까지 했다. 특히 영국의 미국 선원 강제 징집은 미국에게는 국권을 무시당하는 매우 굴욕적인 것이 었다. 이에 미국은 1807년에 '통상금지법(Embargo Act of 1807)'[95]을 제정하여 전쟁 중인 영국과 프랑스에 대한 미국의 무역을 금지시 켰다. 이 법은 단지 16개월 정도 발효되고 끝났지만 미국 전역에 걸쳐 국민의 생활경제에 심대한 타격을 입혔다. 남부 농업 지대 에서는 농산물을 수출할 길이 막혔고, 대서양 연안의 중부와 북 부 지역에서는 유럽에서의 공산품 수입이 어려워져 심각한 생활 난을 겪게 됐다. '통상금지법'은 미국의 선박과 선원 등에게 위해

---

[95] 1806년의 수입금지법(Non-importation Act of 1806)에 이어 추가된 것으로 정식명칭은 "미국 항만에서 선박과 함선에 부과된 통상 금지(An Embargo Laid on Ships and Vessels in the Ports and Harbours of the United States)"이다.

(危害)를 가하는 전쟁 중인 영국과 프랑스에게 제재를 가하려는 의
도였으나, 오히려 미국 국민의 삶을 위기로 몰아넣은 것이다. 그
결과, 미국사회는 유럽(특히, 영국)에 종속되어 있는 경제 구조를 탈
피해야 한다는 것이 절실하게 다가왔다. 이를 위해서는 공산품의
국내 생산 기반 구축이 반드시 필요해졌고, 이는 미국 제조업 발
전의 중요한 계기가 됐다.

　미국은 영국이 프랑스와 나폴레옹 전쟁을 치르고 있던 중인
1812년에 제2차 독립전쟁이라고 불리는 영국과의 '1812년 전쟁
(1812~1815년)'을 치렀다. 이는 영국의 해상봉쇄 등을 비롯한 여러
사건[96]과 미국의 캐나다(당시는 영국령이었다) 병합 시도 등 팽창 욕
구가 충돌하여 일어난 전쟁이다.[97] 이 전쟁은 미국의 거의 모든
대외 무역을 차단시켰다. 그 결과, 미국인들은 국내에서 만든 상
품이 질과 가격에 상관없이 소비되는 국내 시장이 창출됐고, 미
국의 기업가들은 주로 북동부 지역에서 영국의 혁신을 모델로 하
는 공장을 설립하여 혁명적 산업화(1차 산업혁명)의 토대를 마련하
게 됐다.

96　J. Hooks, *Redeemed Honor: The President-Little Belt Affair and The Coming of The War of 1812*, The Historian, **74**(1), 1 (2012).

97　R. Horsman, *On to Canada: Manifest Destiny and United States Strategy in the War of 1812*. Michigan Historical Review. **13**(2): 1 (1987).

2
광대한 영토와 부족한 노동력,
기술혁명을 요구하다

    미국은 식민지 시대부터 넓은 토지를 보유함으로써 풍부한 천연자원을 보유했으나, 이를 개발할 노동력은 절대적으로 부족한 경제적 특성을 가지고 있었다. 미국은 이러한 노동력 부족을 이민자를 끌어들임으로써 해소하고 있었다. 이는 〈표 2.1〉에서 보듯이 1690년 25만 명에 불과했던 인구가 독립전쟁이 발발한 1775년에는 250만 명으로 10배 증가한 것으로도 알 수 있다. 이 기간에 13개 식민지의 생산량은 12배 증가하여 식민지 미국의 경제 규모는 영국 전체 경제의 약 30%에 달하는 정도가 됐다.[98] 그러나 생산성 향상은 거의 없었고, 새로운 상품 개발과 서비스의 도입 역시 거의 변화가 없었다. 즉 독립전쟁 이전 약 80년간에 걸친 미국의 생산력 증가는 단순히 노동인구 증가에 따른 결과였다.

---

[98] E. J. Perkins, *The Economy of Colonial America, 2nd ed.*, Columbia Univ. Press, **1988**, p. x-1.

표 2.1 미국의 역사적 인구.[99]

연도	인구/천명	연도	인구/천명	연도	인구/천명
1690	250	1820	9,638	1900	76,212
1715	500	1830	12,866	1910	92,229
1740	1,000	1840	17,069	1920	106,022
1765	2,000	1850	23,191	1930	123,203
1775	2,500	1860	31,443	1940	132,165
1790	3,929	1870	38,558	1950	151,326
1800	5,237	1880	49,371	1960	179,323
1810	7,240	1890	62,980	1970	203,212

절대적인 인구 부족에도 불구하고, 미국은 〈그림 2.1〉에서 보듯이, 1783년 독립전쟁이 끝난 후 남북전쟁이 일어나기 전까지 끊임없이 영토확장을 도모하여 남쪽으로는 멕시코만, 서쪽으로는 태평양 연안까지 영토가 확장됐다. 그 결과, 1853년에는 독립 당시 영토의 약 3.4배에 달하는 광대한 영토를 보유하게 됐다. 한편, 인구는 〈표 2.1〉에서 보듯이 1790년 약 393만 명에서 1860년 약 3,144만 명으로 약 8배 증가했다. 이 정도의 인구는 당시 영국의 약 1,800만 명에 비해서는 약 1.7배에 달하는 수였으나, 프랑스의 약 3,700만 명보다는 적은 수였다.

99   United Census Bureau. http://www.census.gov

그림 2.1 미국의 영토 변화.[100]

    미국은 독립 이후 남북전쟁이 발발할 때까지 이민자 유치와 출산율 증가로 10년당 평균 약 37%씩 급격하게 인구가 증가했다. 그러나 이 정도의 인구 증가로는 경제 구조의 혁명적 변화 없이는 태평양 연안까지 확장된 광대한 영토를 개발하고 경영하는 것은 물론 만성적 노동력 부족을 해소하는 것 역시 요원한 일이었다. 19세기 초 미국은 남부의 농장 노동자와 북동부의 공장 노동자를 비롯한 모든 유형의 노동에 대한 수요가 매우 높았다. 그러나 교통 시설 부족과 낮은 인구밀도로 인해 노동 탄력성이 매우 낮아 미국의 임금은 영국보다 30~50% 정도 높았다. 이러한 노동

---

100   Byhisword. https://ko.m.wikipedia.org/wiki/파일:미국의_영토_확장.png

력 부족과 높은 임금은 경영자들로 하여금 생산성 향상을 위한 기계 등 자본 재투자와 기술 혁신에 적극적으로 나설 수밖에 없는 동기가 됐다. [101]

---

101   J. A. James, *Some Evidence on Relative Labor Scarcity in 19th-Century American Manufacturing*, Explorations in Economic History, **18**(4), 376 (1981).

3

실업자 급증과 영토개발 욕구,
철도혁명을 불러오다

남북전쟁이 일어나기 전인 19세기 초 미국의 도로 상황은 도시 밖에는 도로가 거의 없었고, 도시 간 연결을 위한 턴파이크를 이제 막 건설하기 시작했다. 미국의 3대 대통령인 제퍼슨(T. Jefferson)[102]은 국토를 서쪽으로 확장하기 위해 테네시주의 내슈빌(Nashville)에서 미시시피주의 나체즈(Natchez)까지 이어지는 710km 길이의 나체즈 트레이스(Natchez Trace)[103] 공사를 1801년에 시작했다. 1803년 루이지애나를 매입한 후에는 메릴랜드주의 컴벌랜드(Cumberland)와 버지니아주(현재는 웨스트버지니아주)의 휠링(Wheeling)을 연결하는 컴벌랜드 도로(Cumberland Road)가 1811년에 착공되어 1818년에 준공됐다. 그러나 당시의 턴파이크는 매우 열악한 도로로 일부는 나무 판자를 깐 도로였다. 그럼에도 불구

---

102 토마스 제퍼슨(Thomas Jefferson), 독립선언문을 기초했고, 미국의 3대 대통령으로 1801년에서 1809년까지 재임했다.

103 수세기 동안 미국 원주민들이 만들어 사용한 숲길로 18세기말과 19세기 초에 미국 초기의 탐험가, 상인, 이민자들이 사용했던 미국 내 역사적으로 유서 깊은 길이다. 현재는 나체즈 트레이스 파크웨이(Natchez Trace Parkway)로 기념되고 있다.

하고 이 도로들은 운송 비용을 크게 낮추었다.

한편, 미국은 영국과 마찬가지로 거대 화물의 운송을 위해 운하도 건설했다. 그러나 1816년까지는 겨우 160km 정도의 운하가 건설됐고, 그것도 3.2km를 넘는 것은 소수에 불과해 대부분 초근거리 운송을 위한 것들이었다. 첫 운하다운 운하는 1825년에 운영을 시작한 약 520km 길이의 허드슨 강변에 위치한 뉴욕주 알바니(Albany)와 이리 호수(Lake Erie)의 버팔로(Buffalo)를 잇게 한 이리 운하(Erie Canal)였다. 이리 운하는 매우 성공적이어서 운하가 건설되기 전인 1817년에 버팔로에서 뉴욕까지 화물을 운송하는 데 드는 비용이 1톤의 화물을 1마일 운송하는 데 19.2센트였던 것이 1857~1860년에는 0.81센트로 약 1/20로 감소했다.[104] 이러한 성공은 1820년대 후반 운하 건설 붐을 일으켰다. 그러나 운하 개발만으로는 미국의 넓은 영토 내에서의 운송을 담당하기에는 근본적으로 역부족일 수밖에 없었다. 이는 필연적으로 육로수송 수단인 철도 건설을 강구할 수밖에 없게 했다.

철도는 2차 산업혁명을 특징짓는 산업 중 하나이다. 미국 또한 영국과 마찬가지로 철도 건설은 채취된 자원을 항구로 운송하기 위한 말 철도(horse railway) 건설에 이어 1830년대에는 최초의 증기철도 건설로 시작됐다. 남북전쟁 후부터 19세기 말에 걸쳐 미국은 급속한 경제성장 단계에 접어들었다. 이 기간 동안 1인당 소득이 두 배 증가했고, 1895년에는 제조업 생산량이 영국을 제치고

---

104 D. C. North, *The Economic Growth of the United States 1970~1860*, W. W. Norton & Company Inc., **1966**, p. 146.

세계 1위를 차지했다.[105] 이러한 성장에 견인차 역할을 한 것이 철도 건설이었다.

표 2.2 미국의 역사적 철도 길이.[106]

연도	길이/km	연도	길이/km
1830	64	1870	79,129
1840	4,434	1880	141,178
1850	13,794	1890	263,228
1860	46,542	1916	409,177

미국의 철도는 1720년대에 목조 철도의 건설로부터 시작되어 1810~1850년의 북동부 지역의 산업혁명으로부터 1850~1890년의 서부 개척에 이르기까지 미국의 산업 발전의 원동력이 됐다. 미국의 철도 건설 붐은 1827년 최초로 여객과 화물을 수송하는 볼티모어(Baltimore, Maryland)와 오하이오(Ohio) 철도가 설립되고, 1828년에 대서양 연안과 내륙 지역을 나누는 애팔래치아 산맥(Appalachian Mts.)[107]을 넘어 서쪽으로 향하는 긴 철도 건설을 시작하는 '첫 돌 놓기(Laying of the First Stone)' 행사로부터 시작됐다. 이후 미국의 철도는 〈표 2.2〉에서 보듯이 남북전쟁 직전인 1860년

---

105 F. Zakaria, *From Wealth to Power: The Unusual Origins of America's World Role*, Princeton Univ. Press, **1998**, p. 46.

106 H. C. Adams, *Report on Transportation Business in the United States at the Eleventh Census 1890*, United States Census Office, Washington D. C.: Government Printing Office, **1895**, p. 6.

107 북아메리카의 동부를 북동에서 남서로 뻗어 있는 산맥. 캐나다의 뉴펀들랜드(New Foundland), 퀘벡(Quebec), 뉴브런즈윅(New Brunswick) 주와 미국의 여러 주를 거쳐 앨라배마(Alabama) 주 중부까지 뻗어 있는 산계이다.

에는 46,542km에 달했으나, 이 정도의 길이는 미국의 영토 넓이를 고려할 때 턱없이 부족한 연장(延長)이었다.

표 2.3 미국의 역사적 영토 크기 변화.

연도	면적/km²	연도	면적/km²	연도	면적/km²
1783	2,400,000	1845	5,670,000	1853	7,247,700
1803	4,547,000	1846	5,930,000	1867	8,965,556
1818	4,830,000	1848	7,170,000	1898	9,275,890
1819	4,980,000	1850	7,320,000	1900	9,307,032

1865년에 남북전쟁이 끝난 후 미국사회는 남북전쟁의 한 원인이 된 남북과 동서 간의 지역적 단절 해소, 전후 실업자가 된 퇴역병사의 일자리 마련, 1853년까지 확보한 독립 당시 영토의 3배에 달하는 영토(〈그림 2.1〉과 〈표 2.3〉) 개발이라는 절실함이 결합하여 철도 건설에 더욱 박차를 가하게 됐다.[108] 그 결과, 1916년 409,177km로 정점을 찍을 때에는 철도의 연장 길이는 전쟁 전에 비해 약 9배에 달하게 됐다.

철도는 곧바로 많은 내륙의 수상 운송을 대체했다.[109] 운하와 강은 겨울철에 결빙으로 인해 사용할 수 없었으나, 철도는 연중

---

[108] 미국은 전쟁 중인 1862년 유니온 퍼시픽(Union Pacific)과 센트럴 퍼시픽(Central Pacific)이라는 2개의 회사에 자금과 토지를 지원하여 대륙횡단 철도를 건설한다는 내용의 '퍼시픽 철도법(Pacific Rail Act)를 제정했다. 그러나 전쟁, 원주민과의 갈등, 인력난으로 철도 건설은 지지부진한 상태로 진행되다 전쟁이 끝난 후 박차를 가하여 1869년에 완공됐다.

[109] L. C. Hunters, *Steamboats on the Western Rivers: An Economic and Technological History*, Dover Pub. Inc., **1949**, Ch. 15.

내내 운행됐고, 비용면에서도 더 효율적인 운송 수단이었다.[110] 이와 같은 효과로 북동부와 중서부의 철도 회사들은 거의 모든 주요 도시를 연결하는 철도망을 구축했다. 남북전쟁 이후에 대부분의 철도 건설은 북동부 산업지대와 중서부 농업지대에서 이루어졌다. 이로서 애팔래치아 산맥 넘어 서부 지역 개발에 박차를 가할 수 있게 됐다. 특히, 옥수수 지대(Corn Belt)[111]에서는 농장의 80% 이상이 철도에서 8km 이내에 있어 곡물과 돼지, 소 등의 농산물을 국내 및 국제 시장에 손쉽게 운송할 수 있게 됐다. 이러한 대규모 철도망 구축은 외딴 지역을 도시와 연결시켰고 화물과 승객의 이동 시간과 비용을 대폭 절감시켰다.[112] 철도산업은 철강, 기계, 전신 등과 결합되며 미국에 새로운 산업적 혁신(2차 산업혁명)을 이끌어 내게 됐다.

---

110 G. M. Jones, O. C. Moles, *Atlantic Intracoastal Canals: Commercial, Military, and Other Advantages of Deep Sea-Level Canals Connecting North Atlantic Coastal Waterways*, Washington D. C.: Government Printing Office, **1918**, p. 11.

111 미국의 중서부 지역으로 1850년대 이후 미국 내 옥수수 생산을 주도해온 지역이다. 아이오와(Iowa), 일리노이(Illinois), 인디애나(Indiana)주를 중심으로 그 인근 주들이 여기에 속한다.

112 G. R. Taylor, *The Transportation Revolution, 1815-1860*, Routledge, **1951**, Ch. 7.

4
철도혁명,
철강산업 발전을 견인하다

미국의 철 제조의 시작은 식민지 시절 영국의 철 제조를 위한 목탄 부족에 기인했다. 영국은 영국 본토에 필요한 철을 공급하기 위해 미국 식민지의 숲에 주목하여 메릴랜드주 페리빌(Perryville, Maryland)에 제철소를 설립하는 것을 시작으로 체서피크만(Chesapeake Bay)[113] 주변에 많은 제철소를 건설하여 선철을 생산했다. 이어 미국내 소비용 제철소가 식민지 전역에 걸쳐 설립되기 시작했다. 1850년 이전 미국의 철은 철광석 매장지 근처인 펜실베이니아(Pennsylvania)주의 동부, 뉴욕(New York), 뉴저지(New Jersey) 주의 북부 지역에 위치했다. 미국에서 철 제련에 코크스가 본격적으로 사용되기 시작한 것은 1840년경부터였다. 영국과 마찬가지로 제강 공정에서의 연료를 목탄에서 석탄으로 대체하면서, 대규모 석탄 매장지와 가깝고 수로 운송에 유리한 3개의 강이 만나는 펜실베이니아 주의 피츠버그(Pittsburgh)가 제철소의 이상적인

---

113 미국의 메릴랜드(Maryland)와 버지니아 주 사이에 있는 만. 서스쿼해나(Susquehanna)와 포토맥(Potomac) 강이 흘러들어 온다.

입지로 떠올랐다.

한편, 1856년에 영국인 베세머(H. Bessemer)[114]는 선철에서 강철을 제조하는 비용을 50% 이상 절감하는 '베세머 공법(Bessemer Process)'을 발명했나. 같은 시기에 미국에서는 켈리(W. Kelly)가 동일한 공법을 개발했다. 이 공법의 개발은 미국에서 남북전쟁 후 대규모 철도 건설로 폭발하는 수요와 맞물려 1865년에 뉴욕주 트로이(Troy)[115]에 이 공법을 사용하는 제철소 건설을 가져왔다. 이어 1875년에는 카네기(A. Carnegie)의 자금 지원을 받은 당시 최대 규모의 제철소인 에드가 톰슨 제철소(Edgar Thompson Steel Works)가 건설됐다. 이는 미국에서 발견된 철광석 중 최대 규모인 슈피리어 호수(Lake Superior)의 철광산 개발과 함께 미국 철강산업의 발전에 박차를 가하게 됐다.

미국의 철강 생산량은 1810년대까지만 해도 1만 톤 이하였다. 이후 미국의 1차 산업혁명기인 남북전쟁 전까지 동북부 지역의 산업 발전과 더불어 점진적으로 증가하여 남북전쟁이 발발하기 직전인 1860년에는 약 130만 톤까지 증가했다. 이후 남북전쟁이 끝난 후 철도 건설과 베세머 공법의 도입으로 철강 생산은 폭발적으로 증가하여 1870년에 약 420만 톤, 1880년에 약 1,000만 톤에 이어 1900년에는 약 2,300만 톤에까지 이르렀다.

---

114 19세기 철강 제조에 가장 중요한 기술인 제강 공정을 개발한 발명가. 군용 병기의 제강 비용을 절감하기 위한 노력의 결과로 선철에 공기를 불어넣어 불순물을 제거하는 방법을 개발하여 제강 공정에 혁명을 일으켰다.

115 허드슨 강 동쪽 기슭에 위치한 도시. 19세기 초 철강산업의 중심지로 발달했으며, 지금은 자동차 부품, 전기 기계, 항공기 부품 등 다양한 제조업이 발달되어 있다.

이러한 철강 생산의 폭발적인 증가는 베세머 공법 등 몇몇 새로운 공정116에 의하여 생산되는 강철(steel)이 주도했다. 1875년 카네기가 철로를 공급하기 위해 세운 베세머식 제강 공장은 미국 제강의 혁신을 이끌어 냈고, 미국의 강철 궤도 가격은 1865년 165달러에서 1898년에는 18달러까지 떨어졌다. 1860년까지만 해도 미국의 철강산업은 주철과 연철 같은 철(iron) 생산이 철강 생산의 거의 100%를 차지했다. 그러나 철로를 기존의 철 선로보다 5~6배 정도 더 오래 쓸 수 있는 강철 선로로 바꾸는 등에 힘입어 1880년에는 강철 생산량이 100만 톤을 넘어섰고, 1913년에는 3,100만 톤을 넘어 철강 생산의 80% 이상이 강철로 바뀌었다. 이로서 강철은 중공업, 기계, 건설뿐만 아니라 무기를 비롯한 모든 산업과 서비스 분야에까지 확장되며 미국의 2차 산업혁명을 이끌어 낸 중추 산업의 하나로 자리매김하게 됐다.

---

116 예를 들면, 새로운 공정으로는 지멘스 공정(Siemens Process), 길크리스트-토마스 공정 (Gilchrist-Thomas Process) 같은 것이 있다.

5
전기, 2차 산업혁명의 주역 중 하나로 등장하다

전기산업은 화학 산업과 더불어 과학적 발견과 발명이 선도적으로 산업 발전을 이끈 분야 중 하나이다. 전기 에너지가 기존의 다른 에너지원(예를 들면, 마력, 수력, 증기력)들과 두드러지게 다른 점은 생산과 사용의 동시성, 수송의 편리성, 저렴한 수송비,[117] 그리고 다양한 활용성이라고 할 수 있다. 인류가 전기를 처음 발견한 것은 아주 오래전[118] 일이다. 그러나 18세기 후반 인간이 전기를 이해하기 시작한 후부터 전기의 장점들로 인해 전기는 각종 산업 분야는 물론 일상 생활에까지 적용되며 그 활용 영역이 현재까지 지속적으로 확대되고 있다.

화학 반응을 이용하여 저전력의 전기를 생산하는 전지는 1800

---

[117] 전기는 전선만 연결되어 있으면 생산된 전기가 거의 동시에 사용자에게 전달되며, 석탄과 석유 같은 에너지원과 달리 전선 외에는 다른 수송 수단을 필요로 하지 않는다. 또한 전선 가설비는 도로 및 철도 건설비에 비하여 훨씬 저렴할 뿐만 아니라 단위 시간당 수송비도 다른 에너지원 수송비에 비할 수 없을 정도로 저렴하다.

[118] K. Bernd, *Electric Fish, Electrocommunication in Teleost Fishes: Behavior and Experiments*, Bioscience, **41**(11), 794 (1991).

년 볼타(Alessandro Volta)에 의하여 처음으로 발명됐다.[119] 그러나 전지로 생산하는 저전력 전기의 활용은 통신 산업에 국한됐다. 한편, 고전력의 전기를 생산하는 발전기는 1831~1832년에 패러데이(M. Faraday)가 전자기 발생기의 작동 원리를 발견함으로써 시작됐다. 패러데이는 작은 직류 전압을 생성하는 '패러데이 디스크'라는 최초의 전자기 발전기를 만들었고, 최초의 실용적 발전기는 1870년대에 그람메(Z. T. Gramme)가 만들었다.[120] 이후, 발전 기술은 19세기 전체에 걸쳐 지속적으로 개선되면서 효율성과 신뢰성이 크게 향상되어 19세기 말에는 최고 효율이 90%를 넘어서게 됐다. 그러나 1880년대 초까지 전기는 주로 전신과 전기도금에 국한되어 사용됐다.

한편, 전기로 등불을 밝히는 전기 조명은 1802년 데이비(H. Davy)가 전기가 탄소 전극에서 광 아크(arc)를 발생하는 것을 발견한 후 탄소 아크등을 발명하면서 시작됐다. 그러나 초기의 아크등은 많은 열을 방출하고 화재 위험이 높아 조명으로 사용하기에는 적합하지 않았다. 최초의 성공적인 아크등은 러시아 공학자 야블로코프(Pavel Yablochkov)가 개발했다. 또한 백열 전구 개발은 수많은 발명가에 의해 시도됐다. 성공적인 초기 전구는 영국에서는 1878년에 스완(J. Swan)이, 미국에서는 1879년에 에디슨(T. Edison)이 발명했다. 이어 에디슨은 1880년에 탄소 필라멘트 전구를

---

119 R. Routledge, *A Popular History of Science*, 2nd ed., George Routledge and Sons, **1881**, p. 553.

120 S. P. Thompson, *Dynamo-electric Machinery: A Manual for Students of Electrotechnics*, E. & F. N. Spon, **1888**, p. 140.

상업적으로 생산하기 시작했고, 스완 전구는 1881년에 상업적인 생산을 시작했다.[121] 초기의 전기 조명은 주로 소규모 시설에 사용됐으나,[122] 이후 전기 조명의 밝기와 청결성 및 관리 편리성은 빠르게 가스와 등유 조명을 내체해 나갔다.[123]

전기산업의 초창기에 전력이 가장 많이 사용된 곳은 도시의 전차 선로나 기차 철로였다. 산업화로 팽창된 도시의 대중 교통난을 해결해야 하는 절실한 상황에서, 도시 내에서는 도저히 운행할 수 없는 시커먼 연기를 내뿜는 증기 기관차와는 달리, 연기 없이 달리는 깨끗한 전차는 도시의 대중 교통 수단으로 이 이상 매력적일 수 없었다. 전기 철도는 독일에서 1879~1881년에 지멘스(Siemens)와 할스케(Halske)에 의해 시연됐다. 이어 영국에서는 1883년에 브라이튼(Brighton)에 휴양용으로 처음 건설됐고, 1887~1900년에는 런던에 지하철이 건설되며 새로운 전기(轉機)를 맞이했다. 한편, 미국에서는 1890년까지 교통노선의 15%를 전력으로 가동되는 전차가 차지했고, 이는 1904년에는 94%까지 올라갔다. 전차와 전기 철도는 자동차가 보편화되기 이전의 장거리 출퇴근의 대표적 운송 수단으로 도시 확장에 크게 기여했다.

---

121 I. McNeil, *An Encyclopedia of the History of Technology*, Routledge, **1990**, p. 360.

122 최초로 작동하는 전구가 설치된 곳은 스완의 개인 주택이었고, 최초로 전등으로 조명된 공공 장소는 영국의 뉴캐슬(Newcastle)에 있는 리트와 필 도서관(The Lit & Phil Library)이었다(T. Henderson, *Tale of tragedy behind the triumphs of Joseph Swan*, The Journal, 28 Sep. 2011, updated 25 Jun., 2013. http://www.thejournal.co.uk/news/north-east-news/tale-tragedy-behind-triumphs-joseph-4424356).

123 1882년 영국의 런던에서는 최초로 대규모 중앙 배전 공장을 설립하여 1,000개의 백열 전구로 오래된 가스 조명을 대체했다(*History of public supply in the UK*, http://www.engineering-timelines.com/how/electricity/electricity_07.asp).

이는 전기가 19세기의 증기기관보다 더 큰 혁명적인 변화를 일으키고 있음을 의미했다.

전기는 조명과 운송수단에의 적용뿐만 아니라 더 중요한 것은 새로운 산업에의 적용이었다. 미국과 함께 2차 산업혁명을 주도한 독일에서는 화학과 중공업 그리고 전기공학이 접목되며 화학산업을 비롯한 독일 산업 전반에 걸쳐 가파른 성장을 이끌었다. 전기화의 최대 장점은 모든 산업 분야에 전기 모터의 활용이었다. 전기가 에너지원으로서 이점이 알려지면서 엄청나게 많은 전기 모터가 생산됐고, 소규모 기업 및 가정용으로도 사용되게 됐다. 그 결과, 기계 구동력으로 사용되는 에너지에서 전기가 차지하는 비중이 〈표 2.4〉에서 보듯이 1889년까지는 0%였던 것이 1939년에는 89%까지 증가했다. 20세기 들어서는 대형 선박용 엔진과 같은 거대 규모의 엔진을 제외하고는 거의 모든 엔진이 전기를 사용하는 것으로 대체됐다.

표 2.4 기계 구동력으로 증기, 수력, 전기가 사용되는 비율(%).[124]

연도	증기	수력	전기
1869	52	48	-
1879	64	36	-
1889	78	21	-
1899	81	13	5
1909	65	7	25
1919	40	3	54
1929	16	1	80
1939	8	1	89

　또한 전기는 서비스업에서도 커다란 전환을 가져왔다. 소량의 전기 에너지를 사용하여 원거리 대화를 나눌 수 있게 하는 전화기의 등장은 정부 기관은 물론이고, 여러 지점을 관리하는 대규모 기업군들과 함께 소규모 기업들에게도 업무의 효율성을 크게 증진시켰다. 그 결과, 미국에서는 1890년 약 20만 대의 전화기가 사용됐으나 10년 후인 1900년에는 약 150만 대까지 늘어났다. 전화는 타자기의 등장과 더불어 사무실의 기계화를 가능하게 했다. 이는 정부 기관과 대기업에게 조직의 말단까지 즉시적으로 관리하고 통제할 수 있는 수단이 제공됨으로써 관료주의 체제가 사회전반으로 퍼져 나가는 사회적 변화를 초래했다.

　전력은 대부분의 제조업에서 과거 증기력이나 수력으로 구동되던 기계를 대체(〈표 2.4〉)했다. 뿐만 아니라, 새로운 기계나 동력 공

124　W. D. Devine, Jr., *From Shafts to Wires: Historical Perspective on Electrification*, The Journal of Economic History, **43**(2), 347 (1983).

구를 개발하게 하여 업무의 효율성을 높였고, 공장 설계와 기계 배치에도 영향을 미쳤다. 전력으로 작동하는 기계는 더 이상 축(shaft)을 필요로 하지 않았고, 각 기계 장치는 개별적으로 구동할 수 있게 했다. 개별 구동장치의 사용은 축과 벨트에 의해 제약되지 않고 기계를 자유롭게 배치할 수 있게 했다. 이로써 공장들은 더욱 정돈되고 깨끗한 작업환경을 갖출 수 있게 됐다. 이는 생산 능력의 향상은 물론 품질 향상에도 크게 기여했고, 경영자에게는 대규모의 설비자본 투자를 절약하게 했다.

이러한 에너지원으로서 전력의 매력은 기존 기계류의 재설계, 새로운 기계류의 발명, 상품 생산과 공장 설계에 대한 개념을 바꾸었다. 그리고, 전력은 공장과 산업 단지의 이전[125]까지 수반하는 대규모의 혁신(2차 산업혁명)을 일으키는 주역 중 하나가 됐다.

---

[125] 기존의 공장과 산업은 원료 또는 에너지 공급원의 산지에 크게 제약을 받아, 철광석 또는 석탄 산지와 같은 곳에 주로 위치했다. 그러나 전력은 수송이 편리하고 수송비가 저렴할 뿐만 아니라 지역내 생산도 가능하여, 공장과 산업이 수요가 풍부한 도시 내 또는 도시 인근으로 이전할 수 있게 했다.

6

고래 자원의 고갈,
석유산업 시대를 열다

서구사회가 산업화되면서 고래기름은 도시와 가정을 밝히는 등불과 기계의 마모를 막는 윤활제로 사용되는 중요한 자원이 됐다. 산업화로 도시는 팽창하고 공장의 기계화는 급속하게 진행됐다. 이로 인해 18세기 말부터 증가하기 시작한 고래기름의 수요는 19세기 초인 1820년대에 포경 산업이 정점을 찍을 때까지 급격하게 증가했다. 그러나 광범위한 상업적 포경은 필연적으로 고래 종들을 거의 멸종에 이를 정도로 고갈시켰다. 고래 자원의 고갈은 도시와 가정의 밤을 밝히기 위한 기름과 기계를 돌리기 위한 윤활제 확보에 막대한 지장을 초래하게 됐다.[126]

고래 자원의 고갈로 인한 고래기름 부족 사태는 산업화된 국가들로 하여금 산업과 사회를 유지하기 위해서는 필연적으로 대체제를 찾아야 하는 절박함에 직면하게 했다. 이에 게스너(A. Gesner)는 1840~1846년에 걸쳐 석탄, 역청, 셰일유에서 액체 연료

---

[126] 고래 자원의 고갈은 영국의 산업혁명 초기에 발생한 목재 자원 고갈에 이은 두 번째 대규모 천연자원 부족 사태였다. 목재 고갈이 석탄 개발을 가져왔듯이(1장의 3) 고래 고갈은 석유 개발을 가져오게 했다.

(나중에 등유라 부름)를 정제하는 공정을 개발했다. 이 연료는 고래 기름보다 깨끗하게 연소되고 가격도 저렴했다. 이어 스코틀랜드의 영(J. Young)은 1847년에 석탄으로부터 등(燈)에 사용하기 적당한 기름과 기계 윤활에 적합한 걸쭉한 기름을 추출하는 데 성공했다. 이러한 성공은 19세기 중반 원유 채취와 정유 산업의 등장을 불러왔다.

석유는 암석층에서 발견되는 다양한 분자의 탄화수소와 여러 다른 유기 화합물로 구성된 액체이다. 정제되지 않은 상태의 석유는 5,000년 이전부터 인류에 의해서 사용되어 왔다. 고대로부터 석유는 일반적으로 불을 피우거나 전쟁에서 화공(火攻)을 하는 데 사용됐다. 이렇게 단순한 용도로만 사용하던 유기 혼합물인 원유로부터 조명용 등유와 기계용 윤활유를 얻기 위해서는 원유를 정제하는 것(즉 정유)이 필수적이다. 초기에 정유는 주로 조명용 등유와 난방용 중유를 얻기 위한 것이었다. 즉, 초기의 정유는 파라핀(Paraffin)[127]을 얻는 것이 주 목적이었다.

결과적으로 2차 산업혁명기에 석유산업의 시작은 영국에서 시작하여 각국으로 퍼져 나간 산업혁명으로 인한 에너지 수요의 급증에 기인한다. 19세기 초까지 조명을 위한 기름은 고래기름이 주로 사용됐고, 20세기 중반까지만 해도 난방과 요리를 위한 연료로는 목재와 석탄이 주로 사용됐다. 그러나 고래 자원의 고갈과 석탄 가격의 상승으로 고래 기름과 석탄의 대체제가 절실히

---

127 포화 탄화수소(알케인)를 두루 일컫는 말. 일반적으로는 탄소 수 20~40개인 탄화수소 분자의 혼합물을 통칭하며, 하얗고 부드러운 고체로 양초, 윤활제 및 절연체로 많이 사용된다.

필요하게 됐다. 이에 원유로부터 등유와 중유를 추출하여 조명과 난방 연료로 사용할 수 있다는 사실이 알려지자 석유 수요는 급증하게 됐다. 그 결과, 석유는 20세기 초에 이르러서는 세계 시장에서 가장 가치 있게 거래되는 상품이 됐다.[128]

고래기름의 대체제로 산업으로서의 첫발을 디딘 석유는, 목재와 석탄을 대체하는 연료로서뿐만 아니라, 20세기를 석유문명 시대라고 부를 정도로 2차 산업혁명 이후 현대사회에서 핵심 자원으로 자리잡고 있다. 화석연료의 하나인 석유가 산업의 영역으로 들어온 것은 2차 산업혁명기 초이다. 풍부한 매장량과 자동차의 대량 생산(2장의 7)이라는 조합은 석유가 20세기 경제의 동력화(motorization)가 되는데 결정적인 역할을 했다. 뿐만 아니라, 석유는 화학약품과 의약품, 비료, 살충제, 플라스틱류 등 거의 모든 화학제품의 원료가 되어 2차 산업혁명의 양대 축의 하나인 화학산업 발전의 중심에 우뚝 서게 됐다.

---

128 F. Holliday, *The Middle East in International Relations: Power, Politics and Ideology*, Cambridge Univ. Press, **2005**, p. 270.

7

광대한 영토와 고립된 시골 마을, 미국을 자동차의 나라로 만들다

19세기 후반 미국의 교통수단은 지극히 열악했다. 광대한 영토에 적은 인구(2장의 2)가 넓게 퍼져 사는 관계로 대서양 연안의 동부와 애팔래치아 산맥 너머의 서부를 막론하고 시골 마을은 거의 격리된 상태와 마찬가지였다. 교통 문제를 해소하기 위해 미국은 19세기 초부터 도시와 도시를 연결하는 턴파이크를 건설하고, 남북전쟁 이후에는 철도 건설에 박차를 가했다(2장의 3). 그러나 이러한 노력에도 불구하고 미국의 영토는 너무 넓어서 격리된 시골 마을의 교통 문제까지 해소하기에는 역부족일 수밖에 없었다. 시골 주민들의 주요 교통 수단은 여전히 말과 마차였고, 생산한 곡물을 마차로 수송하는 비용은 곡물 그 자체의 가치를 초과하기도 했다.[129] 따라서 미국에서 말과 마차를 대체할 교통수단의 도입에 대한 절실함은 유럽의 여러 나라에 비할 바가 아니었다.

한편, 자동차의 개발은 1672년 중기 동력 차량의 발명과 함께 시작되어 1769년에는 인간 수송이 가능한 중기 동력 자동차가 탄

---

[129] G. R. Taylor, *The Transportation Revolution, 1815-1860*, Routledge, **1951**, p. 133.

생됐다.[130] 이어 1828년에 초기 유형의 전기 모터를 발명한 헝가리인 예들리크(Á. I. Jedlik)은 작은 모형 자동차를 만들었고,[131] 1834년에 미국 최초로 DC 전기 모터를 개발한 데이븐포트(T. Davenport)는 작은 모형 자동차에 전기 모터를 장치하여 짧은 원형 트랙에 운행시켰다.[132] 전기는 자동차 추진에 사용되는 에너지원으로 19세기 말에서 20세기 초에 선호되며 인기를 누렸다. 그러나 내연기관 기술의 발달과 석유산업의 발전과 더불어 전기 자동차는 1930년대에 이르러서는 미국 시장에서 자취를 감추게 됐다.

내연기관 엔진은 1860~1870년대에 주로 프랑스와 독일의 기술자와 발명가에 의하여 개발됐다. 1861년 독일의 오토(N. A. Otto)는 처음으로 액체연료 엔진을 만들었고,[133] 1864년 오스트리아-헝가리 제국의 마르쿠스(S. Marcus)는 간단한 손수레에 액체연료 내연기관을 장착하여 추진하는 차량을 만들었다.[134] 이어 마르쿠스는 1875년에 최초의 휘발유 자동차를 제작했다. 이러한 실험적 개발을 상업적 생산으로 가져간 것은 벤츠(C. F. Benz)였다. 벤츠는 1885년 그의 첫 번째 자동차인 벤츠 페이턴트 모터카(Benz

---

130 E. Eckermann, *World History of the Automobile*, Society of the Automotive Engineers, **2001**, p. 14.

131 A. Heller, *Anianus Jedlik*, Nature, **53**, 516 (1896).

132 D. E. Nye, *Electrifying America: Social Meaning of a New Technology, 1880-1940*, MIT Press, **1992**, p. 86.

133 *Nicolaus August Otto: Erfinder (1832-1891)*, Portal Rheinische Geschichte, May 08, 2023.

134 *Siegfried Marcus: German inventor*, Encyclopedia Britannica, Retrieved September 14, 2023. https://britannitanica.com/biography/Sigfried-Marcus

Patent Motorcar)를 만들었고, 1888년에 첫 번째 생산을 시작했다. 이것은 최초의 판매 가능한 일상적인 사용을 위한 차였다. 이어 1889년 다임러(G. W. Daimler)와 마이바흐(W. Maybach)는 마차에 엔진을 장착한 것이 아닌 처음부터 자동차로 설계한 차량을 만들었다.

이러한 서유럽 국가에서의 자동차 개발 열기는 미국에도 전파되어 미국 북부 전역에서 지역 정비사들이 다양한 시제품 개발 실험으로 이어졌다. 예를 들면, 1890년 아이오와 주의 웰즈(J. O. Wells)는 증기 자동차를 만들어 몰았고, 1879년 뉴욕주 로체스터(Rochester)의 셀던(G. B. Selden)은 자동차 특허를 신청했다. 또한, 1893년 메사추세츠주 스프링필드에서 두리예이 형제(Charles and Frank Duryea)는 두리예이 자동차 회사(Duryea Motor Wagon Company)라는 미국 최초의 자동차 제조 회사를 설립했고, 1897년에는 미국에서 가장 오래된 자동차 제조업체로 남아 있는 Autocar Company가 펜실베이니아주 피츠버그(Pittsburgh)에 설립됐다. 이후 미국에서는 두리예이 자동차 회사를 시작으로 천 개 이상의 회사가 설립되어 삼천 종 이상의 자동차를 생산했다. 1905년까지 미국과 유럽에서는 수백 개의 소규모 회사가 작은 기계공장에서 범용 공작기계와 수공 기술을 사용하여 자동차를 제작했는데 생산량은 적었고 가격은 매우 비쌌다.

자동차 산업의 도약은 20세기 초 프랑스를 중심으로 서유럽에서 시작됐다. 1903년 프랑스에서는 30,204대의 자동차가 생산되어 세계 자동차 생산량의 48.8%를 차지했고, 서유럽 국가 전체는 50,692대를 생산하여 81.9%를 차지했으나, 미국은 11,235대로

18.1%에 불과했다.[135] 그러나 미국의 자동차 산업은 절대적으로 큰 수요와 이에 다른 대량 생산 체계의 확립으로 세계 최대 생산국으로 빠르게 발전했다. 부자들의 사치 스포츠용품으로 사용되던 자동차는 포드(H. Ford)의 등장으로 극적으로 대중 교통수단으로 전환되게 됐다.

미시간 주 스프링웰스 타운십(Springwells Township)[136]에서 농부의 아들로 태어난 포드는 자동차야 말로 미국 시골 지역의 절실한 교통문제를 획기적으로 개선할 수 있는 교통수단이 되어야 한다는 신념을 가지고 있었다. 그는 자동차는 시골과 도시, 시골과 시골을 연결하는 교통수단이 되어야 한다고 보았다. 따라서 자동차는 보통 사람들이 타고 다닐 수 있어야 하고, 그러려면 고장이 없는 단순하고 값싼 차를 만들어야 한다는 신념으로 자동차를 개발했다. 몇 차례의 실패를 거친 후에 그는 1903년 자신의 이름을 딴 포드 자동차 회사(Ford Motor Company)를 설립했고, 알파벳을 모델명으로 붙인 차량을 잇달아 내놓았다. 그는 "5%가 아니라 95%를 위한 자동차를 만든다"와 "자사의 근로자들이 월급으로 자동차를 살 수 있게 하겠다"는 것을 목표로 저가의 자동차 생산을 실현하기 위해 차량 품목의 단순화, 대량생산 체계 구축을 추구했다.

이러한 포드의 자동차 철학은 유명한 '모델 T'의 출시로 나타났다. 1908년에 출시된 모델 T는 당시 타사의 제품들이 2,000달러

---

135 *American Motorsports Timeline*, Crucian.com. Retrieved September 15, 2023.
136 현재는 디트로이트(Detroit) 시와 디어본(Dearborn) 시의 일부로 편입되어 있다.

수준이었을 때, 825달러에 불과했을 뿐만 아니라 운전하기도 쉬웠고 수리하기도 쉬웠다. 모델 T로 인해서 자동차 가격이 크게 떨어지자 자동차는 드디어 중산층도 구입할 수 있는 생활필수품이 되어갔다. 모델 T의 판매량은 급증하여 몇 년 동안 전년 대비 100%의 성장률을 기록했다. 이러한 성공에 힘입어 포드는 1913년 공장에 이동식 조립 벨트(conveyor belt) 시스템을 도입하여 대량생산 체제를 구축했다. 판매량은 1914년에 25만 대를 돌파했고, 가격은 매년 하락하여 1916년에는 기본 투어링 카(basic touring car)의 가격이 360달러가 됐고 판매량은 472,000대에 도달했다.[137] 모델 T들은 1918년까지 미국 자동차의 절반을 차지했고, 1927년 단종될 때까지 총 15,007,034대가 생산됐다.[138]

모델 T를 시점으로 하여 미국은 자동차 생산과 소비에서 세계를 이끌었다. 미국은 자동차의 대량생산과 대량판매를 위한 대량시장 생산 공정의 선구자가 됐다. 양차 세계 대전 중 미국의 자동차 공장들은 군수품 생산 공장으로 전환됐다. 그러나 2차 대전 후 소규모 회사들은 사라지거나 합병되며 미국의 자동차 산업은 디트로이트(Detroit)에 기반을 둔 제너럴 모터스(General Motors, GE), 포드, 크라이슬러(Chrysler)의 세 기업(빅 3)이 지배하게 됐다. 이 빅 3는 1950년까지 전 세계 자동차의 약 3/4을 생산했다. 이러한 미국 자동차 산업의 발전은 1908년 미국 가구의 1% 정도가 적어도

---

137 D. L. Lewis, *The Public Image of Henry Ford: An American Folk Hero and His Company*, Wayne State Univ. Press, 1976, p. 41.

138 *Beetle overtakes Model T as world's best-selling car*, History, Retrieved September 26, 2023.

한 대의 자동차를 소유하던 것이 1948년에는 50%, 1960년에는
75%가 소유하는 미국을 명실상부한 자동차의 나라가 되게 했
다.[139,140]

139 E. D. Goldfield, *Statistical Abstract of the United States, 76th ed.*, U. S. Department of
     Commerce, U. S. Census Bureau, U. S. Government Printing Office, **1955**, p. 554.
140 R. D. Putnam, *Bowling Alone: The Collapse and Revival of American Community*, Simon
     & Schuster, **2000**, p. 217.

8

대량생산 대량소비의 시대가 열리다

산업혁명은 대량생산과 대량소비 사회의 태동을 가능하게 했다. 대량생산은 특히 20세기에 들어 과잉생산으로 이어졌다. 대량생산은 대량소비 현상을 야기시켰는데 이를 세이의 법칙(Say's law)에서는 "(수요가 있는) 상품이 더 많이 생산될수록 다른 제품과 교환할 수 있는 가치(즉 소득)가 증가함으로써 다른 제품에 대한 수요를 창출한다"로 설명하고 있다.[141] 대량소비는 산업 분야뿐만 아니라 서비스 분야에서도 일어났다. 1920년대에 미국에서는 '대량서비스(mass services)'라는 개념이 제안됐고,[142] 대량서비스는 유럽 국가들과 제2차 세계대전 이후의 일본에서도 빠르게 성장했다. 새롭게 나타난 대량서비스 분야로서 제2차 세계대전 이후 괄목할 만한 성장을 한 것은 대중오락과 '패키지 여행'으로 상징되는 대중관광이었다.

---

141 J.-B. Say, *A Treatise on Political Economy; or the Production, Distribution, and Consumption of Wealth*, 6th American ed., Grigg & Elliott, **1834**, p. 3.

142 Hoover Report, *Report of the Committee on Recent Economic Changes*, National Bureau of Economic Research, **1929**, p. 16.

대량생산은 일괄생산(flow production) 또는 연속생산(continuous production)으로도 알려져 있는데, 이는 일정한 흐름으로 상당한 양의 표준화된 제품을 생산하는 것이다. 표준화된 부품과 생산 라인을 사용하여 제품을 생산하는 것은 산업화 시대 이전에도 있었다. 예를 들면, 중국의 전국시대에 진(秦)나라에서는 표준화된 청동 방아쇠 부품을 사용하여 석궁을 대량으로 제작했고,[143] 활자(표준화된 글자 부품)의 발명 역시 책과 같은 문서를 대량생산케 한 기술이다.

산업혁명 시대에 간단한 대량생산 기술은 1803년 나폴레옹 전쟁에서 영국의 해군을 위한 포츠머스 블록 공장(Portsmouth Block Mills)에서 도르래 장치를 만드는 데 사용됐다.[144] 또한 미국 전쟁부(United States Department of War)는 19세기 초부터 수십 년 동안 총기용 교환 부품 개발을 후원했다. 이러한 후원에 힘입어 1818년 블랜차드(T. Blanchard)는 회전하며 한번의 작업으로 총신을 만드는 공작기계를 발명했고, 1822년 홀(J. H. Hall)은 비숙련 인력으로 공작기계를 사용한 분업으로 브리치 장전 소총(breech-loading rifle)을 연속생산하는 시스템을 개발했다.[145] 한편, 공장의 전기화는 대량생산의 일반화에 결정적인 기여를 했다. 공장전기화는 DC(-

---

143 D. Williams, *Mass-Produced Pre-Han Chinese Bronze Crossbow Triggers: Unparalleled Manufacturing Technology in the Ancient World*, Arms & Armour, **5**(2), 142 (2008).

144 *The Portsmouth blockmaking machinery*, UK Government Web Archive, Archived on April 6, 2017.

145 D. A. Hounshell, *From the American System to Mass Production, 1800-1932: The Development of Manufacturing Technology in the United States*, Johns Hopkins Univ. Press, **1984**, p. 32.

direct current, 직류) 모터가 개발된 후 점진적으로 도입되다가 AC(alternating current, 교류) 모터가 개발되면서 가속화됐다.

이는 전기 모터가 소형 증기 엔진보다 몇 배나 더 효율적이었고, 제조에 더 유연성을 제공했기 때문이다(2장의 5). 예를 들면, 1893년경에 에디슨의 철광석 가공 공장은 각각 5명의 작업자가 2교대로 하루에 2만 톤의 광석을 처리할 수 있었다.[146] 전기화가 초기 대량생산에 가장 큰 영향을 준 것은 1900년경 미국 인디애나주의 먼시(Muncie)에 있는 유리병 공장(Ball Brothers Glass Manufacturing Company) 같은 일상용품 제조였다. 이 공장에서는 이전에는 손수레로 6다스를 운반하던 것을 작은 전기 트럭을 사용하여 한 번에 150다스나 운반할 수 있었다. 또한 천장에 매달린 전기 크레인은 36일 분 노동력을 대체했고, 전기 혼합기로는 유리 용광로에 공급하는 모래 등 재료를 다루는 삽과 사람을 대체했다.[147] 이와 같이 공장전기화는 공장 내 각 도구(기계)에 전기 모터를 설치하여 자체 동력을 제공함으로써, 각 도구들을 작업 순서대로 배열할 수 있게 했다. 이는 산업 생산효율을 급증시켜 대량생산으로 나아가는 데 결정적인 기여를 했다.

20세기 대량생산 대중화의 선구자로 일컬어지는 포드 자동차의 대량생산 체계 역시 전기 모터 도입으로 가능했다. 포드의 '모델 T' 생산에는 32,000개의 공작 기계가 사용됐는데, 이 모든 기

---

146 그 당시 일반적으로 대량의 자재를 처리하는 데 삽, 손수레, 작은 협궤 철도 차량을 사용했고, 당시 운하를 팔 때 한 사람이 12시간당 처리하는 양은 약 5톤이었다.

147 D. E. Nye, *Electrifying America: Social Meaning of a New Technology, 1880-1940*, MIT Press, 1992, p. 14.

계가 전기 모터에 의해 가동되어, 생산 흐름에 따라 배열될 수 있었고, 이를 통해 일괄(순차)생산이 가능했다. 대량생산을 창출하는 데 필요한 조직 관리 개념은 테일러(F. W. Taylor)와 같은 엔지니어들에 의하여 개척됐다. 테일러는 1908년에 상호 교환 가능한 대량생산 엔진 부품을 만들었고, 포드는 공정을 효율화하고 기계화하기 위해 기계들을 신중하게 배치하여 일괄생산이 가능한 이동식 조립 벨트 시스템을 도입했다.[148] 이러한 기술적 변화는 내구소비재 산업이나 패스트푸드 업체에서 모방되는 등 다양한 산업으로 퍼져 나갔다.

대량생산은 상품 가격의 하락을 통한 대량소비를 가져왔다. 특히 대량생산은 의류와 가정용품을 포함하여 광범위한 범위로 소비재 가격의 하락을 가져왔다. 거기에 더하여 과잉생산 되는 제품을 소비시켜야만 하는 제조업체는 소비(즉 소비자의 지출)를 증가시키기 위한 다양한 전략을 구사했다. 이를 위해 동원된 대표적인 것이 제품의 계획적 노후화와 충동 구매를 야기하기 위한 미디어를 이용한 광고이다.[149] 그 결과, 2차 산업혁명 이후 산업화된 국가들은 대량(과잉)생산과 대량소비 사회로 들어가게 됐다.

2차 산업혁명기에 소득 증가와 함께 소비재 가격의 하락으로 인한 구매력 증가는 과거 어느 때보다 컸다. 특히 제2차 세계대전 이후 약 25년 동안에는 산업 자본주의 시대 역사상 최대의 GDP

---

148 수많은 부품으로 구성된 제품의 대량생산 시스템은 일반적으로 조립 라인으로 구성되며, 조립은 이동식 조립 벨트(컨베이어) 위에서 진행된다.

149 B. Czarnecka, B. Schivinski, *Do consumers accumulated to global consumer culture buy more impulsively? The moderating role of attitudes towards, and beliefs about advertising*, Journal of Global Marketing, **32**(4), 219 (2019).

증가율과 1인당 소비 증가율을 나타냈다. 이는 자동차 산업의 발전과 함께 1920년대부터 시작되어 널리 확산된 내구 소비재 소유에서 극명하게 드러난다. 〈표 2.5〉에서 보듯이, 미국 가정에서 내구 소비재인 가전 제품 소유는 전등에서부터 시작하여 냉장고, 세탁기, 전기 청소기로 이어졌다. 그 결과, 1970년에 이르러서는 전등과 냉장고는 거의 모든 가정(99%), 전기 청소기는 92%, 세탁기는 70%에 이를 정도로 대량 소비가 일어났다. 또한 자동차는 1935년까지 미국 전체 가정의 50% 이상이 소유했고, 1960년에는 77%가 소유하게 됐다.[150]

표 2.5 미국 가정의 가전제품 소유 현황(%).[151]

연도	전등	냉장고	세탁기	청소기
1900	3	0	-	-
1920	35	1	8	9
1940	79	44	-	-
1960	96	90	73	73
1970	99	99	70	92

그러나 이러한 대량생산과 대량소비를 가능하게 한 본질적인 동력은 잠재적 소비자 수(인구)의 증가에 있었다. 〈표 2.1〉에서 보았듯이, 미국에서 2차 산업혁명이 본격적으로 시작된 남북전쟁 직후인 1870년에 약 3,900만 명이었던 인구는 그로부터 50년 후

---

150 S. Lebergott, *Pursuing Happiness: American Consumers in the Twentieth Century*, Princeton Univ. Press, **1993**, p. 111.

151 Ibid, p. 113.

가전제품들이 나타나기 시작한 1920년에는 약 1억 600만 명으로 약 6,700만 명이 증가했다. 그리고 또 다시 50년 후인 1970년에는 약 2억 300만 명으로 1870년 대비 5배가 넘는 인구가 됐다. 따라서, 1913년에 포드 자동차가 이동식 조립 벨트 시스템을 도입하여 모델 T의 대량생산을 성공적으로 이루어 낼 수 있었던 것은, 당시 1억 명에 달하는 거대한 인구가 넓은 영토에 산재해 거주하고 있었기 때문인 것을 부인하기 어렵다.

이후 가전제품을 비롯한 각종 생활용품의 대량생산이 가능했던 것도 유럽의 어느 나라도 갖지 못한 1억 명을 넘는 소비자를 가진 미국의 거대한 내수 시장에 기반을 두고 있다. 여기에 더해, 대량생산으로 인한 산업 종사자들의 소득이 증가하면서 개개인의 구매력이 높아졌고, 이는 대량소비를 촉진하여 각종 산업으로 대량생산 체계를 확장시켰다. 결론적으로, 미국에서의 급격한 인구 증가는 각종 산업 분야에서 대량생산 시스템의 도입과 성공의 토대가 됐다. 대량생산으로 인한 산업 종사자들의 소득 증가는 대량소비를 가능하게 했고, 이는 다시 인구 증가로 이어졌다. 이로써 '인구 증가 → 대량생산 → 대량소비 → 인구 증가'로 특징지어지는 현대 산업 사회의 구조가 형성됐다.

9

인적 및 지정학적 환경,
미국을 2차 산업혁명의 주역으로 세우다

영국의 1차 산업혁명의 성공은 서구 사회로 빠르게 퍼져 나갔다. 프랑스를 비롯한 기존의 서구 열강들은 영국을 경쟁 상대자로 여기지 않았었다. 그러나 산업혁명을 통해 소국이었던 영국이 강대국으로 급부상하자, 영국의 신기술을 서둘러 도입하며 산업 구조를 개편해 나갔다. 그러나 진정한 새로운 혁신인 2차 산업혁명은 또다시 변방국가이자 신생국가인 독일[152]과 미국[153]이 주도하며 발전했다. 독일은 2차 산업혁명의 선발 주자[154]로서 1900년에는 영국을 능가하며 유럽 대륙의 패권국으로 발돋움했다. 그러나 독일은 제1, 2차 세계대전을 일으키고 연달아 패배하며 산업

---

[152] 독일이 통일된 단일 국가가 된 것은 1871년 비스마르크(O. v. Bismarck)의 주도로 프로이센을 중심으로 한 '독일 제국'이 세워진 이후이다. 프로이센이 산업화를 이루며 발전하기 전까지 유럽 대륙의 중심 세력은 네덜란드, 스페인, 오스트리아, 프랑스였다.

[153] 미국이 경제 및 정치적으로 진정한 의미의 한 나라가 된 것은 남북전쟁이 끝난 후(1865년)라고 할 수 있다.

[154] 2차 산업혁명의 핵심 분야의 하나인 화학 산업은 독일이 선도했다. 독일의 합성 염료 산업은 1900년까지 세계 시장을 지배했다. 바스프(BASF), 바이엘(Bayer), 훽스트(Hoechst) 등 독일의 8개 회사가 전 세계 염료의 거의 90%를 공급했다(C. Torp, *The Great Transformation: German Economy and Society 1850-1914*, In *The Oxford Handbook of Modern German History*, H. W. Smith ed., **2011**, p. 347.).

시설과 경제가 거의 완전히 붕괴됐다. 이후 2차 산업혁명은 미국이 홀로 선두에 서게 됐다.

미국은 아메리카 대륙의 다른 국가들과 그 구성원의 성격이 확연히 달랐다. 미국은 비옥한 토지와 다양하고 풍부한 자연자원을 지닌 국토를 지니고 있었다. 그러나 비옥한 토지와 풍부한 자연자원을 가진 나라는 브라질과 아르헨티나, 멕시코도 마찬가지였다. 하지만 미국이 이들과 본질적으로 다른 것은 인적 구성의 성격이었다. 제국주의 국가인 스페인과 포르투갈의 체제를 물려받은 아르헨티나, 멕시코, 브라질과 달리, 미국을 건국한 사람들은 오랫동안 왕의 간섭을 최소화하고 개인의 권리를 최대화하는 전통을 누려 온 영국인이 주류였다. 더욱이 미국의 지도층을 형성한 영국의 향신(鄕紳) 출신들은 시민의 대표자로서 지방의 문제를 자치적으로 해결하는 데 익숙했고, 의회에 참석하여 국가의 법을 제정하는 데에도 익숙한 사람들이었다(1장의 7).

미국의 산업혁명의 중심부인 북동부 지역으로 온 이주민들의 상당수는 영국의 중산층 출신인 청교도들이었다.[155] 이들은 성경 읽기에 대한 확고한 신념을 가지고 있었고, 종교활동과 교육에 매우 열정적이었다.[156] 여기에 더해, 미국 땅에는 영국 본토에 있

---

155 뉴잉글랜드 지역으로 이주한 청교도들은 영국에서 가장 상업적으로 발달한 런던 및 농업이 발달한 동앵글리아(East Anglia) 출신이 많았다. 이들 중에는 소지주와 소작농. 상점 주인은 물론, 뛰어난 기술을 가진 기능공과 의사, 변호사, 성직자 같은 전문직 종사자도 다수 포함되어 있었다(J. S. Gordon, 안진환, 왕수민 역, 부의 제국, 황금가지, 2007, p. 49.).

156 청교도인들은 마을을 건설하면서 교회를 하나 지을 때마다 학교도 거의 하나씩 지었다. 심지어 이들은 메사추세츠(Massachusetts)만의 보스턴(Boston)에 이주민이 도착한 지 6년만에 대학(Harvard University)을 세웠다(Ibid, p. 49.).

는 왕과 귀족도 존재하지 않는 자유인들의 땅이었다. 이곳은 자신의 신분은 자신의 노력 여하와 신의 뜻에 따라 결정된다고 믿을 수 있는 곳이었다. 이들은 자신의 신념과 부를 좇아 죽음을 무릅쓰고[157] 절실하게 새로운 삶을 개척하기 위해 미국 땅에 온 사람들이었고, 그들의 후손들이었다. 이들은 영어를 공용어로 사용할 뿐만 아니라 교육 수준도 높아 영국의 산업혁명을 적극적으로 도입하는 데에도 이점이 많았다. 또한, 신생국 미국에는 오랜 기간 지속되어 온 독점 기업이나 구시대의 특권적 체제도 없어, 산업혁명을 일으키는 데 필요한 제도를 도입하고 적용하기에도 수월한 상황이었다.

그러나 보다 근원적인 것은 미국의 주류를 형성하고 있는 미국인의 뿌리에 있다. 초기 개척시대에 아메리카 대륙은 끝없이 이윤을 추구하는 유럽의 기업들과 투자자들에게 황금알을 낳을 수 있는 주인 없는 천혜의 보고였다. 이곳에 발을 디딘 사람 중 첫 번째 부류는 담배와 같은 환금작물의 재배, 야생동물의 모피 무역, 목재와 철 같은 자연자원 개발로 크게 한몫 잡으려는 사람들이었다. 두 번째 부류는 첫 번째 부류에 의하여 고용되어 온 사람들이었다. 이들은 대부분 고국에서 비참할 정도로 가난한 상태를

---

157 버지니아 개척을 시작한 1606년 12월 144명을 태우고 영국을 떠난 세 척의 배는 항해 중 39명이 사망하여 105명이 체세피크만에 도착했다. 도착한 이들도 9개월 후에는 38명만이 생존했다(ibid, p. 28.). 또한 Pilgrim Fathers로 알려진 102명의 메이플라워호 승객도 오늘날 메사추세츠주의 프로빈스타운(Provincetown)에 도착(1620. 11. 21)한 후 첫 겨울이 지나자 53명만이 생존해 있었다(A. Ames, W. Bradford & Bureau of Military and Civic Achievement, *The Mayflower Voyage: Premium Edition – 4 Book Collection: 4 Books in One Edition Detailing The History of the Journey, the Ship's Log & Lives of its Pilgrim Passengers*, Masaicum Books, **2018**, p. 591.).

벗어나 부농이 되어보겠다는 열망을 가지고 죽음을 무릅쓰고 건너온 계약 하인(Indentured Servant) 출신이었다. 끝으로 세 번째 부류는 종교 박해를 피해 찾아온 청교도(Puritan)와 퀘이커 교도(Quaker) 같은 종교인들이었다. 이들은 세속적 부를 신의 은총으로 받아들이는 사람들로, 세속에서 부를 추구하는 것에 대한 거부감이 없는 것은 물론 오히려 미덕으로 여기는 사람들이었다. 이들은 모두 '아메리칸 드림(American Dream)'과 '개척자 정신'으로 포장된 부에 대한 욕망으로 가득 찬 사람들이었다. 이들과 그 후손들은 부를 성취하기 위한 욕망이 남다르게 강한 성품을 가졌고, 게걸스럽다고 할 정도로 부에 대한 욕망이 강렬했다. 이러한 욕망은 산업화 이전에는 영토확장, 나중에는 산업 혁신을 일으키는 강력한 동기가 됐다.

지정학적으로는 미국은 독립 후 2차 독립전쟁이라고 할 수 있는 1812~1815년의 영국과의 전쟁 이후 외세로부터의 침략에서 거의 완전하게 벗어났다. 미국의 본토는 대륙이지만 대서양과 태평양에 모두 접하면서 구대륙들(유라시아와 아프리카)과는 대양들로 격리되어 있는 섬 같았다. 따라서 미국은 대륙으로서 풍부한 자원을 보유하고 있을 뿐만 아니라 섬의 이점인 군사적 안정성[158]도 가지고 있었다.

---

[158] 미국의 독립전쟁 당시, 영국은 5,000km나 떨어진 곳에서 전쟁을 치러야 했다. 당시 영국군은 본국과 통신하는 데 3~4개월이나 걸렸다. 이러한 연유로 당시 중앙정부도 없고 재원도 거의 없는 미국의 독립군은 버티는 것만으로 사실상 무한한 재원과 세계 최강의 해군력을 지닌 영국의 재원과 군사력을 소진시켜 전쟁에서 승리할 수 있었다(J. S. Gordon, 안진환, 왕수민 역, 2007, p. 87.).

대륙으로서 서유럽 전체보다 큰 땅은 대부분 온대 기후에 속해 다양한 농작물과 가축을 기를 수 있게 했다. 또한, 유럽 대륙과 거의 같은 위도에 자리잡아 유럽의 산업이 급격히 확대되는 시기에 유럽과의 대서양 무역루트를 지배할 수 있게 했다. 특히, 미국의 대서양 연안은 선박의 접근이 용이하고, 주변의 넓은 평원은 이주민이 정착하여 농사를 짓기에도 좋았다. 뿐만 아니라, 대서양 연안의 다른 지역, 서인도 제도, 서유럽의 각 지역과 교역을 하는 항구 도시[159]를 건설하기에도 최적의 환경을 갖추고 있었다. 대륙으로서 넓은 영토는 철광석, 석탄, 석유 등의 다양한 자원을 매장하고 있어 산업혁명에 필요한 자원을 풍부하게 제공했다.

한편, 섬으로서 외세의 침략을 손쉽게 방어할 수 있는 군사적 안정성은 돈이 많이 드는 대규모 군사력을 보유할 필요가 없게 했다. 이는 자국의 경제적 자원을 경제개발에 더 많이 투자할 수 있게 했다. 여기에 더해, 미국은 유럽의 전란에서 멀리 떨어져 있어 전란의 피해가 전무했던 것은 물론이고, 오히려 미국의 산업과 경제 발전에 큰 호재로 작용했다.[160] 특히, 양차 세계대전은 유럽대륙의 거의 모든 국가들의 산업을 초토화시켰다. 이로써 전후 미국은 농업[161]을 포함하여 거의 모든 산업 분야에서 유럽의 모든

---

159 미국에서 초기에 건설된 도시들의 상당수(보스턴, 뉴포트, 뉴런던, 뉴욕, 볼티모어, 노퍽, 찰스턴 등)는 모두 대서양 연안의 항구 도시들이다.

160 1792년 프랑스 혁명 전쟁으로부터 나폴레옹 전쟁(1803~1815년)까지 약 20년간 진행된 유럽의 전란 중에 미국의 해외 무역업과 해운업은 큰 호황을 누렸다. 전쟁 전인 1790년 미국의 수출액은 약 1,970만 달러였으나 나폴레옹 전쟁이 한창인 1807년에는 약 4,870만 달러로 무려 270%가 증가했다(J. S. Gordon, 안진환, 왕수민 역, 부의 제국, 황금가지, 2007, p. 108.).

161 제1차 세계대전(1914.7.28~1918.11.11) 중 미국의 농산물 수출은 급속히 증가했다. 미국

국가를 제치고 가장 강력한 국가이자 세계의 중심이 될 수 있게 됐다. 양차 세계대전을 통해서 실질적인 이득을 취한 나라는 섬나라 미국이었다.

의 밀 수출량은 전쟁 직전인 1913년 12월에서 1914년 4월까지 49만 톤이었으나, 1년 후 같은 기간에는 267만 톤이 됐다. 전쟁으로 유럽의 농부들이 군대에 징집되어 나가 농사를 짓기 어려워지자 미국의 농산물 수출은 끊임없이 증가했고, 전쟁기간 미국 농가의 순이익 또한 배로 증가했다(Ibid, p. 371.).

10
미국 산업혁명의 본질

    미국의 1, 2차 산업혁명은 다음 세 가지 절실함에서 시작됐다고 할 수 있다. 하나는 영국으로부터 정치적 독립 후에도 경제적으로는 예속되어 있는(경제적 식민지) 상태를 벗어나야 하는 절실함(1차 산업혁명)[162]이고, 다른 하나는 남북전쟁 후 사회를 통합하고 국토를 개발해야 하는 절실함(2차 산업혁명)이다. 그리고 마지막이자 근원적인 것은 '아메리칸 드림'을 꿈꾸며 미국에 온 이주민들과 급증하는 그 후손들의 부에 대한 갈망을 채우고자 하는 절실함이다(1, 2차 산업혁명).[163]

---

[162] 미국 독립전쟁의 원인으로 가장 대표적인 것은 다음과 같은 두 가지를 꼽는다. 하나는 영국의 미국 식민지에 대한 과도한 조세이고, 다른 하나는 영국에 의한 '인디언 보호구역' 설정이다. 전자는 '대표 없는 과세 없다(no taxation without representation)'라는 구호에서 보듯이 미국인들이 일구는(또는 일구어 놓은) 부를 영국 정부가 일방적으로 탈취하는 것에 대한 저항을 낳았다. 그리고, 후자는 독립전쟁 후 영국으로부터 얻어낸 영토(《그림 2.1》)에서 보듯이 비옥한 토지가 널려 있어 지속적으로 부를 창출하기에 좋은 중서부로의 진출을 가로막는 것에 대한 저항을 불러일으켰다. 이러한 독립전쟁의 원인들로 볼 때, 미국의 독립전쟁은 본질적으로 미국인들이 자신들의 경제적 이익을 극대화하기 위해서는 영국 정부로부터의 간섭에서 벗어나지 않고는 어렵다고 느꼈기 때문에 일으킨 전쟁이었다고 할 수 있다.

[163] 1차 산업혁명의 주역인 영국은 산업혁명의 결과로 군사력을 앞세워 지구 육지면적의 1/4

미국은 독립 이후에도 경제적으로는 영국에 종속되어 있었다. 이러한 미국의 산업이 혁신(1차 산업혁명)을 일으키며 경제적 독립의 길로 들어서게 된 것은 나폴레옹 전쟁 시기에 발동된 미국의 '통상금시법'과 '1812년 전쟁'이었다. 이 사건들은 미국이 독립 후 영국의 통상보복[164]과 함께 식민지 시대 이래 농산품과 공산품 원료를 수출하고 공산품을 수입하여 소비하는 식민지 경제 체제인 미국 경제와 산업에 일대 충격을 가했다. 신생국에서 나름대로 풍요로움[165]을 영위하던 미국인들에게 자신의 삶이 자신의 의지와 상관없이 외부의 힘에 의하여 언제든지 심각하게 훼손될 수 있다는 사실은 목숨을 걸고 일구어 온 자신들의 부와 생존에 대한 심각한 위협으로 다가왔다. 이는 미국과 미국인들로 하여금 경제적 자립 없는 정치적 독립은 완전한 독립이 아님을 자각하게 했다. 이러한 자각은 제조업과 상업이 발달한 북동부 지역의 기업가들을 중심으로 그동안 공산품의 주요 구입처였던 영국의 산업 형태를 모방하여 자국에 필요한 공산품을 자국에서 생산하는

을 차지하고 세계 인구의 1/3을 통치하는 제국주의 패권 국가가 됐다. 반면에 미국은 20세기에 치룬 열강과의 전쟁에서 승리한 후 대부분 그들의 영토와 국민을 자신의 영토와 국민으로 편입시키지 않았다. 대신 미국이 취한 것은 부의 확장이었다. 오늘날 미국은 전 세계 육지 면적과 인구를 각각 6% 정도밖에 갖고 있지 않으나 국내 총생산(GDP)은 30%에 달한다(J. S. Gordon, 안진환, 왕수민 역, 부의 제국, 황금가지, 2007, p. 8.). 이점이 미국이 이전의 패권국들과 다른 점이다. 미국은 군사력으로 다른 나라를 점령하여 지배하는 것이 아니라, 끊임없이 부를 추구하고 그 부를 바탕으로 한 경제력으로 세계를 지배한다. 군사력은 주로 그들(미국과 미국인들)의 부를 확장하고 유지하기 위한 수단으로 사용할 뿐이다.

164 영국은 미국이 독립하자 미국에서 나는 식량과 목재에 대한 거대한 시장이었던 서인도 제도에 미국 선박의 출입을 금지시켰고, 미국에서 생산되는 인디고 등에 적용하던 우호적 관세를 폐지했다.

165 미국인들은 식민지 시절부터 노예를 제외하면 세계에서 가장 높은 생활 수준을 누렸다.

산업화(1차 산업혁명)를 추구하게 했다. (2장의 1)

　한편, 남북전쟁은 식민지 개척 시기부터 서로 다른 출신 성분 166과 경제 체제167를 가진 양 진영이 경제, 사회, 정치 체제를 건 대결이었다. 이 전쟁은 미국 역사상 유래가 없는 대규모 사상자 를 낸 전쟁168이었고, 남부와 북부 모두 이전에는 접해 본 적이 없 는 막대한 재정 투입과 그를 뒷받침하는 경제 체제를 요구한 전 쟁이었다. 즉, 남북전쟁은 세계 최초의 산업 전쟁이었던 것이다. 결과는 재정 투입이 보다 원활하게 이루어지고, 경제 체제 역시 보다 잘 정립된 북부의 승리로 끝났다.169

　전쟁 전에 이미 산업화(1차 산업혁명)가 진행되고 있던 미국 경제 는 전쟁을 수행하기 위해 구성된 세계 최대 규모의 육군과 영국 다음가는 해군력은 산업화(특히 제조업)를 가속시키는 촉매가 됐 다. 전쟁 전과 전쟁 중에 건설된 철도는 산업 노동자를 대량으로

166　남부에 온 이주민들은 계약 기간이 끝나면 땅을 받기로 하고 온 '계약 하인'인 가난한 농 민 출신이 주를 이루었다. 반면에 복부 지역에 온 이주민들은 종교 및 정치적 자유를 찾아 서 온 사람들과 장인 및 상인이 주류를 이루었다.

167　미국은 지역별로 발전 양상이 확연히 달랐다. 뉴잉글랜드(메사추세츠, 코네티컷, 로드아 일랜드, 뉴햄프셔)를 비롯한 북동부는 척박한 토양과 추운 기후로 농사를 짓기 어려워 제 조업과 상업이 발달했다. 뉴욕, 펜실베니아, 뉴저지, 델라웨어 같은 중부는 주로 네덜란드 령이었던 지역으로 인종적, 종교적으로 다양성이 매우 크고 상업이 발달했다. 버지니아, 메릴랜드, 남북 캐롤라이나를 비롯한 남부는 주로 귀족적인 국교도 출신의 백인 지배층이 주류를 이루었다. 이들은 대농장을 운영하며 노예 노동력을 사용하여 담배, 목화, 쌀, 인 디고와 같은 농산물을 생산·수출하고, 공산품을 수입하여 소비하는 농업 중심 체제였다.

168　남북전쟁은 약 62만 명의 군인을 포함하여 약 103만 명이 사망했다(*Statistical Summary America's Major Wars*, Internet Archive WayBackMachine. http://www.cwc.lsu.edu/ other/stats/warcost.htm). 이 전쟁에서 13~43세 사이 북부 백인 남성의 약 8%, 18~40세 사 이 남부 백인 남성의 약 18%가 사망했다(M. A. Vinovskis, *Toward a Social History of the American Civil War: Exploratory Essays*, Cambridge Univ. Press, **1990**, p. 7.).

169　이러한 전쟁 수행 양상과 결과는 이후 양차 세계대전에서도 마찬가지였다.

군수 공장으로 수송할 수 있게 함으로써 북부의 산업 확장에 극적으로 기여했다(2장의 3). 또한, 전쟁 비용을 마련하기 위해 한계치까지 끌어올린 관세는 수입물량을 가파르게 감소시켜 미국의 제조업이 국내 시장을 장악하게 했다.[170]

남북전쟁은 정치, 경제, 사회, 문화 등 모든 면에서 미국에 장기적인 큰 변화를 일으켰다. 정치적으로 전쟁 전에 주들(States)의 연합체 성격이 강했던 나라가 연방정부가 주도하는 하나의 국가(Nation)로 변모했다. 산업적으로는 전쟁 비용을 조달하기 위해 부과한 고율의 관세는 서구 선진국들에 비해 낙후되어 있던 미국의 산업을 보호하고 경쟁력을 갖출 때까지 시간을 벌어주었다. 또한 노예제의 폐지와 북군이 전쟁 마지막 2년 동안 거의 저항없이 남부 주들을 행군하며 도시와 농장(plantation), 그리고 전쟁 중 남부가 발전시킨 산업을 초토화시켰다. 이것은 남부에 새로운 농업 체제인 소작과 소농장 농업이 뿌리를 내리게 했으며, 재능 있고 야심 있는 해방된 노예를 비롯한 남부인들이 새로운 기회를 찾아 북부와 서부로 이주하게 했다.[171] 이는 대농장에 묶여 있던 노동력의 해방과 내전으로 인한 국토의 황폐화가 역설적이게도 전쟁 중 거대했던 군사력을 유지하기 위해 키워진 재정 및 기술 역량과 결합하면서 미국 사회 전체가 산업화(2차 산업혁명)의 길로 빠르

---

170 남북전쟁 직전인 1859년 미국의 제조업체 수는 140,433개였으나, 이후 10년 동안 252,148개로 증가했다. 또한, 철도 선로 생산량은 1860년 205,000톤에서 1865년 356,000톤으로 늘어났다(J. S. Gordon, 안진환, 왕수민 역, 부의 제국, 황금가지, **2007**, p. 259.).

171 남부의 가난한 가정이 남부에서 북부 산업 도시로의 이주는 양차 세계대전 때에도 일어났다.

게 나아가게 했다.

마지막으로, 근원적인 절실함인 '아메리칸 드림'과 '개척자 정신'
이라는 이름으로 포장된 부에 대한 욕망으로 가득 찬 미국이라는
나라를 세우고 키워 온 미국인의 뿌리를 살펴보면 다음과 같다.
미국의 인구는 영국이 식민지 건설을 시작하던 1690년에는 25만
명에 불과하던 인구가 독립전쟁 직후인 1790년에는 약 390만 명
으로 늘어났다. 이 시기는 미국인의 뿌리를 이룬 미국 백인 조상
들의 대부분이 미국 땅으로 건너온 첫 번째 긴 이민 시대였고, 이
민자의 90% 이상이 농부가 됐다.[172] 그러나 이 시기 중 영국 정부
에 의하여 식민지가 설립된 이후의 인구 증가는 거의 전적으로
자연 증가에 기반했다. 그러나 외국에서 태어난 인구도 10%를
넘지 않았으나 꾸준히 유입됐다. 이후 미국의 전체 인구는 낮은
사망률과 높은 출생율[173]을 기록하며 남북전쟁이 시작될 무렵인
1860년에는 3,144만 명,[174] 제2차 세계대전 초기인 1940년에는 1
억 3,217만 명으로 급증했다(《표 2.1》).

급격히 팽창하는 '아메리칸 드림'이라는 말로 포장된 부자가 되
겠다는 탐욕스러운(?) 갈망으로 가득 찬 이민자와 그 후손들은 미
국의 국경을 지속적으로 서쪽으로 밀어내며 그들의 토지 소유 욕

---

172 B. Bailyn, *Voyagers to the West: A Passage in the Peopling of America on the Eve of the Revolution*, Vintage Books, **1988**.

173 식민지 주민들의 낮은 사망율은 식량과 연료인 장작의 공급이 풍부했고, 낮은 인구밀도로
전염병 확산이 제한됐기 때문이다. 그리고 높은 출산율은 유럽에 비해 더 나은 고용 기회
때문이었다. 1629년 이후 유럽의 경우 가족당 자녀수가 4명이었으나 식민지 미국은 8명
이었다(E. J. Perkins, *The Economy of Colonial America, 2nd ed.*, Columbia Univ. Press,
1988, p. 1.).

174 식민지 시대부터 이 시기까지 미국의 인구는 매 23년마다 대략 2배가 됐다.

망[175]을 채워 줄 영토를 넓혀갔다. 그 결과, 미국의 영토는 독립이 확정된 1783년 파리 조약[176] 당시의 크기 2,310,619km^{2}에서 1853년에는 그 크기가 약 3.4배로 증가한 7,864,250km^{2}로 대서양에서 태평양까지 이르는 광내한 지역을 차지하게 됐다(〈그림 2.1〉, 〈표 2.6〉). 부를 좇아 서쪽으로 산개해 나가며 퍼져가는 인구와 개발을 기다리는 광대한 영토는 교통혁명을 필두로 하는 산업 혁신을 연쇄적으로 불러오는 동력이 됐다. (2장의 9)

---

[175] 식민지 이민자와 그 후손들의 대다수는 독립 자영농이 되어 부자의 반열에 오르고자 하는 자들이었다. 그러나 동부 13개 주에서 일정 기간 농장 등에서 계약 하인으로 일하고 그 보상으로 땅을 받는 것은 시간이 지날수록 점점 어려워졌다. 이에 그들은 1844년부터 국가에 토지 무상 제공을 요구하는 운동을 벌였고, 1862년에 13개 주 이외의 지역에 대해 토지를 무상으로 증여하는 홈스테드 법(Homestead Act) 제정을 이끌어냈다(H. W. Farnam, *Chapters in the History of Social Legislation in the United States to 1860*, C. Day ed., The Lawbook Exchange, Ltd., **2000**, p. 138.).

[176] 미국 독립전쟁 이후 영국과 미국 사이에 1783년 9월 3일에 맺어진 조약. 이 조약에 의해 미국은 완전한 독립국가가 됐다. 국경은 북으로 오대호와 세인트로렌스강, 남으로 남쪽 경계 및 북위 31°, 서로는 미시시피강으로 정해졌다(〈그림 2.1〉).

표 2.6 미국의 주요 영토 획득과 누적 면적.

연도	획득 면적/㎢	누적 면적/㎢	비고
1783	2,310,619	2,310,619	독립 13개 주의 영토
1791	24,905	2,335,524	버몬트 합병
1803	2,144,476	4,480,000	루이지애나 매입
1819	186,740	4,666,740	플로리다 매입
1845	1,007,935	5,674,675	텍사스 합병
1846	742,137	6,416,812	오리건 병합
1848	1,370,593	7,787,405	멕시코 할양
1853	76,845	7,864,250	개즈던 매입
1867	1,723,336	9,587,586	알래스카 매입
1898	16,705	9,604,291	하와이 합병
1898	9,085	9,613,376	푸에르토리코 편입
1907	80,468	9,693,844	인디안 영토 합병

그러므로 미국 산업혁명의 본질은 다음과 같이 요약할 수 있다.

1. 일확천금, 부농의 꿈, 그리고 종교 및 정치적 자유를 좇아 미국에 온 이민자와 그 후손들은 '아메리칸 드림'과 '개척자 정신'이라는 이름으로 미화된 탐욕스럽게 부를 추구하거나, 적어도 이를 신의 은총으로 여기며 거부감을 갖지 않는 특성을 가졌다.

2. 초기에는 자연자원과 인적자원을 착취[177]하여 부를 강하게 추구하는 미국인의 특성을 충족시킬 수 있었다. 그러나 식민지 시대로부터 끊임없이 폭증하는 인구는 지속적으로 부를 쌓기 위해서는 새로운 길을 모색해야 하는 압박으로 작용하

---

[177] 인적 자원 착취 대상은 흑인 노예뿐만 아니라 (비록 나중에 토지로 보상하지만) 계약 하인도 여기에 속한다.

게 됐다.

3. 이러한 압박은 한편으로는 지속적인 영토확장을 도모하게 했으나, 독립에 따른 영국의 통상보복, 나폴레옹 전쟁 시기에 일어난 '통상금지법'과 '1812년 전쟁' 등은 산업구조 혁신을 촉진하여 영국의 산업혁명을 모방하는 산업혁명을 추구하게 했다(1차 산업혁명).

4. 남북전쟁으로 남부를 중심으로 한 농지와 노동력 착취를 통해 부를 일구는 체제는 붕괴하고, 미국사회는 북부 지역을 중심으로 유럽의 선진 산업국들과의 경쟁에서 살아남고 부를 지속적으로 일구기 위한 새로운 활로를 개척해야만 됐다 (2차 산업혁명).

5. 이러한 일련의 과정에는 미국이 대륙이면서 섬인 지정학적 이점 역시 크게 작용했다. 특히, 유럽대륙을 휩쓴 나폴레옹 전쟁과 두 차례의 세계대전은 전쟁의 과실을 오롯이 미국의 것이 되게 함으로써, 미국의 산업과 경제력이 전 세계를 압도하며 최강국으로 나아갈 수 있게 했다(2장의 9).

따라서, 미국이 선도해 나간 2차 산업혁명은 미국인들의 부에 대한 강렬한 욕망과 이러한 속성을 지닌 인구의 폭증에 있다. 초기에는 이 속성이 끝없는 영토확장으로 나타났다. 그러나 영토확장이 끝나고 그들이 목숨 걸고 획득한 부가 물거품이 될 수 있는 위기에 봉착하자, 광활한 영토 개발과 국내 산업을 발전시키는 방향으로 산업 혁신을 도모하게 됐다. 그 결과, 미국은 유럽의 산업국들을 모방한 1차 산업혁명을 남북전쟁 이전에 성공적으로 수행하게 됐다. 남북전쟁이 끝난 후에는 새롭게 태어난 하나의 나라 미국이 영토 개발과 산업 혁신을 통해 지속적으로 부를 확장하며 2차 산업혁명을 선도하게 됐다. 이러한 일련의 과정에는 지정학적인 이점도 크게 작용했다. 천연자원이 풍부하고, 열강들의 쟁투장인 유럽 대륙으로부터 멀리 떨어져 있는 지정학적인 이점은 전장으로부터의 피해는 최소화하면서 그 과실은 오롯이 미국의 것으로 할 수 있게 한 것이다.

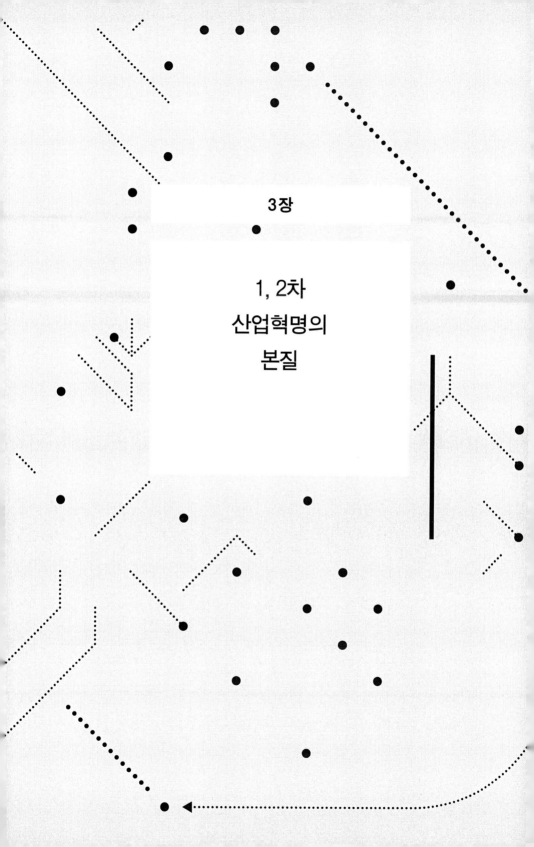

3장

1, 2차
산업혁명의
본질

1장과 2장에 걸쳐 1차와 2차 산업혁명의 진행과정과 그 저변에 깔려 있는 각 산업혁명의 본질을 살펴보았다. 산업혁명은 산업의 생산방식이 혁명적으로 변화한 것을 의미한다. 1, 2차 산업혁명은 18세기 중엽에서 20세기 중엽까지 대략 200년에 걸쳐 일어난 산업 혁신으로 콘드라티예프 파동(Kondratiev wave)[178]에 의하면 4개의 파동 기간에 해당한다. 영국의 1차 산업혁명은 콘드라티예프 파동에서 1, 2차 파동 주기, 미국을 중심으로 하는 2차 산업혁명은 3, 4차 파동 주기에 해당한다. 이로써 영국에서의 인구 급증으로 촉발되어 '인구 증가 → 생산 증가 → 소비 증가 → 인구 증가'로 이어지는 대량생산 대량소비 사회로의 산업혁명이 본 궤도에 올라섰다.

　따라서, 1, 2차 산업혁명은 인구 급증으로 야기된 생필품 수요의 급증(가격면에서 보면 생필품 가격의 급등)으로 야기된 인류(또는 영국과 미국 같은 해당 국가)의 생존 문제를 해결하기 위해 영국에서 시작

---

[178] 콘드라티예프(N. D. Kondratiev)에 의하여 제시된 50~60년 주기의 경제 파동.

되어 세계 각국으로 퍼져 나간 산업 혁신이다. 그러므로 1차 산업 혁명과 관련된 주요 산업 분야가 의식주와 관련된 기초 생필품 부족 문제를 해결하는 데 필수적인 농업, 연료, 의류 분야가 그 주축을 이루고 있는 것은 너무나 당연하다. 그러나 이러한 산업 혁신이 태동되어 이륙하자 그 여파로 인구는 지속적으로 증가하게 됐다(《그림 3.1》, 〈표 3.1〉). 이에 새롭게 대두된 과제는 식량과 연료, 그리고 섬유류 등의 공산품을 누가 보다 많이, 보다 싸게, 그리고 보다 빠르게 생산하고 공급하느냐 하는 것이었다. 그러므로 수송력 증대, 새로운 에너지원의 확보, 생산성 향상 등을 위한 교통혁명, 석유 자원 개발, 철강혁명, 전기혁명과 같은 새로운 산업 혁신이 2차 산업혁명의 주역이 된 것은 당연한 결과라 할 수 있다.

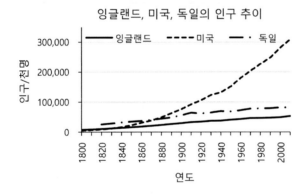

그림 3.1 잉글랜드, 미국, 독일의 인구 변화 추이.[179]

---

179 〈표 3.1〉의 값을 토대로 작성됨.

표 3.1 잉글랜드, 미국, 독일의 역사적 인구(단위: 천명).

연도	잉글랜드[a, 180, 181]	미국[182]	독일[183]
1800	8,288	5,237	22,700
1810	9,405	7,240	
1820	11,178	9,638	26,101
1830	12,967	12,866	29,393
1840	14,848	17,069	32,621
1850	16,738	23,191	35,303
1860	18,753	31,443	37,609
1870	21,361	38,558	40,804
1880	24,397	49,371	45,095
1890	27,231	62,980	49,239
1900	30,072	76,212	56,046
1910	33,561	92,229	64,568
1920	35,230	106,022	61,794
1930	37,359	123,203	65,130
1940	38,084	132,165	69,838
1950	41,164	151,326	68,374
1960	43,461	179,323	72,664
1970	46,412	203,212	77,772
1980	46,821	226,546	78,295
1990	47,875	248,710	79,365
2000	49,139	281,422	82,163
2010	53,012	308,746	81,802

a 잉글랜드는 1801, 1811, …, 2011년도 값임.

180 E. A. Wrigley, R. S. Schofield, *The Population History of England, 1541-1871. A Recon-struction*, Harvard Univ. Press, **1981**, p. 208.

181 *A Vision of Britain through Time*, https://www.visionofbritain.org.uk/unit/10061325/cube/TOT_POP.

182 United Census Bureau, https://www.census.gov.

183 U. Pfister, G. Fertig, *The Population History of Germany: Research Strategy and Prelimi-nary Results*, MPIDR Working Paper WP 2010-035, 2010, Max Planck Institute for Demo-graphic Research, Germany.; Statistisches Bundesamt, https://www.demogr.mpg.de.

1

영국과 독일은 왜 2차 산업혁명에서
미국에게 뒤졌는가

1, 2차 산업혁명은 유기적으로 연결된 일련의 산업 혁신으로 인구 급증 시대에 일어난 혁명적인 산업 생산 방식의 변화이다. 이 과정에서 우리가 먼저 주목해야 할 것은 '1차 산업혁명을 이루어 내며 산업 혁신에서 선두를 달리던 영국이 2차 산업혁명에서는 왜 독일과 미국에 뒤쳐지고 말았는가' 하는 것과 '2차 산업혁명의 선두 주자였던 독일이 중도 탈락하고 말았는가' 하는 것이다.

표 3.2 영국, 미국, 독일의 연평균 산업 생산 성장율(%).[184]

기간	영국	미국	독일
1850~1873	3.0	6.2	4.3
1873~1890	1.7	4.7	2.9
1890~1913	2.0	5.3	4.1

영국은 산업혁명이 상당히 진척된 19세기 후반부에 이르자 정

---

184 A. Tylecote, *The Long Wave in the World Economy: The Present Crisis in Historical Perspective*, Routledge, **1992**, p. 12.

체의 길을 걷기 시작했다. 1850~1873년은 '대 빅토리아 호황기'라고 불리웠지만 〈표 3.2〉에서 보듯이 이미 산업 생산 성장율에서 미국과 독일에 뒤지며 약세 징조를 나타내기 시작했고, 1873~1896년의 '장기불황(Long Depression)'[185]기를 거치고 나자 영국은 미국과 독일에 비하면 완연한 저성장 국가가 됐다. 이러한 영국 산업의 쇠퇴 원인은 첫째는 〈표 3.3〉에서 보듯이 19세기 후반부터 시작된 인구 증가율의 감소로 인한 국내 수요의 둔화이다. 그리고 둘째이자 보다 본질적인 원인은 1차 산업혁명의 성공으로 오랜 기간 풍요를 누려온 영국 사회에 생존에 대한 절실함은 사라지고 안전하게 부를 누리려는 욕구의 팽배와 "경제적 동맥경화증"[186]이라고 할 수 있는 경제 및 사회의 경직화[187]라고 할 수 있다. 이러한 동맥경화증에 걸린 것과 같은 영국 사회 전반에 걸친 노쇠화는 2차 산업혁명 기간 중 새로운 혁신을 어렵게 했고, 결국 미국과 독일에 비해 2차 산업혁명에서 뒤처지게 했다.

---

185 영국 빅토리아 시대 후반기에 발생한 세계 경제 위기를 말한다. 이 경제 불황은 '대불황(the Great Depression)'이라고 불렸으나 1930년 대에 세계 공황이 발생하자 '장기불황'으로 명칭이 교체됐다.

186 C. P. Kindleberger, 주경철 역, 경제 강대국 흥망사 1500~1990, 초판 3쇄, 까치글방, **2007**, p. 232.

187 경직성은 같은 일을 같은 방식으로만 하는 것을 말한다. 산업에서 성장이 지속되려면 경제가 성장함에 따라 기존의 산업과 서비스가 새로운 산업과 서비스로 전환되는 혁신이 지속되어야 한다. 그러나 절실함이 사라진 사회에서는 전환을 일으키려 하는 동기가 결여 또는 소멸되어 혁신이 일어나기 힘들다. 예를 들어, 앞 세대에서 혁신을 통해 성장한 기업이 2~3세대로 내려가며 가업을 승계하는 경우 승계 경영인은 투자 확대 또는 연구·개발을 위한 재투자보다는 이익 배당금 확대 등 혁신과 무관한 것에 관심을 집중하여 시대에 뒤처진 기업으로 전락하고 시장에서 퇴출되는 것을 자주 볼 수 있다.

표 3.3 잉글랜드, 미국, 독일의 인구 증감율(%).[188]

연도	잉글랜드	미국	독일
1800	13.5	33.3	
1810	18.9	38.2	15.0
1820	16.1	33.1	12.6
1830	14.4	33.5	11.0
1840	12.7	32.7	8.2
1850	12.0	35.9	6.5
1860	13.9	35.6	8.5
1870	14.2	22.6	10.5
1880	11.6	28.0	9.2
1890	10.4	27.6	13.8
1900	11.6	21.0	15.2
1910	5.0	15.0	-4.3
1920	6.0	16.2	5.4
1930	1.9	7.3	7.2
1940	8.1	14.5	-2.1
1950	5.6	18.5	6.3
1960	6.8	13.3	7.0
1970	0.9	11.5	0.7
1980	2.3	9.8	1.4
1990	2.6	13.2	3.5
2000	7.9	9.7	-0.4

〈표 3.3〉을 보면, 독일은 2차 산업혁명이 시작되던 1870년 대에서 1900년 대까지 인구 증가율이 잉글랜드와는 비슷한 수준이었고, 미국에 비하면 절반 수준에 불과했음을 알 수 있다. 따라서 독일의 2차 산업혁명은 인구 급증에 따른 국민의 생존 문제를 해결하기 위한 과정에서 출발한 것이 아님을 알 수 있다.

---

188 〈표 3.1〉로부터 계산됨.

독일은 962년 오토 1세(Otto I)[189]가 신성 로마 제국[190]의 황제로 즉위한 이후 로마 제국과 프랑크 왕국의 정통성을 이어 받은 나라라는 자부심을 가지고 있었다. 그러나 19세기에 들어 나폴레옹에 의해 1801년 라인강 서안 지역이 프랑스에 병합당하고, 1806년에는 프레스부르크 조약(Friede von Pressburg)에 의해 신성 로마 제국이 해체당하는 치욕을 맛보아야 했다. 또한 경제적으로는 유럽 변방의 후진국에서 경제 및 군사 대국으로 올라선 영국에 대한 질시와 열등감 역시 커졌다. 1806년 프로이센의 프랑스와의 전쟁에서 패배는 프로이센 귀족들로 하여금 경제발전에 깊은 관심을 갖게 했다. 그 결과, 프로이센에서는 농민에 대한 봉건적 구속을 철폐하는 개혁[191]이 일어났고, 베를린, 브레슬라우, 본에 새로운 대학이 설립되고 기존의 대학들은 더 커졌다. 동시에 정부가 주도하는 '산업진흥(Gewerbefoerderung)' 정책이 시작됐다. 이러한 위로부터의 혁신 노력에 의해 1818년 프로이센 경계 내에서의 관세통합, 1834년 남부와 북부 간의 통화 단일화를 위한 통화협정, 1850~1857년의 철도체계 정비 등의 개혁을 통해 산업발전을 이루게 됐다. 이어 1871년에는 프랑스와의 전쟁에서 승리하여 알사스(Alsace)와 로렌(Lorraine)[192]을 획득하고, 프로이센 주도로 독

---

189 936~973년 독일왕으로 재위. 962년 황제로 대관하고 프랑크 왕국의 후계자를 자처했다.
190 중세 초기에 형성되어 1806년 해체될 때까지 중앙유럽의 다민족 영토복합체 제국이다. 여기에 속한 국가로는 독일, 보헤미아, 부르군트, 이탈리아 왕국 등이 있고, 가장 큰 국가는 독일 왕국이었다.
191 이 개혁은 실패한 개혁으로 평가되고 있다.
192 프랑스 북동부에 위치한 지역.

일 지역을 통합하여 독일 제국[193]을 세웠으며, 화학 산업을 주축으로 하는 산업혁명을 일으키며 2차 산업혁명의 선두 주자로 나서게 됐다.

이와 같이 독일의 산업화 과정은 그 시작과 과정이 영국 및 미국과는 완연하게 달랐다. 독일의 산업혁명은 프랑스에게 국토를 빼앗기고 신성 로마 제국을 해체당한 치욕을 되갚아 주겠다는 복수심과, 후진국이었던 영국이 세계를 호령하는 모습을 두고 볼 수 없다는 증오심의 발로라 할 수 있다. 독일에서 산업혁명은 지도층을 중심으로 유럽 대륙을 지배하는 강한 군사 대국을 세우겠다는 목적을 달성하는 수단이었지, 민중을 비롯한 국가 전체 구성원들이 자발적으로 참여하여 국민 전체의 삶의 질을 향상시키려는 혁신이 아니었다. 따라서 독일의 산업혁명은 본질적으로 태생적 한계를 가질 수밖에 없었다. 그리고 그 결과는 군국주의 제국인 독일 제국과 나치의 제3제국 건설로 이어졌으며, 두 차례의 세계대전과 두 차례의 패배로 국토와 산업 및 경제가 초토화되는 것으로 끝이 났다.[194, 195]

---

193 이 제국은 나치 독일이 스스로를 제3제국이라 칭함에 따라 신성 로마 제국을 제1제국, 독일 제국을 제2제국이라 부르기도 한다.

194 제1차 세계대전으로 인해 독일 경제는 약 1/3로 축소됐으며, 전체 산업 생산은 전쟁 전 수준에 비해 40% 감소했다(H.-P. Ullmann, *Organization of War Economies (Germany)*, International Encyclopedia of the First World War, Retrieved October 08, 2023.). 또한 제2차 세계대전의 패배로 독일은 동독과 서독으로 분할됐고, 국토는 폐허가 되어 처음부터 새로 재건해야만 했다.

195 일본도 독일과 유사하게 '열등감에 바탕한 관(官) 주도 산업혁명 → 군국주의 군사 제국 → 전쟁 → 패배 → 국토, 산업, 경제 초토화'로 이어지는 과정을 겪었다. 다만 일본이 독일과 다른 점은, 독일은 국토와 경제가 초토화되는 전쟁에서 두 차례의 패배를 겪었으나, 일본은 한 차례만 겪었다는 것이다.

2

1, 2차 산업혁명의 본질

1차와 2차 산업혁명은 인류 역사상 전례가 없는 인구 급증 시대를 맞이하여 인류의 의식주 문제 해결을 위해 일어난 산업생산 방식의 혁신이다. 1차 산업혁명은 〈표 1.1〉과 〈그림 1.1〉에서 보았듯이, 흑사병 대재앙 이후 영국에서 급증하는 인구의 의식주(즉 생존) 문제를 해결해야 하는 전 사회적 절실함에 기반한 노력의 산물이라 할 수 있다. 2차 산업혁명을 성공적으로 이끌어 간 미국 역시 인구 급증이 그 동력이었다. 〈표 2.1〉과 〈그림 3.1〉 그리고 〈표 3.1〉에서 보듯이, 미국은 식민지 시대 이래 인구가 꾸준히 증가하여 1840년에는 잉글랜드, 1880년에는 독일의 인구를 추월하며 인구 대국이 되고 있었다. 그리고 이러한 인구 증가세는 이후에도 멈출 줄 모르고 지속됐다. 즉, 미개척지 미국 땅에서 먹고 살기 위해(그리고 부자가 되기 위해) 온 힘을 다하는 인구[196]가 폭발적으로 증가하고 있었다.

여기에 더해 미국에서 노동자의 임금은 영국보다 높았기에(2장

---

[196] 이들의 대부분은 부에 대한 욕구도 강렬한 사람들이었다(2장의 10).

의 2), 단순히 유럽의 기술을 도입하여 생산하는 것으로는 산업 경쟁력을 가질 수 없었다. 미국의 산업은 노동자의 임금을 낮추거나[197] 생산성을 높이지 않으면[198] 1차 산업혁명에서 앞서가고 있는 유럽 국가들과 경쟁에서 이길 수 없는 구조였다. 그러므로 미국은 기존의 산업 선진국인 유럽의 산업기술을 뛰어넘어 보다 빠르고 보다 많이 생산할 수 있는 새로운 혁신을 이루어 내지 않으면 살아남을 수 없는 절박한 상황에 놓여 있었다.

이와 같이 1, 2차 산업혁명은 공히 인구급증으로 인해 발생한 생존을 위한 몸부림의 결과라 할 수 있다. 1차 산업혁명은 영국에서 흑사병 대재앙 이후 급증하는 인구의 의식주(식량, 연료, 의류) 문제를 해결해야만 하는 절실한 노력의 결과로 일어난 산업 혁신이었다. 이후 영국의 산업혁명은 유럽과 미국 등으로 퍼져 나갔다. 그리고 2차 산업혁명은 급증하는 인구를 가진 신생국 미국이 영국으로부터 경제적 식민지 상태를 벗어나 그들의 생존권을 확보하기 위한 필사적인 노력의 결과였다. 미국은 기존 선진국들의 기술을 도입하고 모방하는 것만으로는 그들과의 경쟁에서 살아남을 수 없었다. 따라서 미국의 산업은 빠르게 많이 생산하는 새로운 생산 혁신을 도모해야만 했고, 그 결과 대량생산 대량소비로 특징지어지는 1, 2차 산업혁명을 훌륭하게 성공시킬 수 있었다.

---

197 미국 남부 대농장들은 농장 노동자로 흑인노예를 사용함으로써 임금을 낮추는 방법을 택했다. 그 결과는 산업 혁신의 실패와 남북전쟁에서의 패배로 이어졌으며, 이후 남부는 낙후된 지역으로 전락했다.

198 미국 북부의 산업계는 생산성을 높이는 길을 택하여 2차 산업혁명의 주역이 됐다.

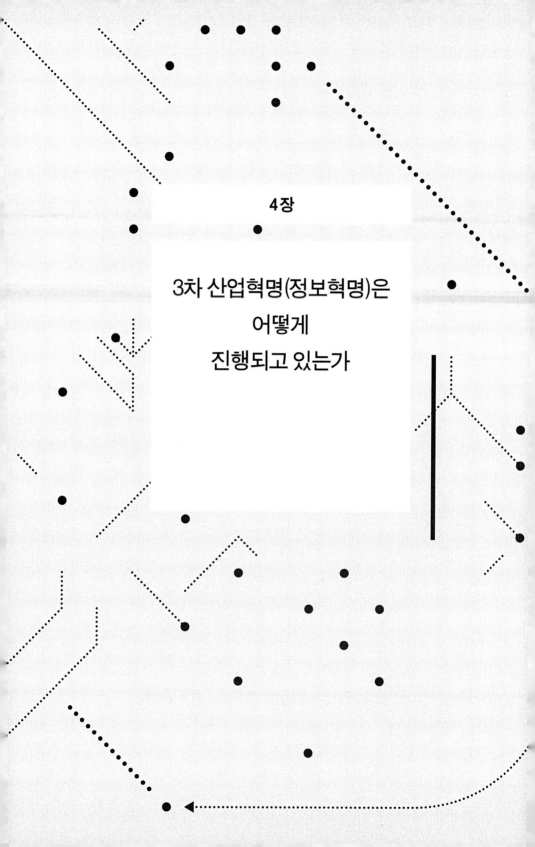

4장

3차 산업혁명(정보혁명)은
어떻게
진행되고 있는가

1970년대에 이르자 2차 산업혁명은 전후 20년간의 호황으로 마지막 불꽃을 태우며 막을 내리고 정보혁명(3차 산업혁명) 시대로 접어들었다.[199] 1970년대는 일반적으로 받아들여지는 1차 산업혁명이 시작된 1760년대로부터는 약 210년, 미국의 2차 산업혁명이 시작된 1860년대로부터는 약 110년이 지난 시점이었다. 20세기 중반에 세계 경제는 제조업보다 서비스 부분이 더 큰 부를 창출하는 탈공업(post-industrial) 체제로 전환되기 시작했다. 특히 1970년대 석유위기로부터 시작된 고유가 시대의 도래는 거의 모든 공산품의 생산단가를 상승시켜 생산비 절감이 절실하게 요구됐다. 한편, 이 시기는 중국(중화인민공화국)이 개방[200]을 시작하며 서구 산업국들에서 퇴조하는 제조업을 받아들여 세계의 공장으로 나아가는 길을 걷기 시작한 때이기도 하다.

---

[199] L. Grinin, *Periodization of History: A theoretic-mathematical analysis*, In *History & Mathematics: Analyzing and Modeling Global Development*, L. Grinin, V. C. de Munck, A. Korotayev eds., URSS, **2006**. p. 10.

[200] 중국은 1964년 프랑스와 수교를 시작으로 주요 유럽 국가 및 일본과 수교하고, 1979년에는 미국과 수교했다.

증기 동력이 1차 산업혁명, 전기 동력이 2차 산업혁명의 기반 기술이었던 것처럼, 3차 산업혁명은 정보 기술이 기반 기술이 되는 혁신이다. 3차 산업혁명에서는 산업이 노동과 자본 집약적인 형태에서 지식과 정보 집약적인 것으로 변하고 있다. 즉, 정보혁명은 포드주의 대량생산 체제와 다르게 절감형 생산 체제로의 전환을 위해 정보 기술을 활용하는 산업 혁신이다. 특히 전 세계적인 인구의 지속적인 증가로 인한 세계적인 상품 수요의 증가와 생산의 국제 분업화는 생산 요소의 효율적인 사용과 적시 배송을 위한 전 세계적인 인프라 구축이 절실하게 요구했다. 이러한 시대적 요구에 따라 나타난 일련의 산업 생산 방식의 혁신이 3차 산업혁명이다.

1

식민주의,
세계화를 출범시키다

세계화(globalization)라는 용어는 20세기 초에 등장하여 20세기 후반에 전 세계 사람과 기업, 정부 간의 상호 작용 및 통합을 의미하는 것으로 발전했다. 특히 1990년대에 냉전 이후 세계의 전례 없는 국제적 연결성을 설명하기 위해 널리 사용되며 대중화됐다.[201] 그러나 세계화는 오래전부터 진행되고 있었다.[202] 현재 사용되고 있는 의미의 세계화는 유럽의 제국들이 아프리카, 아시아, 아메리카 대륙에 상업 연결망과 해군, 육군 그리고 식민지 관리로 구성되는 조직망을 구축하며 시작됐다.[203] 이러한 형태의 세계화(1차 세계화)는 증기기관의 등장으로 19세기 초부터 거래 비용이 급감하면서 급격히 확장했으나, 1914년부터 시작되어 1945년에 끝난 양차 세계대전과 1929년에 시작되어 1939년까지 지속된

---

201 P. James, M. B. Steger, *A Genealogy of 'Globalization': The Career of a Concept,* Globalizations, **11**(4), 417 (2014).

202 고대에는 실크로드와 해상 교역로를 통해 물자, 지식, 종교의 전파가 이루어졌고, 15세기에는 대항해 시대가 전개되며 유럽 열강들이 아메리카와 아프리카에 식민지를 개척하는 초기 형태의 세계화가 진행됐다.

203 이 시기에 수천 만 명이 국경을 넘어 이주했으며, 많은 국가에서 경제 활동의 큰 부분을 무역이 차지했다.

대공황(Great Depression) 등과 함께 막을 내렸다.[204]

　이 시기의 세계화는 유럽 내 산업화된 국가들이 거의 모든 것을 결정했고, 이는 식민주의와 1, 2차 산업혁명의 결과였다. 1차 세계화 기간 중 원료 생산지와 소비 시장 확보는 군사력을 통한 무력 점령[205]과 자본력을 앞세운 수탈을 통해 이루어졌다. 이 시기에 국제 투자의 약 3/4은 유럽 자본에 의한 것이었다. 당시 세계 무역의 약 37% 정도가 유럽과 세계의 다른 지역 사이에서 일어났는데, 이들의 대부분은 식민제국들이 자국에서 생산할 수 없거나 가격이 비싼 농산물과 광물을 식민지에서 생산하고 수입해 소비재를 만들어 식민지에 재수출하는 것이었다. 식민지가 아닌 곳과의 교역은 주로 미국과 이루어졌는데, 미국의 수출품 역시 면화, 밀, 구리 같은 천연자원이 주를 이루었다(2장의 1, 10). 당시 국제 교역의 40% 정도는 유럽 국가들 사이에서 일어난 것이었고, 비유럽 국가들 간의 교역은 약 1/4 정도에 불과했다.[206] 1차 세계화는 모국에 원자재를 공급하고, 모국에서 생산한 물품을 구입하며, 모국 정부에 세수를 제공하는 식민지를 확장하는 것이 주를 이루는 세계화였다. 즉, 1차 세계화는 서구 열강들이 산업화하는 과정에서 자원과 시장을 찾아 비서구 세계를 직접 지배[207]하거나 간접

204　이 기간 동안 국제 금융, 상업, 인적교류가 약화됐다.

205　제2차 세계대전이 끝나고 식민제국 들이 해체되기 전, 영국은 전 세계의 약 25%를, 프랑스는 인도차이나와 아프리카 일부를, 오스트리아–헝가리 제국은 중부 유럽을, 독일은 아프리카 남서부를, 일본은 타이완, 한국, 만주 지역을 지배했다. 현재 지구상에 200여 개의 독립 국가가 있는 것과 달리 당시에는 약 50개의 국가만이 완전한 독립 국가였다.

206　E. Ortiz-Ospina, D. Beltekian, M. Roser (2018), *Trade and Globalization*, OurWorldIn-Data.org, Retrieved from https://ourworldindata.org/trade-and-globalization.

207　식민지, 조차지, 자치령, 속령, 보호령이 여기에 속한다.

영향권208에 넣는 과정에서 일어난 현상이었다.

따라서, 서구 열강들 간의 식민지 쟁탈전으로 점철된 1차 세계화는 필연적으로 식민제국들 간에 사활을 건 대규모 전쟁(제1, 제2차 세계대전)으로 막을 내릴 수밖에 없는 운명이었다. 산업혁명 및 식민주의와 함께 진행된 1차 세계화는 1914년 제1차 세계대전의 발발과 함께 종말을 고하기 시작하여 전후 지속된 디플레이션과 제2차 세계대전을 거쳐 마감됐다.

1914년 6월 28일 오스트리아-헝가리 제국의 황태자 프란츠-페르디난트(Franz Ferdinand)가 암살당하고, 7월 28일 오스트리아-헝가리 제국이 세르비아에 선전포고하자, 몬트리올, 토론토, 마드리드 증권 거래소가 문을 닫았다. 이어 7월 30일에는 유럽 대부분의 증권 거래소가 문을 닫았고, 7월 31일에는 런던과 뉴욕 증권 거래소가 영업을 중단했다. 세계화의 한 축인 자본의 이동이 마비된 것이다. 이와 더불어 국제무역 역시 급격한 쇠퇴가 일어났다. 독일, 오스트리아-헝가리, 오스만 터키의 동맹국(Central Powers)과 프랑스, 영국, 러시아, 일본의 연합국(Entente Allies)은 서로 상대방의 무역을 방해하는 전략을 취했다.[209] 이로 인해 독일의 대외무역은 1913과 1917년 사이에 거의 3/4이 감소했다.[210]

---

208 미국이 라틴 아메리카에 대한 독점적 영향력 행사가 여기에 속한다.

209 전쟁이 시작되자, 영국 해군은 독일을 봉쇄하고 독일로 향하던 선박들을 나포했다. 또한 노르웨이와 네덜란드 같은 중립국으로 가는 선박도 강제로 영국에 입항시켜, 독일로 보내질 수 있는 물품은 압수했다. 이에 독일은 영국으로 향하는 상선을 침몰시키겠다고 위협했고, 잠수함으로 상선을 공격하는 작전을 수행했다.

210 G. Federico, A. T. Junguito, *Federico-Tena World Trade Historical Database: Europe*, e-cienciaDatos, V1 (2018). DOI:10.21950/XBOWYN.

1915년에는 세계무역 규모가 제1차 세계대전 발발 직전인 1913년보다 26% 감소했고, 전 세계적으로 국제무역은 전쟁기간 동안 약 1/3로 줄었다.[211]

전후 1920년대에 각국은 자국 산업의 회복을 지원하기 위해 경쟁적으로 관세를 인상했다. 그 결과, 해외 무역은 정체되고 해외 투자는 위축됐다. 해외 이민도 줄어들어 미국의 경우 1914년 이전에는 매년 100만 명이 넘는 이민자를 받았으나, 1924년 이후에는 연평균 약 30만 명 정도에 불과했다. 이 가운데 1/3은 가까운 캐나다에서 온 사람들이었다.[212]

1920년대에 지속된 디플레이션은 1929년에 대공황으로 폭발했다. 대공황은 상품, 투자, 인구 이동 등 경제 회복에 대한 희망을 무너뜨려, 세계화는 1930년대 후반까지 심각한 후퇴를 겪었다. 세계는 일련의 무역 블록으로 나뉘어 선호하는 상대에게는 특혜를 주고, 다른 국가에게는 높은 관세를 부과해서 경제적으로 차단했다. 그 결과, 국제 경제 관계는 해체되었고, 1939년 9월 1일 독일이 폴란드를 침공하는 것으로 시작되어 1945년 8월 15일 일본이 항복함으로써 끝난 제2차 세계대전과 함께 식민주의에 입각한 1차 세계화는 종말을 맞았다.

---

211 G. Federico, A. T. Junguito, *Federico-Tena World Trade Historical Database: Asia*, e-cienciaDatos, V2 (2018). DOI:10.21950/05CZKM.

212 C. J. Gibson, E. Lennon, *Historical Census Statistics on the Foreign-born Population of the United States: 1850-1990*, United States Census Bureau, Working Paper Number POP-WP029, February 1999.

2

1차 세계화, 해상운송 기술과
통신 기술을 발전시키다

　1차 세계화는 산업혁명을 통한 산업의 발전과 함께 진행됐다. 예를 들어 영국의 면 제품은 1784년경 영국 수출 물량의 6% 정도였으나 면공업혁명이 일어나고 반세기가 지나자 30배 증가하여 영국 전체 수출의 50%를 넘어섰다(1장의 4). 이러한 성장은 원활한 면화 수입과 제조한 직물을 수출할 시장의 확보 없이는 불가능했다. 또한 상품이 경쟁력을 가지려면 원료와 완제품을 구입하고 판매하는 데 드는 운송비용이 충분히 낮아야 했고, 안정적인 수급이 가능해야 했다. 따라서 저렴한 운송 수단과 적시에 원료를 확보하고 상품을 공급할 수단이 확보되지 않았다면 영국의 면공업이 세계적인 규모로 성장하는 것은 불가능했을 것이다.[213]

　15세기 대항해 시대로부터 해양 수송의 주역을 담당한 것은 범선이었다. 그러나 범선은 역풍의 방해를 받지 않고 항해하려면 무역풍을 따라가야 했고, 무역풍이 불지 않는 계절과 지역에서는

213　면화와 직물은 금, 은, 향신료는 물론이고 밀이나 석탄보다 톤당 훨씬 더 큰 공간을 차지한다. 따라서 증기선과 같은 선박 건조 기술과 열차와 같은 대량 내륙 운송 수단의 확보 없이는 해당 지역의 생산업체와의 경쟁에서 이길 수 없다.

운항이 불가능 했다. 산업이 발전하며 해양 수송 물량이 증가하자 범선만으로 이러한 물량을 수송하는 것은 한계에 도달했다. 이로 인해 새로운 해상 운송 수단이 필요하게 됐다. 이러한 요구에 부응하여 무역과 서구의 산업이 세계화하는 데 결정적으로 기여한 것은 증기선의 개발이었다.

범선과 달리 바람의 영향으로부터 자유로운 증기선은 비교적 정확한 시간에 맞춰 항해할 수 있어서 해운업과 무역업에 급격한 변화를 가져왔다(《표 4.1》). 증기선의 등장으로 운송기간이 짧아지고[214] 운항시간이 일정해졌다. 이에 1840년대에는 영국의 리버풀과 뉴욕 사이를 정기적으로 운항하는 증기선이 등장했으며, 면화 운송비용은 20년 전보다 1/4 이하로 줄었다.[215] 또한 정해진 시간에 운항하는 증기선은 제조업체와 상인에게 상품 생산과 구매 및 판매 계획을 세울 수 있게 했다.

이러한 계획을 세우고 경쟁에서 이기기 위해서는 빠르고 정확한 정보 획득이 절대적으로 필요했다. 그러나 당시의 주요 통신은 우편이었고, 교통 수단을 통해 전달되기에 필연적으로 뒤늦은 정보일 수밖에 없었다. 따라서 실시간 정보를 얻을 수 있는 통신 수단의 확보가 절실해졌다.

---

214 1830년대 말 최고급 범선이 리버풀에서 뉴욕까지 항해하는 데 48일 정도 걸렸다. 그러나 1840년대에 증기선이 정상적으로 항해할 경우 14일이면 충분했다. (R. Baldwin, 엄창호 역, 그레이트 컨버전스: 정보기술과 새로운 세계화, 세종연구원, **2019**, p. 65.

215 C. K. Harley, *Ocean Freight Rates and Productivity, 1740-1913: The Primacy of Mechanical Invention Reaffirmed*, The Journal of Economic History, **48**(4), 851 (1988).

표 4.1 영국의 증기선 생산능력(1825~1860).[216]

연도	철제 증기선	목제 증기선	합계
1825	0	4,013	4,013
1830	0	3,908	3,908
1835	3,275	22,192	25,467
1840	20,872	30,337	51,209
1845	33,699	8,268	41,967
1850	70,441	52,248	122,689
1855	478,685	34,414	513,099
1860	389,066	12,174	401,240

이러한 문제를 해결하기 위한 통신 수단으로 급부상하며 등장한 것이 전기를 이용한 전신(electrical telegraphy)이었다. 전신(telegraph)은 발신자가 수신자에게 알려진 기호 코드를 사용하여 메시지를 장거리 전송하고 수신하는 시스템이다. 최초의 실제 전신은 1792년 프랑스의 샤프(C. Chappe)가 발명한 광전신(optical telegraph)이었다.[217] 이 체계는 나폴레옹 시대에 프랑스와 프랑스가 점령한 지역에서 광범위하게 사용됐다. 그러나 광전신은 전달 거리의 한계와 날씨가 좋지 않을 때에는 사용할 수 없다는 제약이 있다. 이에 이러한 제약으로부터 독립적인 통신 수단이 필요하게 됐고, 광통신의 한계를 극복하기 위해 개발된 것이 전자기 성질을 이용한 전기전신(electrical telegraph, 이하 전신)이다. 전신은 초기에는 주

---

216 T. J. R. Hughes, S. Reiter, *The First 1,945 British Steamships*, Journal of the American Statistical Association, 53(282), 360 (1958).

217 광전신은 셔터(shutter)나 패들(paddle)을 이용하여 서로 다른 탑이나 고지점에 설치된 일련의 관측소를 통해 신호를 주고받는 전신 체계이다.

로 철도 신호에 대한 보조 수단으로 사용됐다. [218]

전신은 우편의 시간 제약으로부터 통신을 해방시킴으로써, 빠르게 일반적인 통신 수단이 되어 세계 경제와 사회에 일대 변혁을 일으켰다. 1860~1870년대에 전신이 유럽, 미국, 인도, 호주 및 일본에 연결되자 전신은 다른 나라, 다른 지역의 물가 등의 정보를 실시간으로 알 수 있게 해 주는 중요한 수단이 됐다. 전신을 통해 얻은 정보는 제조업체와 수출입업자들로 하여금 더 이상 불확실한 상태에서 제품을 생산하고 선적하지 않아도 되게 했다.

증기선과 전신의 결합은 산업과 무역 기업들의 폭발적인 성장을 이끌며 장거리 무역과 산업에 일대 혁명을 일으키며 세계화에 가속도를 더했다. 이에 서구의 국가들과 산업화한 국가들의 기업들은 전 세계에 걸쳐 사무실과 공장을 두고 같은 브랜드의 상품을 여러 지역에서 동시에 제조 판매하는 세계화된 다국적 기업으로 변신하며 폭발적인 성장을 하기 시작했다. [219]

---

218 최초의 상업용 전신은 1837년에 쿡(W. F. Cooke)과 휘트스톤(C. Wheatstone)에 의해 개발됐고, 런던과 버밍엄 철도에 시연됐다. 이어 1840년대부터 영국에서 철도 교통을 관리하고 사고를 예방하는 등의 용도로 사용됐다.

219 재봉틀 제조·판매 업체인 싱어사(Singer Co.)는 1851년 뉴욕에 설립됐는데, 1855년에는 파리에 사무실을 열었고 스코틀랜드에는 1867년 글라스고(Glasgow)와 1882년 클라이드뱅크(Clydebank)에 공장을 세웠다.

3

운송혁명과 통신혁명,
금융과 인구의 세계화를 이끌다

운송수단과 통신기술의 발전은 교역의 세계화와 더불어 금융 분야와 광범위한 사람의 이동에서도 세계화를 촉발시켰다. 이로써 국제적인 교역이 활발해지고 정보 수집, 전달, 그리고 소통이 실시간으로 이루어지게 되자 정보 비대칭성과 거시경제적 위험성도 완화됐다. 이에 따라 자본 역시 부를 좇아 국경을 넘나들며 투자됐다.

영국, 프랑스, 독일 등 선진 산업국의 부유한 투자자들은 미국, 캐나다, 아르헨티나 같은 신흥국에 막대한 금액을 투자했다. 예를 들어, 1880년대 미국 철도 건설에 투자된 돈의 2/5는 유럽의 돈이었고, 아르헨티나에 있는 모든 사업 자산의 절반 가량이 외국인 소유였다. 그러나 거의 모든 경우에 기업들은 중요한 관리와 연구 및 엔지니어링 같은 업무는 본국에서 수행했다. [220, 221]

---

220 J. H. Dunning, *Studies in International Investment*, George Allen & Unwin Ltd., **1970**, p. 171.

221 J. H. Dunning, *Changes in the Level and Structure of International Production: The Last One Hundred Years*, In *The Growth of International Business*, M. Casson, P. J. Buckley ed., George Allen & Unwin Ltd., **1983**, p. 84.

국경을 넘어 이주한 인구가 얼마나 되는지 정확하게 파악되지는 않는다. 그러나 1800년대 후반에서 1900년대 초 미국 거주자의 약 14%가 외국 출신이었고, 1914년 아르헨티나인의 약 33%가 이탈리아나 스페인 출신이었다.[222, 223] 그리고 인도에서는 1914년 이전에 약 2,900만 명이 타국으로 이주했고, 남부 중국에서는 약 2,000만 명이 동인도 및 인도차이나로 이주했다. 또한 러시아와 중국에서도 중앙 아시아와 만주 지역으로 이주했다. 이와 같이 20세기 초반에 매년 300만 명 이상이 국경을 넘어 이주했다.[224] 또한 이주비용이 하락하자 역이민도 많아져 1890~1914년간에 미국에 이주한 총 이민자의 약 30% 정도가 귀국했고, 아르헨티나에서는 1857~1924년간에 약 47%가 귀국했다.[225] 여기에 더해 단기간 방문한 인구를 고려하면 인구의 세계화 역시 대규모로 진행됐음을 알 수 있다.

222 C. J. Gibson, E. Lennon, *Historical Census Statistics on the Foreign-born Population of the United States: 1850-1990*, United States Census Bureau, Working Paper Number POP-WP029, February 1999.

223 B. R. Chiswick, T. J. Hatton, *International Migration and the Integration of Labor Markets*, In *Globalization in Historical Perspective*, M. D. Bordo et al. ed., Univ. of Chicago Press, **2003**, p. 81.

224 A. McKewon, *Global Migration, 1846-1940*, Journal of World History, **15**(2), 155 (2004).

225 K. H. O'Rourke, J. G. Williamson, *Globalization and History: The Evolution of a Nineteenth-Century Atlantic Economy*, The MIT Press, **1999**, p. 120.

4

자유무역주의,
2차 세계화를 일으키다

제1차 세계대전으로 급제동이 걸린 세계화는 제2차 세계대전이 끝난 후 다시 시작됐다.[226] 그러나 전후 20년 간의 대호황과 함께 진행된 세계화는 1차 세계화와는 다른 양상을 보이고 있다.

전쟁은 국가 간 교역을 어렵게 만든다. 양차 세계대전 중에는 선박 징발[227]과 수송 위험[228] 등으로 무역비용은 급등할 수밖에 없었다. 〈그림 4.1〉에서 보듯이, 세계 실질 운송비용은 제1차 세계대전 전인 1905~1909년에 운임지수가 0.68이었으나, 전쟁 기간 중인 1915~1919년에는 2.79로 4.10배 높아졌다. 이러한 운송비용 상승은 제2차 세계대전 기간에도 똑같이 일어났다. 제2차 세계대전 전인 1930~1934년간에 운임지수가 0.66이었으나, 전

---

[226] 전후 호황기에 전 세계 거의 모든 지역에서 경제 성장이 이루어졌다. 그 결과, 1950년에 비해 1985년에는 공산품 무역이 약 15배 증가했다.

[227] 제1차 세계대전이 발발하자 영국은 해운사들이 보유한 선박을 징발했을 뿐만 아니라, 새롭게 건조되는 배들도 군대와 군수품 수송에 투입함으로써 상업적 교역에는 사용할 수 없었다.

[228] 영국은 독일로 가는 선박들을 나포하고 독일 해안을 봉쇄했다. 이에 대응하여 독일은 영국으로 향하는 상선을 침몰시키겠다고 위협했다. 또한 영국은 해운부(Ministry of Shipping)를 설치하여 자국은 물론이고 프랑스와 이탈리아의 상선까지 통제했다.

쟁 중인 1940~1944년간에는 2.43으로 3.68배 상승했다. 이러한 운송비용 상승은 전쟁이 끝나자 다시 하락했다.

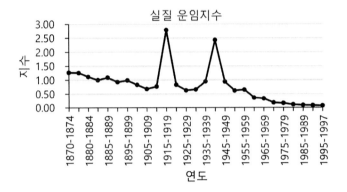

그림 4.1 1884 = 1.00을 기준으로 한 실질 세계 운송비용(1870~1997)
(디플레이션 기준: Sauerbeck/RPI).[229]

그러나 양차 세계대전 사이의 기간에는 운송비용은 하락했으나, 각국이 자국 산업의 회복을 위해 관세를 경쟁적으로 인상함으로써 운송비용 하락 효과를 상쇄시켜 국제무역은 침체에서 벗어날 수 없었다.[230] 무역이 침체하자 외국인 투자 역시 위축됐고

---

229 'S. I. S. Mohammed, J. G. Williamson, *Freight rates and productivity gains in British tramp shipping 1869-1950*, Explorations in Economic History, **41**(2), 172 (2004).'의 자료를 토대로 작성됨.

230 영국은 1921년 '산업보호법(Safeguarding of Industries Act)'을 제정했고, 미국은 1921년과 1922년에 연달아 관세를 인상하는 조치를 취했다. 이에 대응하여 1925~1929년 사이에 캐나다, 호주, 뉴질랜드 및 라틴아메리카 국가들과 26개 유럽 국가가 관세를 인상했다 (M. A. Clemens, J. G. Williamson, *A Tariff-Growth Paradox? Protection's Impact the World Around 1875-1997*, NBER Working Paper No. 8459, **2001**. http://www.nber.org/papers/w8459).

해외 이민도 줄어들었으며, 급기야는 대공황과 제2차 세계대전으로 식민주의에 기반한 1차 세계화는 막을 내리게 됐다. 이는 〈그림 4.2〉의 '세계 GDP 대비 무역 비율(Trade-to-GDP ratio)'에서 극명하게 드러난다. 〈그림 4.2〉에서 보듯이, GDP 대비 무역 비율은 제1차 세계대전 직전인 1912년에 29.63으로 30에 육박하던 값이었다. 그러나 제1차 세계대전의 발발과 함께 급락하기 시작해 제2차 세계대전이 끝날 때까지 지속적으로 하락했다. 결국 양차 세계대전이 막을 내린 1945년에는 10.14를 기록하며 2차 산업혁명이 시작되던 시기인 1870년의 17.57보다 낮아졌다.

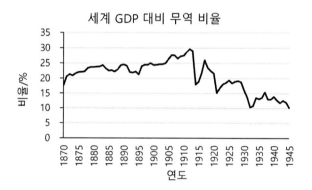

그림 4.2 세계 GDP 대비 무역 비율: 1870~1945.[231]

무력과 관세전쟁으로 점철된 20세기 전반부가 끝나가고, 제2차 세계대전이 막바지에 이른 1944년 7월, 44개국의 경제 전문가들이 미국 뉴햄프셔주의 브레턴우즈(Bretton Woods)에 모여 전후 세

---

231 '*Globalization over 5 centuries*, Our World in Data'의 자료를 토대로 작성됨.

계에 대한 계획을 세웠다.[232] 브레턴우즈에 모인 각국 협상가들이 풀어야 할 과제는 대공황과 같은 경제적 위기를 방지하면서 무역과 국제적 투자를 활성화시키는 방안을 마련하는 것이었다.

브레턴우즈 회의의 해법은 유연한 금본위제와 미국 달러를 기준으로 하는 고정 환율제의 도입이었다.[233] 브레턴우즈 협정에서는 국제무역을 기구를 창설하여 세계무역을 관장하는 것으로 되어 있었다. 이에 따라 1947년에 23개국이 참여한 '관세와 무역에 관한 일반 협정(General Agreement on Tariffs and Trade, GATT)'이 설립됐다. GATT의 목적은 각국의 수입 관세를 낮추어 무역을 자유화하는 것이었다.[234]

1948년 제1차 GATT 협정이 발효되면서 2차 세계화가 시작됐다. GATT는 2차 세계화에 극적인 영향을 미칠 두 가지 변화를 가져왔다. 하나는 관세 인하를 구속력 있게 만든 것이었고,[235] 다른 하나는 한 나라의 약속이 다른 모든 회원국에게도 똑같이 적용되게 한 것(최혜국 대우)이다. 이는 국가 간 교역에서 자유무역주

---

232 브레튼우즈 회의에서는 730명의 44개국 대표단이 모여 제2차 세계대전 이후의 국제 금융 질서 체제 확립을 위해 국제 통화 및 통화 정책을 규정하는 협정을 맺었다. 그 결과 국제통화기금(International Monetary Fund, IMF)과 세계은행(World Bank)이 설립됐다.

233 브레턴우즈 협정 결과 각국은 미국 달러를 기준으로 환율을 정했고, 미국은 각 외국의 중앙은행이 보유한 달러를 온스당 35달러 비율로 금으로 바꿔줄 것을 약속했다. 이 체제는 1971년 미국의 닉슨 대통령이 달러의 금태환을 정지함으로써 붕괴됐다.

234 GATT는 교역에 있어서 가장 혜택을 받는 나라에 적용되는 기준이 다른 나라에도 적용되어야 한다는 최혜국 대우(most favored nation, MFN) 원칙에 입각하고 있다. GATT는 1947년 23개국의 참여로 시작하여, 1994년 GATT 조약을 대체하는 세계무역기구(World Trade Organization, WTO)가 창설된 우루과이 라운드에서는 125개국이 참여했다.

235 예를 들면, 한 국가가 자동차 같은 특정 품목에 대해 10%였던 관세를 5%로 인하하기로 약속하면, 그 품목에 대한 관세는 다시 인상할 수 없다.

의를 기본 원칙으로 삼았음을 의미했다.

한편, 1945년 전쟁이 끝난 후의 각국의 경제 상황은 어려울 수밖에 없었다. 특히, 전쟁터가 됐던 유럽과 아시아의 많은 지역은 비참할 지경이었다. 전쟁에 직접 참여한 본국은 물론이고 식민지까지 전쟁비용 충당을 위한 수탈로 자금이 고갈되어 해외로부터 물품을 수입할 자금이 부족했다. 이는 산업시설의 피해가 거의 없었던, 오히려 전쟁 특수를 누렸던 미국과 캐나다 같은 나라에게는 수출시장이 사라진 것을 의미했다.

이러한 문제를 해결하기 위해 미국은 1948년에 4년간 130억 달러를 유럽 국가들에 원조하는 마셜플랜(Marshall Plan)[236]을 시행했다. 마셜플랜의 원조에는 몇 가지 조건이 있었다. 플랜에 가입한 17개 국가는 가격통제를 끝내고 경제 주도권을 민간이 쥘 수 있도록 장려해야 했으며, 공동 행동을 요구받았다.[237]

마셜플랜에 의한 원조와 더불어, 1950년에 발발하여 3년간 지속된 6.25 전쟁[238]과 미국의 1973년부터 8년간 이어진 베트남 전쟁[239] 참전은 일본을 비롯한 서유럽 국가들이 전쟁 특수로 빠르게

---

236 마셜플랜의 공식명은 유럽부흥계획(European Recovery Program, ERP)이고, 참여한 유럽 국가는 오스트리아, 벨기에, 룩셈부르크, 덴마크, 프랑스, 서독, 그리스, 아이슬란드, 아일랜드, 이탈리아, 네덜란드, 노르웨이, 포르투갈, 스웨덴, 스위스, 터키, 영국의 17개 국이다.

237 B. Eichengreen, *The European Economy since 1945: Coordinate Capitalism and Beyond*, Princeton Univ. Press, **2007**, p. 65.

238 한국 전쟁(Korean War)라고도 한다. 1950년 6월 5일에 발발하여 1953년 7월 27일에 군사분계선을 두고 휴전했다. UN군과 중국(중화인민공화국) 및 소련까지 관여한 제2차 세계대전 이후 최대의 전쟁이다.

239 제1차 인도차이나 전쟁(1946.12.19~1954.8.1) 이후 1955년 11월 1일부터 1975년 4월 30일까지 베트남에서 벌어진 전쟁이다. 1964년 8월부터 1973년 3월까지 미국이 참전하여

산업 생산력을 회복할 수 있게 했다. 예를 들어, 6·25 전쟁으로 인한 공산품 수요의 급증으로 유럽 경제는 고도성장으로 전환됐다. 1950~1952년간에 서독의 다른 유럽 국가로의 수출은 87% 증가했고, 스웨덴은 45%, 네덜란드는 36% 증가했다.[240] 또한 일본 정부의 국제수지는 1950년 6,300만 달러였던 것이 1953년에는 8억 300만 달러로 약 1,270% 증가했다.[241]

마셜플랜에 따른 서유럽 경제의 회복, GATT 협정의 발효에 따른 낮은 관세, 그리고 미국 달러를 기축으로 하는 통화의 안정성에 힘입어 세계 무역량은 빠르게 증가했고 외국인 투자도 활발해졌다. 이렇게 2차 세계화가 시작된 것이다.

길고 지루한 소모전으로 치러졌다.

240 B. Eichengreen, *The European Economy since 1945: Coordinate Capitalism and Beyond*, Princeton Univ. Press, **2007**, p. 84.

241 K. Hamada, M. Kasuya, *The Reconstruction and Stabilization of the Post War Japanese Economy: Possible Lessons for Eastern Europe?*, In *Postwar Economic Reconstruction and Lessons for the East Today*, R. Dornbusch, et al. eds., MIT Press, **1993**, p.179.

5
국제무역의 확대,
컨테이너 운송 시대를 열다

관세 인하 등을 통한 자유무역주의는 국제무역의 급속한 확장을 가져왔다. 그러나 교역 물량이 증가하면서 적시 배송의 어려움과 운송비용 상승이 교역 확장의 커다란 장애물로 등장했다. 이러한 문제를 해결해야 할 필요성은 교역량이 증가할수록 더욱 절실해졌다.

해상운송은 오래전에 범선이 증기선으로 대체됐고(4장의 2), 증기선도 강철로 선체와 복합 엔진을 장착한 대형 상선으로 발전했다. 밀이나 철광석, 석탄 같은 원자재나 석유나, 휘발유 같은 물품은 선적과 하역에 시간이나 노동력이 크게 필요하지 않아 큰 어려움이 없었다. 그러나 냉장고와 같은 내구재, 기계 부품, 포도주, 커피콩 봉지와 같은 '개품산적화물(breakbulk freight)'은 해상운송에 많은 어려움을 겪었다. 이러한 품목은 철도나 차량으로 항구로 운반된 다음 선적을 위해 부두의 창고에서 몇 주씩 기다리기 일쑤였고, 이는 하역시에도 마찬가지였다.[242] 선적과 하역을 위해

---

[242] 1950년대에 전형적인 대서양 횡단 선박은 약 20만 개의 개별 품목을 실을 수 있었다. 당

물품이 항구에 머무는 시간은 불확실했고, 이로 인해 운송 일정과 비용 역시 불안정할 수밖에 없었다.[243]

이러한 문제를 해결하기 위해 등장한 것이 컨테이너 운송이다. 표준규격의 컨테이너를 사용한 화물 운송은 운송 방식에 일대 혁신을 일으켰다. 컨테이너 운송으로 화물 운송은 더 빨라지고 저렴해졌을 뿐만 아니라 더 안전해졌다. 컨테이너로 인한 운송 규격의 표준화는 전 세계의 항구, 기차, 그리고 트럭의 표준화도 이끌었다. 이로써 '점과 점을 연결하는 운송망'이 전 세계로 확장됐다. 예를 들면, 창원 공장에서 생산된 기계 부품으로 가득 찬 컨테이너가 트럭에 실려 부산항에서 컨테이너 선박에 실린 후, 현대자동차의 미국 생산공장에 도달할 때까지 단 한 번의 사람의 손을 거치지 않고 운송할 수 있게 된 것이다. 그 결과, 전 세계적으로 상품 이동비용이 극적으로 하락했다.

화물운송에 컨테이너를 사용하는 시도는 1700년대부터 시작됐다. 1766년 영국의 브린들리(J. Brindley)는 석탄을 운하를 통해 운송하기 위해 10개의 목재 컨테이너를 실은 상자 보트 '스타비셔너(Starvationer)'를 제작하여 사용했다. 이어 1795년 아웃램(B. Outram)은 컨테이너 형태를 가진 마차로 석탄을 운반했는데, 이 마차는 운하의 바지선에 쉽게 옮겨 실을 수 있도록 만들어졌다.[244]

1830년대에는 철도가 다른 운송 수단으로 옮겨 실을 수 있는

시 선박에 선적하는 데에만 평균 2주의 시간이 걸렸으며, 100명 이상의 부두 작업자가 필요했다.

243 대서양 횡단 운송비용은 상품가치의 10~20%에 달했고, 도난이나 손상 위험도 높았다.

244 D. Ripley, *The Little Eaton Gangway and Derby Canal*, Oakwood Press, 1993.

컨테이너를 운송하게 됐고, 1840년대에는 목제 상자뿐만 아니라 철제 상자도 사용되기 시작했다. 컨테이너의 표준화 작업은 1930년대에 와서야 시작됐다. 국제컨테이너 사무국(Bureau International des Containers et du Transport Intermodal, BIC)은 1933년 최초의 국제 표준을 정했고, 1935년에는 유럽 국가 간 운송을 위한 두 번째 표준을 정했다.

역설적이게도 이 표준화 작업은 화물 운송량의 증가로 인한 운송의 효율성 향상을 위한 것이 아니라, 1929년에 발생한 대공황으로 경제가 붕괴하고 거의 모든 운송 수단이 감소하자 철도를 활성화하기 방도로 채택된 것이었다.[245]

컨테이너 시대의 개막은 1956년 4월에 아이디얼-엑스(Ideal-X)호가 미국의 뉴저지주 뉴와크(Newark)에서 텍사스주 휴스턴(Houston)까지 58개의 알루미늄 컨테이너를 운송하면서 시작됐다. 최초로 컨테이너를 운송한 아이디얼-엑스는 당시 미국 트럭업계의 거물인 맥린(M. McLean)이 고안한 것이었다. 제2차 세계대전 후 폭발적인 자동차 판매의 증가로 교통체증이 심해져 트럭 운송비용이 증가하자, 맥린은 배에 트레일러를 실어 해안을 따라 운송하는 우회 수송 방법을 고안했다. 이후 맥린은 트레일러 전체를 배에 싣는 것보다 화물이 들어 있는 상자만을 싣는 것이 더 합리적이라는 생각으로 35ft(10.67m) × 8ft(2.44m) × 8ft 6in(2.59m) 규격의 컨테이너를 개발했다.

---

245 K. Lewandowski, *Czechoslovak Activity to Prepare European Norms for Containers before the Second World War*, Acta Logistica, 1(4), 1 (2014). DOI: 10.22306/al.v1i4.25.

이어 1965년 국제표준화기구(International Organization for Standard, ISO)는 40ft 컨테이너를 표준으로 정했다. 이는 전 세계의 모든 항구와 철도에서 사용될 수 있는 컨테이너 운송의 세계화가 시작된 것이다. 드디어 1966년 4월 맥린의 '시랜드서비스(Sea-Land Service)'사는 최초의 컨테이너 전용선을 뉴욕과 네덜란드 로테르담(Rotterdam), 독일 브레멘(Bremen), 그리고 스코틀랜드 그레인지머스(Grangemouth) 간에 운항을 시작했다.

그로부터 불과 2년 후인 1968년에는 매주 10척의 컨테이너선이 북대서양을 횡단하는 운송을 하게 됐고, 일반 화물선은 컨테이너선과 경쟁이 될 수 없어 이 항로에서의 운항을 거의 중지할 수밖에 없었다. 대서양 해상운송에서 컨테이너 운송이 대세가 된 것이다.

한편, 태평양 횡단 컨테이너 운송은 베트남 전쟁[246]으로 촉발됐다. 1960년대에 아시아는 매력적인 시장도 아니었고, 태평양은 대서양보다 훨씬 넓어 선박이 부두보다 바다에 머무는 시간이 길었다. 이로 인해 컨테이너선 운송이 일반 화물선 운송보다 비용 절감이 크지 않을 것으로 여겨졌다. 그러나 전쟁이 발발하자 상황은 일변했다. 미군이 공급하는 무기 등의 장비가 전선에 제때 공급되지 못하고 사이공 부두에서 적체를 이루었다. 이에 대한 해결책으로 미군은 시랜드서비스의 컨테이너선을 사용하게 됐

---

[246] 베트남 전쟁은 제1차 인도차이나 전쟁(1946~1954) 후 분단된 베트남에서 1955~1975까지 20년간 벌어진 전쟁이다. 미국은 1964년 8월 통킹만 사건을 구실로 참전하여 이후 8년간 전쟁 끝에 1973년 1월에 프랑스 파리에서 북베트남과 평화협정을 체결하고 그해 3월 말까지 미군을 전부 철수시켰다.

고,²⁴⁷ 태평양 항로에도 컨테이너선이 도입됐다.

태평양 항로에서 컨테이너선 서비스는 1967년에 미국-일본 노선을 시작으로 홍콩, 호주, 대만, 필리핀에 연달아 기항하면서 이들 지역도 국제무역에 더욱 밀접하게 연결됐다. 컨테이너 운송은 국제무역에 박차를 가하며 2차 세계화의 확장에 크게 기여했다. 컨테이너 운송이 국제적으로 이루어진 첫 10년 동안 미국의 타이어와 튜브 수입은 매년 약 25% 증가했고, 1972년에 미국은 공산품에서 19세기 이후 처음으로 수출보다 수입을 더 많이 하게 됐다.²⁴⁸

컨테이너 운송은 점점 발전하는 아시아의 공산품들이 유럽과 미국으로 수출하기 손쉬워지게 했다. 이에 미국의 대기업들은 인건비가 저렴한 아시아 지역에 위치한 공장에서 미국산 부품으로 소조립체(subassembly)를 만들어 재수입하여 완제품을 만드는 생산방식을 도입하기 시작했다. 해외 조립은 공급망의 국제화라는 새로운 단계의 세계화를 가져왔다.

---

247 시랜드서비스는 1967년 3월에 미국 정부와 미국 본토와 베트남 사이에 컨테이너선 운항 계약을 체결했다. 그해 말, 시랜드서비스의 첫 번째 컨테이너선은 609개의 컨테이너에 군수품을 싣고 베트남으로 향했다. 이는 일반 화물선 10척에 해당하는 물량이었다.

248 United States International Trade Commission, *Automotive Trade Statistics 1964-78*, USITC Publication 1002, September 1979.

6

규제완화 운동,
2차 세계화에 기름을 붓다

20세기 후반, 사업 활동에 대한 규제를 완화하려는 움직임은 세계적으로 일어났다. 전후 자유진영 국가에서의 규제는 각국의 서로 다른 역사적 배경으로 복잡하기 짝이 없었다. 정부, 지자체, 각종 협회의 규제는 사업체들로 하여금 보장된 이익을 선호하고, 혁신을 회피하며 비용을 소비자에게 전가하게 하는 부작용을 낳았다. 규제완화는 개별적이고 당면한 문제를 해결하기 위한 작은 단계에서부터 시작됐다.

예를 들면, 1960년대에 미국의 제조업체들은 트럭운송에 대한 다양한 규제로 인해 공장에서 운송되는 화물의 1/6을 자사가 소유한 트럭으로 운송했다. 이는 다양한 규제에 묶여 운행되는 운송회사의 트럭을 이용하는 것보다 자체 차량을 운영하는 것이 더 편리하고 저렴했기 때문이었다.[249] 또한, 1970년대 초에는 여객 수요가 적은 지선의 운영을 강요하는 규제로 미국 북동부와 중서

---

249 W. Y. Oi, A. P. Hurter, Jr., *Economics of Private Truck Transportation*, WM. C. Brown Co. Inc., **1965**.

부를 운행하는 많은 철도회사가 파산했다. 이는 지역 경제에 심각한 위협이 됐다.

이에 대응해 미국 의회는 1976~1986년 간에 교통규제를 완화하는 9개의 법률을 연달아 제정했다. 규제에 의한 동일 운송 동일 서비스 체제250가 화물을 계약에 따라 운반하는 체제로 바뀐 것이다. 즉, 고객과 운송회사가 계약을 통해 가격과 서비스 내용을 협상할 수 있게 된 것이다.

이러한 규제완화는 통신과 금융산업을 포함해서 전 산업분야로 퍼져 나갔고, 세계화를 촉진했다. 이러한 효과는 1970년대 석유 위기로 촉발된 경기침체를 극복하고 1980년대 초반의 경제회복에 기여했다. 국제적으로 거래되는 공산품의 양은 1983~1990년 간에 130% 증가했다. 통신 분야의 규제완화는 제조업체, 물류업체, 소매업체 사이에 얽히고 설킨 복잡한 물류 체계를 효과적으로 관리할 수 있는 혁신으로 이어졌고, 이는 정보혁명의 한 축으로 발전하는 계기가 됐다.251

---

250 각종 규정을 통한 동일 운송 동일 서비스 체제는 화물운송을 비싸고 신뢰할 수 없는 것으로 만들었다. 운송회사는 규정을 준수하는 것이 중요했지 고객의 서비스 만족도는 중요하지 않았다.

251 S. Greenstein, *How the Internet Became Commercial: Innovation, Privatization, and the Birth of a New Network*, Princeton Univ. Press, 2015.

7

인구 이주 시대에서 산업과
지식의 이전 시대로 전환되다

1차 세계화 시기에는 교통과 통신이 발달하자 인구 이동비용이 저렴해져, 농촌에서 도시로, 저임금 국가에서 고임금 국가로의 인구 이동이 활발해졌다. 그러나 2차 산업화 기간 중에는 교통과 통신이 더욱더 발달하며 화물운송 비용과 통신비용이 급격히 하락하고, 전 세계적인 교통망과 통신망의 구축되자, 고임금 국가의 산업이 저임금 국가로 이전하는 이동의 역전 현상이 일어났다. 그리고 산업의 이전과 함께 산업 관련 지식도 동반하여 이전됐다.

1차 세계화 시기에는 1, 2차 산업혁명으로 교통과 통신이 발전하면서 상품과 인구의 이동비용이 감소하게 됐다. 이러한 이동비용의 감소는 생계를 유지하기 위한 일을 찾아(또는 가난에서 벗어나 부자가 되어보겠다는 욕망을 좇아) 농촌에서 도시로, 그리고 가난한 나라에서 부유한 나라로의 이동을 용이하게 했다. 그러나 1차 세계화 시기의 교통은 여전히 느리고 비쌌다. 따라서 산업체들은 원료를 구하기 쉬운 곳이나 상품을 운송하기 용이한 곳으로 모여들어 도시를 이루었다. 결과적으로 사람들은 일자리를 찾아 산업체가 집중되어 있는 도시로, 또는 산업화가 활발하게 진행되고 있는 산업 선진국으로 영구적인 이주를 해야만 했다.[252]

그러나 2차 세계화 단계에서는 이것이 역전됐다. 컨테이너선의 출현으로 화물의 운송비용은 급격히 낮아졌고, 운송기간은 짧아졌으며, 도난과 훼손 위험은 작아졌다(4장의 5). 또한 통신기술의 발달로 통신비용 역시 급락했을 뿐만 아니라 정보의 전송·저장·처리 기술의 급격한 발전으로 정보 유통은 더욱더 쉬워졌다(4장의 8). 여기에 더해 항공운송 수단의 발달은 사람의 이동 시간을 급격히 단축시켜 해외의 생산 시설을 오가며 관리하는 것 역시 손쉬워졌다.

반면에 G7(Group of Seven)[253]과 같은 산업 선진국들의 임금은 높아졌고, 이들 나라에서의 주거비를 비롯한 생활비용은 너무나 높아 가난한 나라의 국민을 고용하여 노동자로 쓰는 데 매우 큰 비용이 들게 됐다. 따라서 이윤추구를 목적으로 하는 기업의 입장에서 낮은 화물운송비용, 낮은 통신비, 빠르게 오갈 수 있는 이동 수단, 그리고 자국의 높은 임금과 저개발 국가의 낮은 인건비를 고려할 때, 생산 시설을 이전하는 것이 훨씬 유리한 조건이 형성된 것이다.

이러한 조건이 형성되자, 선진국의 제조업체들은 앞을 다투어 저개발 국가로의 생산 시설 이전이 봇물이 터져 나오듯이 일어났다. 1차 세계화 시기에 사람이 일자리가 몰려 있는 산업지대와 도시로 이주했다면, 2차 세계화 기간에는(적어도 지금까지는) 산업이

---

252 미주 대륙으로 이주한 이민자들의 대다수는 영원히 고향으로 돌아가지 못했다. 일부 고향으로 돌아간 이민자들도 대부분은 이주비용이 하락한 후에나 가능했다.

253 미국, 영국, 프랑스, 독일, 이탈리아, 캐나다, 일본의 7개국을 말한다.

교통과 통신이 원활하면서도 안전이 보장되고, 저임금 노동력이 풍부한 지역으로 국경을 넘어 이전하는 것으로 패러다임이 바뀌었다. 그 결과, G7과 같은 산업 선진국의 제조업 점유율은 급격히 하락했고 I6(Industrializing 6)라 불리는 중국, 한국, 인도, 인도네시아, 태국, 폴란드의 6개국의 비중은 급격히 상승했다.[254] 흥미로운 것은 G7 국가의 제조업 점유율 하락분이 거의 고스란히 I6 국가의 상승분으로 옮겨간 것이다.[255]

제조업의 해외이전은 필연적으로 생산 시설을 원활하게 운영하기 위해 공정에 관한 기술정보(즉, 지식)도 이전해야만 했다. 이러한 과정에서 전문지식이 국경을 넘어 기술개발국에서 제품생산국으로 흘러 들어가기 시작했다. 산업이전과 함께 지식이전이 일어난 것이다.

---

254 R. Baldwin, 엄창호 역, 그레이트 컨버전스, 세종연구원, **2019**, p. 102.

255 Ibid., p. 10.

8

디지털 기술, 2차 세계화와
결합하여 정보혁명을 일으키다

2차 세계화의 결과로, 산업과 지식이 산업 선진국에서 I6 국가를 필두로 하여 저개발 국가로 산업과 지식이 이전되자, 산업을 이전 받은 국가들의 수출 물량 역시 급격하게 증가하기 시작했다. 특히 1990년 이후에는 I6을 비롯한 개발도상국 상품이 부유한 국가의 수입품에서 차지하는 비율이 갈수록 높아졌다. 이는 개발도상국의 경제력을 상승시켜 전 세계 GDP에서 개발도상국의 점유율을 상승시키고, G7 국가의 점유율을 하락시켰다.

〈그림 4.3〉을 보면, G7 국가의 GDP는 1970년 이래 완만하게 상승하는 반면, I6 국가의 GDP는 1990년 이후 급격하게 상승하고 있는 것을 확인할 수 있다. 이는 〈그림 4.4〉에서 G7 대비 I6의 GDP 비율을 보면 더욱더 명확하게 드러난다. 1990년 G7 국가 대비 8.64%에 불과했던 I6 국가의 GDP가 2022년에는 58.69%로 급증했다. I6를 비롯한 개발도상국들이 2차 세계화에 빠르게 합류하기 시작한 것이다. 이러한 모든 사회적 변화에 가장 민감한 곳은 금융시장이다. 금융시장에서는 2차 세계화가 진행될수록 점점 더 복잡다단해질 뿐만 아니라 무한대에 접근해가고 있는

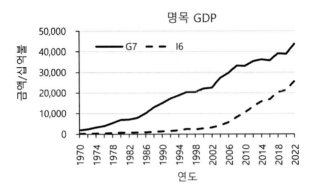

그림 4.3 G7 국가와 I6 국가의 명목 GDP, 1970~2022.[256]

수없이 많은 정보를 실시간으로 수집하고 분석·처리해야 했다. 그러나 전통적인 통신수단과 수기로 작성하는 회계 방식으로는 점점 더 경쟁에서 살아남기 힘든 상황에 봉착하게 됐다. 이러한 상황은 다른 산업 분야도 시차가 있을 뿐 마찬가지였다.

한편, 전자기 신호로 정보를 전달하는 기술인 전신이 개발되자, 음성을 전자기 신호로 바꾸어 먼 곳으로 전송하는 기술인 전화도 개발되고,[257] 전화망을 사용하여 문서 등 정지 화상을 전송하는 팩스(Fax)도 등장했다.[258] 1980년대 규제완화로 인해 통신사 간

---

256 1970~1988년: ‘*National Accounts – Analysis of Main Aggregates (AMA)*. https://unstats.un.org/unsd/snaama’의 자료를 토대로 작성됨. 1990~2022년: ‘*World Economic Outlook Database*, April 2022. https://www.imf.org/en/Publications/WEO/weo-database/2022/April’의 자료를 토대로 작성됨.

257 전화의 최초 발명은 1854년 메우치(A. Meucci)에 의해서 이루어졌다. 그러나 메우치의 발명은 널리 알려지지 못했다. 이어 약 20년 후인 1876년 벨(A. G. Bell)이 현재와 같은 전화를 발명한 후, 1878년에 미국 메사추세츠주 보스턴에 처음으로 전화교환국이 설립되며 상용화되기 시작했다.

그림 4.4 G7 국가의 GDP 대비 I6 국가의 GDP 비율(%).[259]

경쟁이 치열해지자, 통신비용이 급락하고 원거리 통신망은 더 촘촘해지고 더 안정적으로 연결됐다. 이들은 전신과 더불어 실시간으로 정보를 주고받는 중요한 수단이 됐다. 그러나 이러한 통신망은 1차 세계화 시기에는 훌륭한 통신수단으로 작동했으나, 2차세계화 기간 중에는 기하급수적으로 증가하는 정보와 지식량을 감당하기에는 역부족이었다. 2차 세계화가 진행될수록 무엇인가 새로운 정보처리 수단이 절실히 필요하게 됐다. 여기에 주목받게 된 것이 디지털 기술이다.

디지털 기술은 아날로그 형식의 정보를 디지털 형식으로 전환할 수 있게 하는 기술이다. 이를 통해 원본과 동일한 사본을 만드

---

258 팩스는 1843년 스코틀랜드의 베인(A. Bain)에 의해 '전기인쇄전신(electric printing tele-graph)'이라는 이름으로 발명됐다. 그러나 전화망을 사용하는 현대식 팩스는 1964년 제록스사(Xerox Co.)의 LDX(long distance xerography)가 출시되며 상용화됐다.

259 〈그림 4.2〉의 자료를 토대로 계산하여 작성됨.

는 것이 가능해졌고, 정보의 손실없이 통신망을 통해 전달하는 것(디지털 통신) 역시 가능해졌다. 또한 디지털 기술은 미디어 간에 정보를 쉽게 이동시키며 원격 접근과 배포를 가능하게 했다. 한편, 디지털 통신은 규제완화(4장의 6)로 인한 통신비용의 하락과 컴퓨터 기술의 혁신으로 개인용 컴퓨터(personal computer, PC)가 등장하면서 다량의 디지털 정보의 송수신이 경제성을 갖추며 급격하게 확장될 수 있었다.

컴퓨터의 기반 기술이 되는 해석 엔진(analytical engine)은 19세기 중반부터 등장됐다.[260] 이후 100여 년이 지난 1941년에야 최초의 범용 컴퓨터 Z3가 만들어졌다.[261] 한편, 1947년 벨 연구소(Bell Labs)의 바딘(J. Bardeen)과 브라테인(W. H. Brattain)은 깨지기 쉬운 유리 진공관을 대체하는 최초의 작동하는 트랜지스터인 게르마늄 기반 점 접촉 트랜지스터를 발명했다. 그리고 같은 연구소의 수학자 섀넌(C. Shannon)은 1948년에 디지털화의 이론적 토대를 마련했다.[262, 263] 이것은 더 진보된 디지털 컴퓨터로 나아가는 길을 열었다. 이에 이전에는 수작업으로 하던 계산을 디지털 방식으로 자동화하는 컴퓨터 시스템을 대학을 비롯한 군대와 기업에서 앞

---

260 해석 엔진은 영국의 수학자 배비지(C. babbage)가 설계한 기계식 범용 컴퓨터이다. 1837년 배비지가 개발한 분석 엔진은 산술 논리장치, 조건부 분기 및 루프 형태의 제어 흐름, 통합 메모리 등 전자 시대 컴퓨터 설계와 본질적으로 동일하다.

261 P. S. Trautman, *A Computer Pioneer Rediscovered, 50 Years On*, The New York Times, April 20, 1994.

262 C. E. Shannon, *A Mathematical Theory of Communication*, Bell System Technical Journal, **27**(3), 379 (1948). DOI: 10.1002/j.1538-7305.1948.tb01338.x.

263 C. E. Shannon, *A Mathematical Theory of Communication*, Bell System Technical Journal, **27**(4), 623 (1948). DOI: 10.1002/j.1538-7305.1948.tb00917.x.

다투어 개발하기 시작했다. 그리고 1950년대에 최초의 상용화된 범용 컴퓨터 LEO 시리즈가 출시됐다.[264]

이어 1959년에 페어차일드 반도체(Fairchild Semiconductor International, Inc.)의 노이스(R. Noyce)가 모놀리식(monolithic) 집적회로(integrated circuit, IC) 칩[265]을 발명하고, 벨 연구소의 아탈라(M. Atalla)와 캉(D. Kahng, 강대원)이 최초로 금속산화물 반도체(metal-oxide-semiconductor, MOS) 트랜지스터를 개발했다.[266] MOS 트랜지스터와 IC 칩이 결합하여 만들어진 MOS 칩은 트랜지스터 밀도가 높은 데 비해 제조비용은 저렴했다. MOS 칩은 무어의 법칙(Moore's law)[267]이 예측한 대로 1960년대 후반에 이르러서는 하나의 칩에 수백 개의 트랜지스터가 들어간 대규모 집적(large-scale integration, LSI)으로 이어졌다.

이 MOS LSI 칩은 마이크로프로세서(microprocessor) 개발의 기반이 됐고, 1968년 페어차일드의 파진(F. Faggin)이 단일 칩 마이크로프로세서인 Intel 4004를 개발하는 데 사용한 MOS 칩을 개발

---

264 LEO는 J. Lyons and Co.에서 영국 케임브리지 대학교의 EDSAC 컴퓨터의 설계를 기반으로 하여 개발됐다. LEO I은 1951년 첫 번째 비즈니스 어플리케이션을 실행했고, 1954년에 LEO I의 후속 제품인 LEO II와 LEO III가 출시됐다.

265 마이크로칩(microchip)이라고도 부르며, 일반적으로 실리콘인 반도체 재료의 작은 평면 조각 위에 심은 전자회로 세트를 말한다. 다수의 트랜지스터와 기타 전자부품이 통합되어 있다. 이제는 거의 모든 전자 장비에 사용되며, 이로 인해 현대의 컴퓨터 프로세서, 마이크로 콘트롤러 같은 것들을 작고 저렴한 비용으로 생산하는 것이 가능해졌다.

266 *1960: Metal Oxide Semiconductor (MOS) Transistor Demonstrated: John Atalla and Dawon Kahng Fabricate Working Transistors and Demonstrate the First Successful MOS Field-Effect Amplifier*, Computer History Museum. http://www.computerhistory.org/siliconengine/metal-oxide-semiconductor-mos-transistor-demonstrated/

267 인텔(Intel Co.)의 공동 설립자인 무어(M. Moore)가 내 놓은 반도체 IC의 성능이 24개월마다 2배로 증가한다는 경험 법칙이다.

했다. 이 Intel 4004는 1970년대에 시작된 마이크로컴퓨터 혁명의 기초가 됐다. 인텔의 마이크로프로세서 개발은 컴퓨터를 저렴할 뿐만 아니라 대규모로 제조할 수 있다는 것을 의미했다. 드디어 1970년대에 가정용 컴퓨터가 판매되고, 디지털 기술이 확산되며 디지털 기록 보관이 비즈니스의 새로운 표준으로 자리잡게 됐다. 디지털 기술을 적용한 정보혁명(Information Revolution) 시대가 도래한 것이다.

1980년대가 되자 선진국에서는 컴퓨터가 정부와 기업은 물론 학교와 가정에까지 보급되며 반보편화되기에 이르렀다. 1980년대 후반에는 많은 기업이 업무를 컴퓨터와 디지털 기술에 의존하게 됐다. 미국 인구 조사국(U.S. Census Bureau)에 따르면 개인용 컴퓨터는 1984년 미국 전체 가구의 8.2%가 PC를 가지고 있었는데, 이것이 1989년에는 15%로 증가했고, 2013년에는 83.3%가 되어 거의 모든 가정에 컴퓨터가 1대 이상 있는 것으로 나타났다.[268]

디지털화의 첫 번째 꽃은 음반산업에서 피어났다. 1980년대부터 디지털로 녹음된 음반인 광 콤팩트 디스크(Compact Disk, CD)가 LP 판으로 대표되는 비닐 레코드와 카세트 테이프 같은 아날로그 체제를 빠르게 대체하며 대중적인 매체로 자리잡아 갔다. 또한, 현금자동입출금기(Automated Teller Machine, ATM), 영화와 텔레비전의 CGI(Computer-Generated Imagery), 전자음악, 비디오 게임과 같은

---

268 T. File, C. Ryan, *Computer and Internet Use in the United States: 2013*, American Community Survey Reports, ACS-28, U.S. Census Bureau, Washington, DC, **2014**.

디지털 기술을 기반으로 하는 산업이 우후죽순처럼 등장했다. 경제 전반에 걸친 디지털화, 즉 디지털 경제(Digital Economy)가 시작된 것이다.

통신 분야에서 컴퓨터가 개발되어 정보를 처리하고 저장하는 유용한 수단임이 확인되자 컴퓨터와 컴퓨터 간에 정보를 주고받는 연결을 도모하게 됐다. 인터넷(Internet) 개발이 자연스럽게 화두로 떠오른 것이다. 인터넷은 초기에는 군사적 목적으로 개발이 시작됐는데, 1960~1970년대에 미국 국방부 산하의 고등연구국(Advanced Research Projects Agency, ARPA)에서 개발한 연구용 네트워크가 그 시초이다. ARPA에서는 1969년 UCLA(University of California, Los Angeles)와 SRI(Stanford Research Institute) 간을 연결하는 통신망을 구축했고, 이를 아르파넷(ARPANET)이라고 했다.[269] 이것이 현재 인터넷망의 시초가 됐다. 이후 아르파넷은 군사용 목적의 밀넷(MILNET, Military Network)을 분리시키고, 아르파넷은 민간용 네트워크가 됐다.

한편, ARPA와는 별도로 미국과학재단(National Science Foundation, NSF)는 1986년에 5곳의 슈퍼컴퓨터 센터를 연결하는 NSFnet을 만들었고, 1980년대 말에 아르파넷을 흡수통합하면서 대학, 연구소, 기업 등 세계를 연결하는 국제 통신망으로 발전했다. 이어 1990년대에는 전화망을 활용한 인터넷이 등장하게 됐다. 1990년 버너스-리(T. Berners-Lee)는 최초의 웹 브라우저(web browser)인

---

269 N. Dholakia, R. R. Dholakia, N. Kshetri, *Global Diffusion of the Internet*, In *The Internet Encyclopedia*, H. Bidgoli ed., Volume 2, John Wiley & Sons, **2004**, p. 39.

World Wide Web(WWW)을 개발했고, 1991년에는 Commercial Internet eXchanger가 설립되어 독립적으로 운영되던 상용 네트워크들과 통신할 수 있게 됐다. 이어 1995년 NSFnet이 폐기되며 인터넷이 완전히 상용화되기에 이르렀다.

이로써 디지털 기술은 다양하면서도 많은 데이터를 원거리에서도 신속하고 정확하게 수집하여 분석하고 판단할 수 있게 했다. 또한 인터넷을 통해 개체들을 서로 연결하여 데이터를 교환하고 공유하게 함으로써 경제적 성과를 높일 수 있게 했다. 즉, 디지털 기술은 2차 세계화와 결합하여 전 세계에 퍼져 있는 납품업체, 판매업체, 소비자들과 실시간으로 정보를 주고받을 수 있게 한 것이다. 이로써 거의 모든 산업 분야에서 기간 단축, 원가 절감, 소비자 만족도 향상 등의 효과를 거두게 했다. 실시간 수준에서 정보를 수집·분석·가공·활용하여 광범위하게 퍼진 공급망과 판매망을 실시간으로 중앙에서 관리할 수 있게 된 것이다.

이에 1994년 10월 미국의 스탠포드 연방 신용조합(Stanford Federal Credit Union)은 모든 회원에게 온라인 인터넷 뱅킹을 하는 서비스를 실시했고, 유럽에서는 1996년 OP 금융 그룹[270]이 유럽 최초이자 전 세계 두 번째로 온라인 은행이 됐다. 금융산업의 총체적 디지털화가 시작된 것이다. 또한 제조업체들 역시 적시 생산, 적기 공급 방식인 'Just-in-Time(JIT) 제조'[271] 방식도 가능해졌고, 수

---

270 핀란드에서 가장 큰 금융회사 중 하나. 180개의 협동조합 은행과 중앙 조직으로 구성되어 있다. 'OP'는 핀란드어로 '협동조합 은행'을 의미하는 'osuuspankki'의 약자이다.

271 린 제조(Lean manufacturing)라고도 한다. JIT 제조는 적시에 주문된 상품만 제조하는 생산 방식이다. 이는 원자재와 완성품의 재고를 최소화하는 것을 목표로 한다.

많은 기업들이 앞을 다투어 JIT 제조와 유통 방식을 채택하기 시작했다. 디지털 기술을 통한 정보혁명이 산업 전반에 적용되며 산업 혁신을 이끌어 가게 된 것이다.

9
정보혁명, 2차 세계화를
지속적으로 확장하다

디지털 기술의 접목을 통한 정보 및 통신 기술의 발전은 네트워크에 접근할 수 있는 조직과 개인에게 규모의 경제의 이점을 가속화하고 촉진하게 했다. 특히, 인터넷의 발전은 가치 사슬(value chain)[272]의 세계적 통합을 가능하게 했다. 이는 한 나라에서 연구·개발하고, 다른 나라에서 원료 또는 부품을 구매하고, 또 제3의 나라에서 제조하여 전 세계에 유통하는 가치 사슬 형성이 이루어질 수 있게 한 것이다. 세계화의 확장이 일어나게 된 것이다.

---

272 기업 활동에서 부가가치가 창출되는 과정으로, 기업이 제품 또는 서비스를 생산하기 위해 원재료, 노동력, 자본, 기술 등 직접 또는 간접적으로 관련된 과정의 연계를 의미한다.

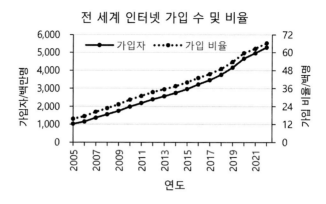

그림 4.5 전 세계 인터넷 가입자 수 및 가입 비율 증가 추이.[273]

먼저 정보화 정도의 지표가 될 수 있는 전 세계 인터넷 사용의 확장을 보면 〈그림 4.5〉와 같이 나타난다. 국제전기통신연합 (International Telecommunication Union, ITU)에서 인터넷 가입자 및 인구 100명당 가입 비율을 조사한 첫 해인 2005년에 가입자 수는 10억 2,200만 명이었고, 가입 비율은 15.6이었다. 이것이 10년 후인 2015년에는 가입자 수는 29억 6,300만 명으로 약 3배가 됐고, 가입 비율은 40.0으로 약 2.5배가 됐다. 그리고 17년이 지난 2022년에는 가입자 수는 약 5.2배가 증가한 52억 8,200만 명, 가입 비율은 약 4.3배 증가한 66.3이 됐다. 1990년대에 WWW가 개발되고, 인터넷의 상용화가 시작된 것을 고려하면 단 30년 만에 전 세계 인구의 약 66%(53억 명)가 가입하여 인터넷을 사용하게

---

273 'ITU World Telecommunication/ICT Indicators database, Version Number 2022, for Facts and Figures 2022. https://www.itu.int/en/ITU-D/Statistics/Pages/facts/default. aspx.'의 자료를 토대로 작성됨.

된 것이다. 가히 혁명적이라 할 수 있다.

쿠즈네츠(S. S. Kuznets)가 1937년에 미국 의회에 보고한 GDP는 경제를 측정하는 주요한 도구로 사용되고 있다.[274] 이를 바탕으로 볼 때, 디지털 기술을 활용하는 정보혁명이 가속적으로 확대되자 세계화 역시 지속적으로 확장됐다. 이는 세계화 정도를 측정하는 기준의 하나인 '세계 GDP 대비 세계 무역 비율'의 증가를 통해 확인할 수 있다. 이 값은 〈그림 4.6〉에서 보듯이, 1차 세계화가 끝난 시점인 1945년 10.14%로 저점을 찍은 후 지속적으로 상승하여 2011년에는 60.49%까지 기록했다. 2000년대 이후 수출과 수입의 합인 무역이 50% 이상을 유지하고 있다. 수출이 세계 GDP의 1/4 이상을 차지하고 있는 것이다. 이는 제2차 세계대전이 끝난 후 현재까지 세계화가 지속적으로 강력하게 진행되었음을 보여

그림 4.6 세계 GDP 대비 무역 비율: 1870~2019.[275]

---

274 E. Dickson, *GDP: A Brief History*, Foreign Policy, January 2011. https://foreignpolicy. com/2011/01/gdp-a-brief-history.

준다.

물론, 이러한 세계화의 확장이 전적으로 정보혁명에 의한 것이라고 말할 수는 없다. 컨테이너선으로 대표되는 운송혁명과 규제 완화로 상징되는 무역 자유화 역시 세계화의 한 축을 담당한 것 또한 분명한 사실이다.

---

275 'Globalization over 5 centuries, Our World in Data'의 자료를 토대로 작성됨.

10
3차 산업혁명의 본질

현재까지 진행된 3차 산업혁명의 본질은 2차 세계화와 밀접하게 연결되어 있다. 대항해 시대로부터 시작된 식민주의에 입각한 1차 세계화 방식은 양차 세계대전이라는 비극적인 참사를 일으키고 막을 내려야 했다. 이에 양차 세계대전의 주역인 유럽과 북미의 산업 선진국들은 '전쟁 없는 경제발전'이라는 새로운 해법을 찾아야만 하는 절실한 상황에 봉착했다. 여기에 더해서 미국이 점차 인구 포화 상태로 접어듦에 따라 이민자 수용을 제한하기 시작했다.[276] 이로 인해, 전후에 유일한 경제 대국이 된 미국의 산업체들이 값싼 노동력을 국내에서 충당하기가 어려워진 것이다. 따라서 산업의 경쟁력을 유지하려면 값싼 노동력을 확보해야 하는 압력이 날이 갈수록 강해져 갔다.

첫 번째 과제인 '전쟁 없는 경제 발전'을 도모하기 위해 취해진 조치는 GATT로 상징되는 무역 자유화였다. 각국의 수입 관세를

---

[276] 이와 관련한 법으로는 중국 여성을 금지하는 1875년의 페이지법(Page Act), 1882년의 중국인 배제법(Chinese Exclusion Act), 아시아인 이민을 금지하는 1917년의 이민법(Immigration Act of 1917), 그리고 1921년 긴급할당량법(Emergency Quata Act)이 있다.

낮추고, 미국의 달러를 기축통화로 삼는 자유무역주의는 세계 무역량을 빠르게 증가시키며 2차 세계화의 시동을 걸었다. 또한, 제2차 세계대전으로 피폐해진 유럽의 부흥을 지원하는 마셜플랜과 끝없는 소모전으로 점철된 6·25 전쟁 및 베트남 전쟁은 일본을 비롯한 서유럽 국가의 산업이 회복되는 데 결정적으로 기여했다. 이는 과거의 산업 선진국들의 빠른 복귀를 의미했다. 이에 국제무역이 급속히 확장되며 교역량이 급격히 증가하게 됐다. (4장의 4)

그 결과, 기존의 운송 수단은 국가 간에 급증하고 있는 교역량을 감당할 수 없는 한계에 도달했다. 이로 인한 운송지체와 운송비용 상승은 반드시 해결해야 할 새로운 과제로 등장할 수밖에 없었다. 이러한 문제를 해결하기 위해 등장한 것이 컨테이너다. 컨테이너를 사용한 화물 운송은 기존의 운송 방식보다 빠르고 저렴할 뿐만 아니라, 더 안전하다는 것이 입증되자 컨테이너 운송망은 전 세계를 '점과 점으로 연결하는 운송망'으로 발돋움하게 됐다. 이로써 2차 세계화의 한 축인 운송의 세계화가 구축된 것이다. (4장의 5)

두 번째 과제인 산업 선진국에서의 노동력 부족 문제는 역설적이게도 운송 수단의 발전이 그 해결책을 가져왔다. (마침 세계 인구는 지속적으로 증가하고 있어 전 세계적으로는 값싼 노동력이 넘쳐나고 있었기에 값싸고 우수한 노동력을 해외에서 확보하는 것은 결코 어려운 일이 아니었다.) 컨테이너 운송의 도입으로 운송비용이 감소하고 안전해지자 부품 공장을 값싸고 우수한 노동력이 풍부한 지역으로 이전함으로써 노동력 부족 문제를 해결하게 됐다. 가치 사슬에 의한 산업 생산이 시작된 것이다. 제조업의 해외 이전은 교역량의 증가뿐만

아니라 정보와 지식의 유통량도 급증시켰다. (4장의 7)

기존의 통신 수단으로 감당할 수 없을 정도로의 정보 유통량 급증은 새로운 정보 처리 및 송수신 기술을 절실히 요구하게 됐다. 여기에 부응하여 등장하게 된 깃이 컴퓨터와 인터넷으로 대표되는 디지털 기술이다. 최초의 범용 컴퓨터는 1차 세계화의 막을 내리는 제2차 세계대전 중인 1941년에 만들어졌으나, 1970년대에 MOS 칩이 개발되고 가정용 컴퓨터가 보급됨으로써 정보혁명으로 발전하게 됐다. 3차 산업혁명이 시작된 것이다.

한편, 인터넷은 1960~1970년대에 군사적 목적으로 개발되기 시작하여 1990년대에 전화망을 활용한 인터넷이 등장하고 웹 브라우저 WWW가 개발됨으로써 정보혁명은 가속화됐다. 이러한 발전에 힘입어 현대 사회는 완연한 정보혁명 시대로 들어서게 됐다. (4장의 8, 9)

그러므로 3차 산업혁명인 정보혁명이 일어나게 된 배경과 그 본질을 요약하면 다음과 같다.

1. 전 세계 인구는 양차 세계대전을 겪은 후에도 지속적으로 증가했고, 이에 따라 산업 생산품의 수요 역시 전 세계적으로 지속적으로 증가했다. 세계화된 생산 혁신이 필요하게 됐다.

2. 식민주의에 기반한 1차 세계화가 양차 세계대전과 대공황이라는 비극으로 끝나자, 전후 세계는 자유무역주의를 기반으로 하는 새로운 세계화를 추진하게 됐다.

3. 자유무역주의에 기반한 무역 지유화와 세계 인구의 증가는 전 세계 교역량을 급증시켰고, 이는 컨테이너 운송이라는 새로운 운송 수단의 도입을 야기했다.

4. 컨테이너 운송으로 운송비용이 낮아지고 안전해짐과 더불어 미국 등으로의 이주가 제한되자, 산업 시설이 저임금 노동력이 풍부한 지역으로 이전하는 현상이 발생했다. 산업 생산의 세계화가 촉진된 것이다.

5. 산업의 국외 이전은 필연적으로 지식의 이전을 동반했고, 정보 유통량 또한 급증시켰다. 정보와 지식의 세계화가 일어난 것이다.

6. 폭발적인 정보 유통량의 증가는 기존의 통신과 정보처리 수단으로 다루기에는 역부족인 상태에 도달하게 됐다. 이를 타개하기 위해 등장한 것이 디지털 기술을 기반으로 하고, 컴퓨터와 인터넷으로 대표되는 정보기술의 혁신인 3차 산업혁명(정보혁명)이다.

따라서, 3차 산업혁명의 본질은 세계적인 인구 증가와 자유무역주의에 기반한 2차 세계화에 있다. 2차 세계화로 선진 각국은 물론 개발도상국들도 급증하는 정보와 지식 유통량을 처리할 수 있는 새로운 정보소통 수단이 절실하게 필요해졌다. 이에 부응하여 대두된 것이 컴퓨터와 인터넷으로 대표되는 디지털 기술이다. 이후 디지털 기술은 각종 파생 기술을 발전시키며 산업 생산에 새로운 패러다임을 일으키는 정보혁명에서 핵심 기술로 자리매김하게 됐다.

제Ⅱ부

4차 산업혁명의
본질

○

○

○

인구 감소, 자원 고갈 시대의
산업혁명

우리는 I부에서 1~3차 산업혁명의 본질이 무엇인지 살펴보았다. 영국에서 시작된 1차 산업혁명은 영국의 폭발적인 인구 증가로 발생한 삶을 영위하는 데 필요한 생필품 부족 등에 대한 대응하는 과정에서 발생한 산업 혁신이었음을 알 수 있었다. 그리고 미국에서 일어난 2차 산업혁명은 폭발적인 인구 증가와 더불어 목숨을 걸고 얻어 낸 부를 지키려는 투쟁의 결과로 이루어진 산업혁명임을 보았다. 그러므로 1, 2차 산업혁명의 근본 동기이자 본질은 인구의 폭발적 증가에 있음을 알 수 있다. 그리고 3차 산업혁명은 양차 세계대전의 참화를 겪은 서구 열강들의 '전쟁 없는 경제발전'을 추구한 2차 세계화의 결과이기도 하지만, 그 근본 동력은 역시 세계적인 인구 증가에 있다. 그렇다면 1~3차 산업혁명 후에 나타나는 새로운 산업혁명의 본질 역시 인구 변동에 그 답이 있을 것이다.

세계 인구에 대한 유엔의 통계 자료(1950~2021년)와 인구 변동에 대한 중위 전망(2022~2100년)을 바탕으로 하여 도표를 그리면 〈그림 II.1〉과 〈그림 II.2〉 같은 그래프가 그려진다. 유엔의 중위 전

망에 따르면 세계 인구는 2086년 104억 3,100만 명을 정점으로
하여 감소 추세로 바뀌는 것으로 나타나고 있다(《그림 II.1의 인구》).
그러나 인구 증감율은 이미 1964년에 전년 대비 2.24% 증가를
정점으로 감소 추세로 돌아섰고, 2087년에 −0.01%를 기록하며
인구 감소를 나타낸 이래 지속적으로 감소율을 확대하며 인구 증
가 시대는 종말을 고할 것임을 예고하고 있다(《그림 II.1의 증감율》).

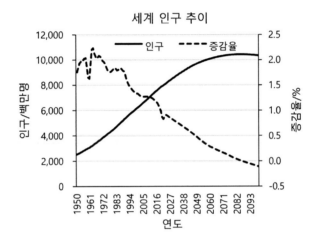

그림 II.1 세계 인구 및 증감율 추이.[277]

한편, 산업 생산품에 대한 구매력이 높은 고소득 국가의 경우
인구 정점은 12억 8,600만 명을 기록하는 2043년으로 전망되고

---

277 '*World Population Prospects 2022*, Online Ed., United Nations, Population Division,
Department of Economic and Social Affairs, **2022**'를 토대로 작성됨. 2022년 이후의 값은
중위 추계 값임.

있다(《그림 II.2의 인구》). 이는 세계 인구가 정점을 찍을 것으로 전망되는 2086년에 비해 약 40년이나 빠른 것이다. 그리고 인구 증감율은 1959년에 전년 대비 1.31%로 정점을 찍고 감소세로 돌아선 후 지속적으로 감소해 2044년에 음(-)의 값을 기록할 것으로 전망된다. 이후에도 지속적으로 음수를 나타낼 것으로 보인다(《그림 II.2의 증감율》).

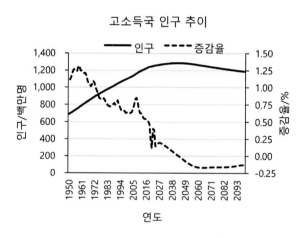

그림 II.2 고소득국[278]의 인구 및 증감율 추이.

이러한 인구 변동 추세를 감안할 때, 향후의 산업 환경은 1~3차 산업혁명을 일구어 낸 환경과는 전혀 다른 패러다임 속으로 들어 가게 된다는 것을 알 수 있게 한다. 그러므로 향후(이미 시작되고 있을 수도 있는)의 산업혁명은 인구 증가 시대에 맞춰서 발전한

---

278 소득 수준에 따른 국가 분류는 세계은행(The World Bank)의 PCI를 기준으로 한 것임.

산업들이 인구 감소 시대를 맞아 살아남기 위한 처절한 투쟁의 장이 될 것이다. 즉, 앞으로의 산업혁명은 보다 많이, 보다 빠르게, 보다 값싸게 생산해서 시장에 내놓는 경쟁이 아니라, 알맞게 생산해서 적시와 적소에 공급하는 산업 혁신을 이루어 내는 경쟁이 될 것이다. 다시 말해, 시장의 주도권이 생산자에서 소비자로 바뀌고, 주도권을 쥔 소비자의 다양한 소비 욕구를 충족시키기 위한 산업 생산 방식의 혁신이 새로운 산업혁명의 본질이 될 것이다.

한편, 1970년대에 전 세계는 두 차례의 석유 위기를 겪었고,[279],[280] 이전의 산업화 과정에서는 본 적도 들은 적도 없는 스태그플레이션(stagflation)[281]을 겪었다. 석유 위기는 1970년 미국의 석유 생산량이 정점을 찍으며 미국의 석유 수입량이 급증한 것이 직접적인 원인이었다. 이 석유 위기는 2차 산업혁명으로 꽃핀 대량생산 체계의 한 축을 담당해 온 석유가 에너지원의 주역으로서 역할이 한계점에 도달하고 있음을 보여준 사건이었다.[282] 석유 위기

---

[279] 1차 위기는 1973년 10월에 제4차 중동전쟁이 발발한 직후 페르시아만 6개 산유국들이 원유 가격인상과 감산에 돌입하며 일어났다. 이때 배럴당 2.9달러였던 두바이유가 불과 2~3개월 만인 1974년 1월에 11.6달러까지 치솟아 무려 400%나 올랐다. 2차 위기는 1978년 이란의 석유수출 중단으로 시작되어 1981년 1월 사우디아라비아가 석유무기화를 선언할 때까지 지속됐다. 이때는 13달러대였던 유가가 39달러까지 300% 올랐다.

[280] 1차 위기 때 대한민국은 1973년 3.5%였던 물가상승률이 1974년 24.8%로 1년 사이에 7배나 높아졌고, 2차 위기로 인해서는 1980년의 실질성장율이 경제개발 이후 처음으로 음수(-2.1%)를 기록했다(1, 2차 오일쇼크로 본 우리 경제의 영향, 한국일보, 2004. 5. 19.

[281] 스태그플레이션은 스태그네이션(stagnation, 경기침체)과 인플레이션(inflation)을 합성한 말로 경제불황(낮은 성장지수, 높은 실업률) 속에서 물가상승이 동시에 발생하는 상태를 일컫는다.

[282] 원유 가격은 뉴욕상업거래소(New York Mercantile Exchange, NYMEX)의 인플레이션 조정 가격 기준으로 2008년에는 배럴당 147.02달러까지 올랐다. 이는 1차 석유 위기 이전

와 함께 1970년대의 10년은 경제 성장이 제한되거나 후퇴한 시기로 높은 인플레이션과 높은 실업률이 동시에 발생한 스태그플레이션으로 전 세계 경제는 일대 충격에 빠졌다. 이를 계기로 석유, 자동차, 소비자 내구재를 기반으로 한 포드주의적 대량생산 패러다임은 광범위한 비판에 직면했다.[283] 또한 1~3차 산업혁명의 결과로 구축된 대량생산과 대량소비로 인한 환경 파괴와 환경 오염은 지구 온난화 등 인류는 물론 지구 모든 생명체의 생존을 위협하는 것으로 다가왔으며, 보다 근원적으로는 자원 고갈을 일으켜 기존의 산업 생산 체계는 강력한 도전에 직면하게 됐다.

대비 약 50배에 달하는 가격이었다.

283 C. Freeman, F. Louçã, 김병근 등 역, 혁신의 경제사: 산업혁명에서 정보혁명까지, 박영사, **2021**, p. 364.

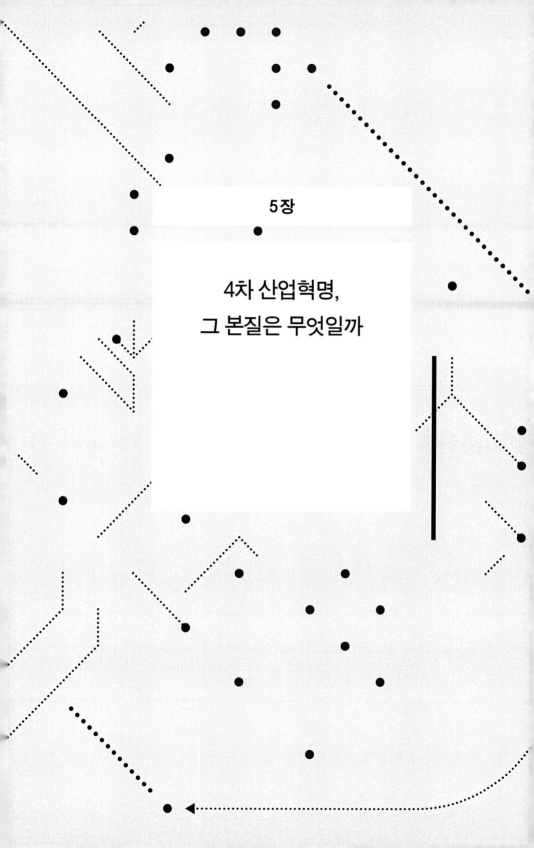

5장

4차 산업혁명,
그 본질은 무엇일까

지금까지 1~4장에서 살펴보았듯이 산업혁명이란 국가, 사회, 넓게는 인류 전반에 걸쳐 닥친 생존 위협에 적극적으로 대응하는 과정에서 발생한 산업 혁신이다. 영국에서 시작된 1차 산업혁명은 두 차례에 걸친 흑사병 대재앙으로 급감했던 인구가 흑사병 유행이 끝나자 폭발적으로 증가하면서 생존(의식주) 문제를 해결하고자 하는 대응에서 일어난 일련의 산업 혁신이었다(1장의 8, 3장의 2). 그리고, 미국을 중심으로 진행된 2차 산업혁명은 유럽(주로 영국)에서 살아가기 어려웠던(경제적이건 또는 종교적이건) 이주민들이 목숨을 걸고 쟁취한 삶을 다시 빼앗기지 않으려는 필사적인 투쟁의 결과였다(2장의 10, 3장의 2). 끝으로, 3차 산업혁명은 식민주의에 입각한 1차 세계화가 제1차와 제2차 세계대전이라는 전대미문의 살상과 산업시설 파괴로 산업 선진국을 공멸의 위기로 몰아넣은 결과에 대한 대응으로, 자유무역주의에 기반한 2차 세계화의 결과로 일어난 혁신이었다(4장의 10). 그렇다면 3차 산업혁명 이후에 도래하는 새로운 산업 혁신은 무엇이 그 동력이 될 것인가? 그것은 1~3차 산업혁명과 마찬가지로 우리 앞에 놓여있는 기업, 국가, 사회, 그리고 더 넓게는 인류의 생존을 위협하는 것이 무엇이냐에 달려 있다고 할 수 있다.

산업혁명은 일반적으로 여러 세대에 걸쳐 점진적으로 진행된다. 1차와 2차 산업혁명 기간을 보면 각각 대략 100년이라는 세월이 소요됐다(3장). 이것은 집단의 생존과 관련된 과제를 어느정도 해소시키는 데에는 그만큼의 기간 동안 지속적인 노력의 투여가 필요함을 의미한다. 그것도 절박함에서 오는 필사적인 노력 말이다. 그리고, 그러한 노력이 산업혁명으로 나아가려면 수많은 기술 혁신이 뒷받침되어야 한다.

이러한 기술 혁신은 전시대에 이미 개발된 것에 기반하는 것일 수도 있고, 동시대에 새롭게 개발되는 것일 수도 있다. 세상에는 수없이 많은 기술이 존재하고, 오늘도 수없이 많은 기술이 전 세계 특허청에 등록되고 있다. 그러나 이 가운데 극히 일부만이 산업 혁신과 관련된 기술이 된다. 이 중에는 오랫동안 관심을 받지 못하던 기술이 시대가 변하자 새롭게 주목을 받으며 등장하는 것도 있다. 다시 말해, '이 기술이 다음 산업혁명의 주역이다. 아니다 저 기술이다'라고 말하는 것은 불필요한 논쟁에 불과하다. 우리가 힘을 기울여 파악하고자 노력해야 할 것은 우리의 생존을 위협하며 다가오는 반드시 풀어야 할 과제가 무엇이냐 하는 것이다. 과제가 무엇인지 알아야 그에 맞는 해답을 찾아 나갈 수 있지 않겠는가?

1

4차 산업혁명인가,
3-2차 산업혁명인가

　'4차 산업혁명'이라는 말이 본격적으로 사람들 사이에서 회자되기 시작한 것은 2016년 1월에 열린 다보스 포럼의 주제어로 선택되면서부터이다. 다보스 포럼의 의장인 슈바프에 의하면 4차 산업혁명은 디지털 기술(인공지능, 로봇/드론, 사물인터넷, 빅데이터 등)과 과학기술(물리학, 생물학 등에 의하여 개발되는 기술)의 융합에 의하여 극대화되는 변화라고 말하고 있다.[284]

　그러나 슈바프의 '4차 산업혁명론'은 국내외에서 다양한 비판을 받고 있다. 대표적으로 '3차 산업혁명'[285]을 저술한 리프킨(J. Rifkin)은 "3차 산업혁명(즉, 디지털 혁명)의 잠재력이 완전히 발휘되지도 않았는데 3차 산업혁명이 끝났다고 선언하는 것은 시기상조이고, 슈바프의 4차 산업혁명은 디지털 기술 혁신의 연장선에 불과하다"고 주장했다.[286]

284　K. Schwab, 송경진 역, 클라우스 슈밥의 제4차 산업혁명, 메가스터디북스, **2016**.

285　J. Rifkin, 안진환 역, 3차 산업혁명, 민음사, **2012**.

286　J. Rifkin, *The 2016 World Economic Forum Misfires with Its Fourth Industrial Revolution Theme*, The World Post, 2016. 1. 14.

국내에서도 김소영은 4차 산업혁명 주창자들이 '기술결정주의'에 사로잡혀 4차 산업혁명을 인공지능과 같은 현재의 급격한 기술 발전에 따른 필연적 결과로 보고 있다고 비판하고 있다.[287] 또한, 홍성욱은 휴우브너(J. Huebner)의 연구 결과[288]에 의하면 기술 혁신이 19세기 말엽 또는 20세기 초엽이었다는 점을 근거로 들어 현재의 급격한 기술 발전을 근거로 하는 주장 역시 비판하고 있다.[289]

한편, 슈바프는 리프킨의 비판을 의식해서인지 모르겠으나 그의 2018년 출판된 'Shaping the Fourth Industrial Revolution'[290]에서는 "4차 산업혁명 기술의 가장 분명하고 확실한 측면은 디지털 시스템을 크게 확대하고 변화시킨다는 점이다. 4차 산업혁명의 기술들은 3차 산업혁명 시대에 구축된 디지털 역량과 디지털 네트워크를 필요로 하고 그것을 기반으로 한다는 점에서 서로 연결되어 있다."[291]라고 하며 한 발 물러서고 있다.

과연, 슈바프가 주장하는 새로운 컴퓨팅 기술을 비롯한 12개 기

---

287 김소영, 4차 산업혁명, 실체는 무엇인가?: 한국의 4차 산업혁명론이 낳은 사회문화 현상에 대한 분석과 비판, In 4차 산업혁명이라는 유령: 우리는 왜 4차 산업혁명에 열광하는가, 휴머니스트, **2017**, p.19.

288 휴우브너는 'J. Huebner, *A Possible Declining Trend for Worldwide Innovation*, Technological Forecasting and Social Change, **72**(8), 980 (2005)'에서 기술 혁신이 가장 급격했던 시기는 19세기 말인 1873년으로 보고 있다.

289 홍성욱, 4차 산업혁명, 왜 '4차 산업혁명론'이 문제인가?: 4차 산업혁명 비판 일반론, 문제인 정부에 바라는 것, In 4차 산업혁명이라는 유령: 우리는 왜 4차 산업혁명에 열광하는가, 휴머니스트, **2017**, p.30.

290 K. Schwab, N. Davis, *Shaping the Fourth Industrial Revolution, World Economic Forum*, **2018**.

291 K. Schwab, 김민주, 이엽 역, 클라우스 슈밥의 제4차 산업혁명 더 넥스트(*The Next*), 새로운현재, **2018**, p. 40.

술군²⁹²(12개 기술이 아니라 기술군이다)의 등장이 4차 산업혁명의 시작인가, 아니면 3차 산업혁명의 연장선('3-2차 산업혁명'이라고 부르자)에 불과한 것인가?

우리는 1차와 2차 산업혁명이 콘드라티예프 파동 주기(45~60년)에 따라 각각 두 개의 주기로 나뉘며, 각 산업혁명이 대략 100년의 기간에 해당됨을 보았다. 이러한 산업혁명 기간을 고려할 때, 2020년대인 현 시점은 1970년대부터 시작된 3차 산업혁명의 중간 지점에 위치한다. 이는 콘드라티예프 파동 주기로 보면 3차 산업혁명의 첫 번째 파동이 끝나가고 두 번째 파동 구간('3-2차 산업혁명')이 시작되는 시점이다. 따라서 리프킨이 3차 산업혁명의 잠재력이 완전히 발휘되지 않았고, 현재 진행되는 산업 혁신은 3차 산업혁명의 연장선이라는 그의 주장을 무시하기는 어려운 것으로 보인다. 그리고, 슈바프가 주장하는 '4차 산업혁명'은 '3-2차 산업혁명'을 4차 산업혁명으로 확대해석한 것이 아닌가 여겨진다. 이는 2차와 3차 산업혁명이 모두 대규모 전쟁으로 기존의 질서가 무너진 후 새롭게 형성되는 질서와 함께한 것으로도 뒷받침된다.²⁹³

---

292 슈바프는 'Ibid, 섹션 2'에서 4차 산업혁명을 이끄는 핵심 기술군으로 새로운 컴퓨팅 기술, 블록체인과 분산원장기술, 사물인터넷, 인공지능과 로봇공학, 첨단소재, 적층가공과 3D 프린팅, 생명공학, 신경기술, 가상현실과 증강현실, 에너지 기술, 지구공학, 우주기술을 제시하고 있다. 한 산업혁명의 핵심기술이 12가지나 된다는 것은 1차 산업혁명이 증기기관, 2차 산업혁명이 전기기술, 3차 산업혁명이 디지털 기술이 핵심기술이었던 것과 비교하면 과다하게 많은 종류의 기술을 제시하고 있다. 거기에 더하여 첨단소재, 생명공학, 지구공학, 우주기술과 같은 것은 그 범위가 너무 넓어 과연 그 가운데 어떤 기술을 지칭하는 것인지 알기 어렵다.

293 2차 산업혁명은 미국에서는 남북전쟁으로 미국 내의 구질서가 해체된 후 시작되었고(2장

그러나 현재 진행되고 있는 기술 혁신을 놓고 '4차 산업혁명'이냐 '3-2차 산업혁명'이냐를 다투는 것은 본말이 전도된 소모적 논쟁에 불과하다. 우리가 지금까지 살펴보았듯이, 산업혁명의 본질은 산업적 기술 혁신이 아니라, 산업 혁신을 절박하게 필요로 하는 산업 생태계의 근본적인 패러다임의 변화이기 때문이다. 예를 들면, 1차 산업혁명 전 영국에서의 인구 급증, 2차 산업혁명 전 미국에서의 인구 급증과 영토개발의 필요성, 3차 산업혁명 전의 세계적인 인구 급증과 무역 자유화로 인한 교역량 및 정보 이동량의 급증 같은 것을 들 수 있다. 따라서 우리가 깊이 고민해야 할 것은 현재 어떤 기술이 개발되고 있느냐가 아니라, 우리 앞에 펼쳐질 혁명적인 산업과 사회 변화를 일으킬 근본적인 변화가 무엇인가 하는 것이다. 왜냐하면, 그것이 4차 산업혁명의 본질이 될 것이기 때문이다.

의 10), 독일에서는 나폴레옹 전쟁으로 신성 로마 제국이 해체된 후 독일 제국의 부활을 위한 개혁 운동으로 시작되었다(3장의 1). 그리고, 3차 산업혁명은 제1차와 제2차 세계대전으로 식민주의에 입각한 1차 세계화의 질서가 붕괴된 후 새로운 질서(자유무역주의)의 형성과 함께 시작되었다(4장의 4).

2

인구 급증 시대가 가고,
인구 감소 시대가 온다

흑사병 대재앙으로 급락한 세계 인구는 흑사병이 물러가자 급증세로 돌아섰다. 특히, 영국에서는 15세기 중엽부터 이전의 역사에서는 볼 수 없었던 폭발적인 인구 증가가 일어났다(〈표 1.1〉, 〈그림 1.1〉). 이 인구 급증세는 산업화를 촉발시켰고, 산업화가 확장되면서 인구 급증은 전 세계로 퍼져 나가 지금까지 지속되고 있다(〈그림 5.1〉). 이러한 인구 증가는 세계적으로 근로자와 소비자 수를 지속적으로 확대하며 세계 경제의 확장과 연속적인 산업혁명의 원동력이 됐다. 그러나 이러한 인구 증가는 한없이 계속될 수 없다(이는 우리 인류뿐만 아니라 다른 생물종에도 똑같이 적용된다). 우리가 살고 있는 지구는 그 수용 능력에 한계가 있는 크기가 고정된 행성이기 때문이다.[294] 따라서 인구 증가는 필연적으로 한계에 봉착할 수밖에 없고, 그 한계가 우리의 코앞으로 다가왔다.

---

[294] 모든 사물은 팽창이 극에 달하면 수축하고, 수축이 극에 달하면 팽창한다. 팽창이 극에 달했음에도 수축하지 않으면 그 결과는 폭발하여 산산이 흩어지게 된다. 이것은 불변하는 우주 법칙이다.

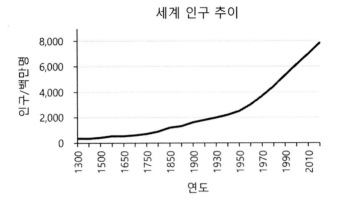

그림 5.1 1~3차 산업혁명기 세계 인구 추이(1300~2020년).[295]

    II부 첫머리의 〈그림 II.1〉을 보면, 유엔에서는 세계 인구가 2086년경 104억 3,000만 명을 정점으로 감소세로 돌아설 것으로 예측하고 있다. 그리고 인구 증가율은 1964년 2.24%로 정점을 찍고 가파르게 음(−)의 기울기를 나타내며 하락하여 2087년에 −0.01%로 음(−)의 값을 기록한 뒤에도 하락세를 멈추지 않는 것으로 나타나고 있다. 인구 감소 시대가 시작되는 것이다.

295 1300~1940년은 'M. Kremer, *Population Growth and Technological Change: One Million B. C. to 1990*, The Quarterly Journal of Economics, 108(3), 681 (1993)'의 자료를, 1950~2020은 'Our World in Data (https://ourworldindata.org)'의 자료를 토대로 작성됨.

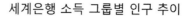

세계은행 소득 그룹별 인구 추이

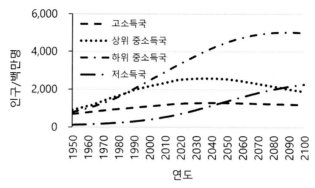

그림 5.2 세계은행의 소득 그룹 분류에 따른 세계 인구 추이
(1950~2100년).[296, 297]

그러나 이러한 인구 감소 시대로의 돌입은 〈그림 5.2〉를 보면
고소득국(high-income countries)에서는 2045년, 상위 중소득국
(upper-middle-income countries)에서는 그보다 빠른 2039년부터 시작
될 것으로 예측되고 있다. 이는 전 세계적으로 인구 감소가 시작
되는 2087년보다 각각 42년과 48년이 빠른 것이다. 그럼에도 불
구하고, 세계 인구가 2087년에 가서야 감소하기 시작하는 이유는
하위 중소득국(lower-middle-income countries)이 2090년에 가서야 인
구 감소로 돌아서고, 저소득국(low-income countries)은 증가세가 완

---

296 '*World Population Prospects 2022*, Online Ed., United Nations, Department of Economic
 and Social Affairs, Population Division, **2022**'의 자료를 토대로 작성됨. 2022년 이후의
 값은 중위 추계 값을 사용했음.

297 세계은행의 소득 그룹 분류에 대한 자세한 내용은 'https://datahelpdesk.worldbank.org/
 knowledgebase/articles/906519'에서 확인할 수 있음.

화되기는 하지만 2100년까지도 인구 증가가 멈추지 않기 때문이다. 하지만 이러한 예측도 코로나19와 같은 감염증 유행, 지구온난화와 같은 기상이변의 급격한 진행, 또는 양차 세계대전과 같은 대규모 전쟁이 발발하면 인구 감소 시대로의 돌입은 얼마든지 빨라질 수 있다.

3
단순한 인구 감소가 아니다,
소비자가 사라진다

    인구 변동은 단순히 인구 규모가 변했다는 것 이상의 의미를 갖는다. 경제 상황과 산업 구조 역시 인구 변동에 종속되기 때문이다. 경제 상황을 예를 들면, 물가는 소비가 증가하면 올라가고(인플레이션), 소비가 감소하면 내려간다(디플레이션). 특히, 젊은 인구가 생산인구로 편입되는 수가 이전보다 많아지면 소비력도 그만큼 증가하여 경기는 호황을 누린다(즉, 산업이 확장된다). 반면에 생산인구로 편입되는 젊은 인구보다 소비 정점을 지난 인구와 생산인구에서 이탈하는 퇴직 인구가 많아지면 소비력이 감소하여 경기는 불황에 빠진다(즉, 산업이 축소된다). 특히, 소득이 높아 구매력이 큰 국가들의 인구 변동은 세계 경제와 산업에 지대한 영향을 미칠 수밖에 없다.

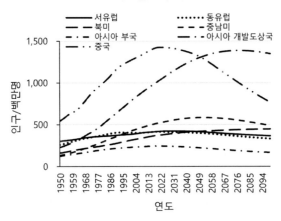

지역별 인구 추이

그림 5.3 경제 규모에 따른 지역별 국가 분류[298]에 따른 세계 인구 추이
(1950~2100년).[299]

〈그림 5.3〉은 전 세계 213개 국가 중에서 세계 GDP의 약 90%
를 차지하는 63개 국가를 지역별로 분류하여 인구 변화 추이를
나타낸 것이다. 〈그림 5.3〉에서 지역별 인구 변화 추이를 살펴보
면, 〈표 5.1〉과 같은 현상이 나타난다. 〈그림 5.3〉과 〈표 5.1〉을
종합해서 보면, 가장 먼저 아시아 부국과 동유럽이 2020년, 중국

---

298 각 그룹에 속하는 국가는 다음과 같다. 서유럽: 오스트리아 등 17개국; 동유럽: 아르메니
아 등 18개국; 북미: 미국과 캐나다; 중남미: 아르헨티나 등 8개국; 아시아 부국: 한국과 일
본 등 8개국(홍콩과 마카오 포함); 아시아 개발도상국: 방글라데시 등 9개국. 자세한 내용
은 'C. Laurent, 강유리 역, 인구를 알면 경제가 보인다, 원앤원북스, 2013, p. 019'에서 확
인할 수 있음.

299 'World Population Prospects 2022, Online Ed., United Nations, Department of Economic
and Social Affairs, Population Division, 2022'의 자료를 토대로 작성됨. 2022년 이후의
값은 중위 추계 값을 사용했음.

이 2021년을 정점으로 하여 이후 인구가 감소하기 시작한다. 서유럽 지역은 이들보다 약 10년 늦은 2031~2032년, 중남미 지역은 약 30년 늦은 2052년에 정점을 찍고 감소하기 시작한다. 끝으로 아시아 개발도상국이 약 60년 늦게 정점을 찍고 감소세로 돌아선다. 반면에 북미 지역은 2100년까지도 인구가 지속적으로 증가함을 알 수 있다.

표 5.1. 지역별 인구 정점 시기 및 증감 폭(단위: 백만명).[300]

지역	정점 연도	인구/백만명		증감	증감율/%
		정점	2100년		
아시아 부국	2020	246	168	-77	-31.4
동유럽	2020	416	332	-84	-20.3
중국	2021	1,426	767	-659	-46.2
서유럽	2031~2	424	366	-58	-13.7
중남미	2052	585	489	-96	-16.4
아시아 개발도상국	2079	1,388	1,349	-39	-2.8
북미	2023*	379	448	69	18.3

* 북미 지역은 정점 연도가 아니라 2023년 현재.

그리고 인구 정점 대비 2100년까지 인구 감소율과 감소 규모가 가장 큰 곳은 중국으로 각각 46.2%와 6억 5,900만 명에 달한다. 그 뒤를 이어 아시아 부국이 20.3%로 7,700만 명이 감소하고, 이어서 동유럽, 중남미, 서유럽이 각각 20.3, 16.4, 13.7%의 감소율을 보이며, 감소하는 인구는 각각 8,400만, 9,600만, 5,800만 명이다. 가장 늦게 인구 정점을 나타내는 아시아 개발도상국은

---

300 Ibid.

2100년까지는 기간이 짧아(21년) 충분한 데이터가 나오지 않았으나 감소율은 2.8%, 감소 규모는 3,900만 명으로 나타나고 있다. 한편, 북미 지역은 완만하지만 2100년까지도 지속적으로 인구가 증가하여 2023년 현재 대비 증가율이 18.3%, 규모는 6,900만 명으로 나타나고 있다. 따라서 각 지역의 인구 정점을 기준으로 했을 때, 세계 GDP의 약 90%를 차지하는 63개 국가 중에서 북미 지역 2개 국가를 제외한 61개 국가에서 2100년까지 감소하는 인구는 무려 10억 명이 넘으며 그 감소율은 22.6%에 달한다.

그러므로, 2100년도까지의 인구 감소는 인구 정점 연도 대비 중국이 가장 커서 2021년의 14억 2,600만 명의 인구가 2100년에는 7억 6,700만 명이 된다. 이는 향후 80년 동안 중국의 인구가 대략 절반 수준(-46.2%)으로 줄어듦을 의미한다. 중국 다음으로 인구 감소율이 큰 지역은 아시아 부국인데, 아시아 부국은 2020년 대비 31.4% 감소하여, 2020년 2억 4,600만 명에서 2100년에는 7,700만 명이 감소한다. 동유럽, 중남미, 서유럽 지역도 13.7~20.3%가 감소하여 총 2억 3,800만 명이 감소한다. 그러나 이들 지역에서 인구 감소는 〈그림 5.3〉에서 보듯이 2100년에도 멈추는 것이 아니라, 그 이후에도 지속되어 그 감소폭이 더욱 커질 것으로 예측된다. 북미의 두 나라(미국과 캐나다)를 빼면 전 세계 GDP의 약 63%를 차지하는 국가들이 앞서거나 뒤서거니 하며 한결같이 인구가 감소한다. 소비자의 절대수가 감소하는 것이다.

여기에 더해 인구 구조가 저연령층이 두터운 구조에서 고연령층이 두터운 구조로 바뀐다. 유엔에서 발표한 중위 시나리오 기준에 의한 65세 이상 인구 비율(〈표 5.2〉)을 보면, 전 세계 65세 이상 인구 비율은 2022년 9.7%에서 2050년에는 16.4%로 1.7배 증가한다. 여기에서 주목해야 할 점은 전 세계 GDP의 대부분을 차지하는 지역의 65세 이상 인구 비율이다. 유럽과 북미, 동 및 동남아시아, 호주와 뉴질랜드의 65세 이상 인구 비율은 2022년 각각 18.7, 12.7, 16.6%이었던 것이 2050년에는 각각 26.9, 25.7, 23.7%로 급증한다. 이는 미국을 비롯한 고소득국에서 가계 소비가 정점을 이루는 가장의 나이가 46~47세인 점을 고려하면,[301] 2020년대에 소비 정점을 이루던 최고소비 인구가 대거 이탈하여 저소비 고연령층으로 이동함을 의미한다. 이는 대대적인 소비 축소가 일어날 것임을 예고한다. 이러한 인구 변동 추세는 1차 산업혁명 이후 지금까지 보아온 대량소비를 기반으로 하는 대량생산 대량소비의 산업 체제가 더 이상 유효하지 않을 것임을 전망하게한다.

301　H. Dent, 권성희 역, *2018 인구 절벽이 온다: 소비, 노동, 투자하는 사람들이 사라진 세상*, 청림출판, **2015**, p. 5, 32, 35.

표 5.2 유엔 중위 변동에 의한 65세 이상 인구 비율(%).[302]

지역	연도		
	2022	2030	2050
세계	9.7	11.7	16.4
사하라 사막 이남 아프리카	3.0	3.3	4.7
북아프리카와 서아시아	5.5	7.0	12.5
중앙 및 남아시아	6.4	8.1	13.4
동 및 동남아시아	12.7	16.3	25.7
중남미	9.1	11.5	18.8
호주와 뉴질랜드	16.6	19.4	23.7
오세아니아*	3.9	5.1	8.2
유럽과 북미	18.7	22.0	26.9

* 호주와 뉴질랜드 제외.

이러한 현상을 더욱 더 강화하는 것은 개발도상국들이 많이 포진되어 있는 중남미, 중앙 및 남아시아, 북아프리카와 서아시아 지역에서도 65세 이상 인구 비율이 급격하게 증가한다는 점이다. 이는 2100년도까지도 인구가 지속적으로 증가하는 것으로 나타난 북미 지역도 예외가 아니다(《그림 5.3》과 《표 5.1》). 《그림 5.4》의 2020년 미국의 인구 구조를 보면, 2020년에는 미국의 인구 구조에서 생산 인구로 편입되며 소비를 늘려 가기 시작하는 20대와 소비 정점을 이루는 40대의 인구가 가장 큰 몫을 차지하고 있다. 반면에 생산 인구에서 이탈하여 소비를 대폭 축소하는 65세 이상 인구는 20~40대 연령층의 절반도 되지 않는다. 그러나 이러한 인

---

302 *World Population Prospects 2022: Summary of Results*, United Nations, Department of Economic and Social Affairs, Population Division, UN DESA/POP/**2022**/TR/NO.3, p. 8.

구 구조는 30년이 지나 2050년이 되면 〈그림 5.5〉와 같이 전환된다. 65세 이상 인구 비율 23.6%로 급증하고, 20~40대 인구 비율 36.8%로 감소한다. 이러한 현상은 2100년이 되면 더욱 심화되어, 〈그림 5.6〉과 같이 65세 이상과 20~40대 인구 비율이 각각 30.5와 33.1%로까지 전환되어 대략 1:1의 구조가 된다. 북미 지역에서도 전체 인구는 증가할지라도 소비 축소가 일어나는 것은 불가피한 것으로 예측된다.

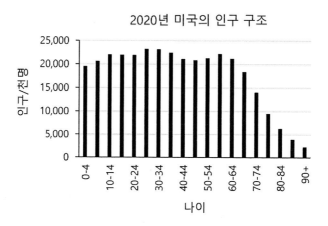

그림 5.4 2020년 미국의 인구 구조.[303]

---

303 ‘*World Population Prospects 2022*, Online Ed., United Nations, Department of Economic and Social Affairs, Population Division, **2022**’의 자료를 토대로 작성됨.

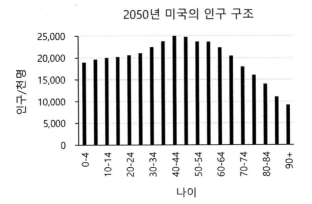

그림 5.5 2050년 미국의 예상 인구 구조.[304]

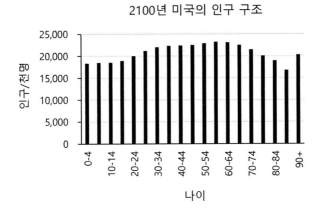

그림 5.6 2100년 미국의 예상 인구 구조.[305]

304 Ibid.

305 Ibid.

이러한 인구 구조 변화에 따른 소비 축소는 동아시아 3국(한국, 중국, 일본)에서 더욱 극적으로 나타날 것으로 예측된다. 중국의 경우, 2021년 14억 2,600만 명이었던 인구가 2100년에는 6억 5,900만 명이 줄어 46.2%가 감소함을 보았다(〈그림 5.3〉, 〈표 5.1〉). 한편, 한국과 일본의 인구 추이는 〈그림 5.7〉과 같고, 한국과 일본의 인구 정점 시기와 증감 폭은 〈표 5.3〉과 같다. 〈표 5.3〉에 따르면, 한국은 2020년 5,184만 5천 명으로 인구 정점을 찍은 후 감소하기 시작하여 2100년이 되면 2,410만 3천 명으로 53.5% 감소할 것으로 예측되고 있다. 일본은 한국과 중국보다 각각 11, 12년 빠른 2009년에 1억 2,811만 7천 명으로 인구 정점을 찍었으며, 2100년에는 7,364만 4천 명을 기록하며 정점 대비 42.5%가 감소할 것으로 보인다.

2020년과 비교했을 때, 이 세 나라에서 감소하는 소비자가 2050년에 1억 4,000만 명, 2180년에 4억 1,500만 명, 2100년에 7억 3,800만 명에 달 할 것이다. 따라서 향후 동아시아 3국에서의 인구 감소로 인한 소비 축소는 전 세계 다른 모든 지역을 압도하는 규모와 속도로 진행될 것임이 어렵지 않게 예상된다.

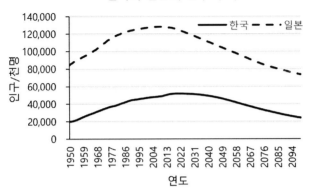

그림 5.7 한국과 일본의 인구 추이(1950~2100년).[306]

표 5.3 한국과 일본의 인구 정점 시기 및 증감 폭.[307]

국가	정점 연도	인구/천명		증감	증감율/%
		정점	2100년		
한국	2020	51,845	24,103	-27,742	-53.5
일본	2009	128,117	73,644	-54,473	-42.5

한편, 경기의 호황 및 불황과 밀접하게 연관되며 생애 중 소비 정점을 이루는 40대 후반[308]인 45~49세 인구 추이를 보면 다음과 같다. 먼저 한국과 일본을 보면(《표 5.4》, 〈그림 5.8〉), 일본은 45~49세 의 인구가 1950년부터 1996년까지 가파르게 증가하다 1996년

---

306 Ibid.
307 Ibid.
308 H. Dent, 권성희 역, *2018 인구 절벽이 온다: 소비, 노동, 투자하는 사람들이 사라진 세상*, 청림출판, **2015**, p. 16.

1,094만 9천 명으로 정점을 찍고, 일시적으로 2006년 762만 6천 명까지 감소한다. 그리고 2020년 967만 명까지 잠시 반등한 후 지속적으로 감소하여 2100년 384만 6천 명까지 감소한다. 감소율은 64.6%에 달한다.

표 5.4 지역별 45~49세 연령대가 인구 정점을 이루는 시기 및 증감 폭.[309]

지역	정점 연도	인구/천명		증감	증감율/ %
		정점	2100년		
일본	1996	10,949	3,846	-7,103	-64.9
한국	2017	4,517	1,161	-3,355	-74.3
중국	2017	124,572	39,755	-84,817	-68.1
서유럽	2013	31,809	20,500	-11,309	-35.6
동유럽	2034	32,718	19,528	-13,190	-40.3
아시아 부국*	2030	5,348	4,041	-1,307	-24.4
중남미	2043	40,468	27,674	-12,794	-31.6
북미	2054	28,380	25,697	-2,683	-9.5
아시아 개발도상국	2060	88,768	83,282	-5,486	-6.2

* 한국과 일본 제외.

　한국 역시 1950년부터 45~49세 인구가 가파르게 증가하나 정점을 찍는 것은 일본보다 21년 늦은 2017년이다. 한국은 2017년 451만 7천 명으로 정점을 찍고 이후 작은 반등들은 있으나 가파른 하락세를 유지하며 지속적으로 감소한다. 〈그림 5.8〉에서

309　'*World Population Prospects 2022*, Online Ed., United Nations, Department of Economic and Social Affairs, Population Division, **2022**'의 자료를 토대로 작성됨. 2022년 이후의 값은 중위 추계 값을 사용했음.

보듯이 한국의 감소세는 일본보다 더 가파르게 진행된다. 〈표 5.4〉를 보면 2100년까지의 감소율은 74.3%로 일본보다 크다. 이는 2020년대부터 시작되는 한국의 소비력 축소는 일본보다 더 강하게 진행될 것으로 예상되며, 그 강도는 타의 추종을 불허할 것이다.

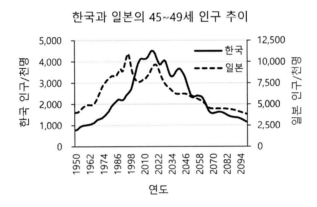

그림 5.8 한국과 일본의 45~49세 인구 추이(1950~2100년).[310]

310　Ibid.

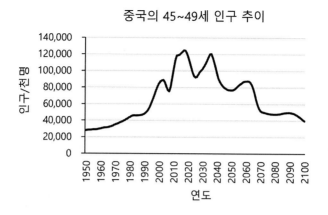

중국의 45~49세 인구 추이

그림 5.9 중국의 45~49세 인구 추이(1950~2100년).[311]

　중국은 〈그림 5.9〉에서 보듯이 1950년부터 급격하게 증가하던 45~49세 인구가 2017년 1억 2,457만 2천 명으로 정점을 찍은 후, 2025년까지 감소, 2036년까지 증가, 2050년까지 다시 감소, 2061년까지 다시 증가하는 등 감소와 증가를 반복하며 '갈지자(之, zigzag)' 형태를 이루며 추세적으로 감소한다. 정점 대비 2100년도까지의 감소율은 일본보다는 다소 크고, 한국보다는 다소 작은 68.1%로 나타난다(〈표 5.4〉). 이는 중국의 소비력은 증가와 감소를 심하게 오가며 출렁거리겠지만, 추세적으로는 한국, 일본과 마찬가지로 강력한 축소가 진행될 것임을 예측하게 한다.

311　Ibid.

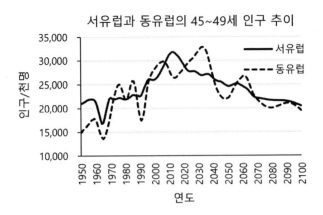

그림 5.10 서유럽과 동유럽의 45~49세 인구 추이(1950~2100년).[312]

45~49세 인구 감소 현상을 여타 세계 GDP 점유율 상위 지역의 경우에 대하여 살펴보면, 그 추이는 〈그림 5.10~5.13〉과 같이 나타난다. 먼저 세계 GDP에서 차지하는 비중이 약 20%로 북미 지역 다음으로 큰 서유럽 지역은, 일본 다음으로 빠른 2013년에 정점을 찍은 후 지속적으로 감소하여 2100년이 되면 1950년 수준으로 떨어진다(〈그림 5.10〉). 서유럽 지역의 감소율은 35.6%로 동아시아 3국과 동유럽 지역보다 낮으나(〈표 5.4〉), 세계 GDP에서 차지하는 비중이 북미 지역 다음으로 큰 점과 감소하는 인구가 1,130만 9천 명으로 그 규모 또한 작지 않음을 고려하면, 세계 경제에 미치는 소비 축소 강도는 한국과 일본을 합한 것보다 결코 작지 않을 것으로 보인다.

---

312   Ibid.

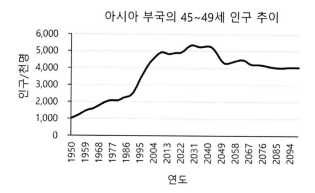

그림 5.11 아시아 부국(한국, 일본 제외)의 45~49세 인구 추이
(1950~2100년).[313]

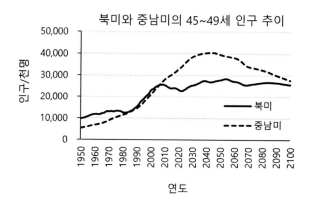

그림 5.12 북미와 중남미의 45~49세 인구 추이(1950~2100년).[314]

동유럽 지역은 1950년부터 갈지자형으로 오르락내리락하며 증가하던 인구가 서유럽 지역보다 20년 늦은 2034년에 정점을 찍고 다시 갈지자형으로 감소한다(〈그림 5.10〉). 동유럽 지역의 인구 감소율과 규모는 각각 40.3%와 1,319만 명으로 서유럽 지역보다

다소 큰 수치를 보인다. 그러나 경제 규모(세계 GDP 점유율 5%)를 고려하면 소비 축소 효과는 서유럽 지역보다는 작을 것이다.

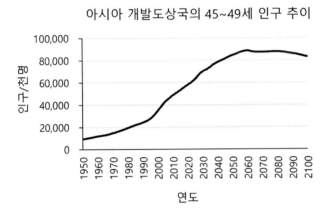

아시아 개발도상국의 45~49세 인구 추이

그림 5.13 아시아 개발도상국의 45~49세 인구 추이(1950~2100년).[315]

한국과 일본을 제외한 나머지 아시아 부국(《그림 5.11》)은 2030년에 정점을 찍은 후 2042년까지 큰 변동 없이 유지되다가 2052년까지 감소한 후 미세한 감소만을 나타낸다. 감소율은 22.4%이다 (《표 5.4》). 반면 중남미 지역은 가파르게 증가하다가 2043년에 정점을 찍은 후 감소한다(《그림 5.12》). 2100년까지의 감소율은 31.6%이다(《표 5.4》). 그러나 2100년 이후에도 인구 감소 추세가

313 Ibid.
314 Ibid.
315 Ibid.

빠르게 지속될 것으로 보여, 소비 축소 역시 빠르게 진행될 것이다. 북미 지역은 2054년까지 증가한 후 큰 변동 없이 인구가 유지된다(《그림 5.12》). 감소 규모는 268만 3천 명, 감소율은 9.5%이다(《표 5.4》). 끝으로, 아시아 개발도상국은 가장 늦은 2060년까지 증가하다가 이후 서서히 감소한다(《그림 5.13》).

따라서, 전 세계 모든 GDP 점유율 상위 지역들이 약간의 시차와 규모 및 감소율에 차이가 있으나, 소비 정점 나이대인 45~49세 인구가 모든 지역에서 차례로 감소한다. 45~49세 연령대의 인구 정점 시기와 형태를 연도별로 정리하면 〈표 5.5〉와 같다.

표 5.5 지역별의 45~49세 연령대가 인구 정점을 이루는 시기와 인구 감소 형태.

연도	지역/국가	형태
1996	일본	1차 반등 후 지속 감소
2013	서유럽	가파른 지속 감소
2017	한국	약한 반등을 동반한 가파른 감소
2017	중국	큰 반등을 동반한 갈지자형 감소
2030	아시아 부국*	횡보 후 약한 감소
2034	동유럽	큰 반등을 동반한 갈지자형 감소
2043	중남미	점진적인 지속 감소
2054	북미	작은 파동을 그리며 서서히 감소
2060	아시아 개발도상국	서서히 감소

* 한국과 일본 제외.

유엔의 중위 변동 예측에 따르면, 세계 인구는 2086년에 정점을 찍고 감소하기 시작할 것으로 나타나고 있다. 그러나 세계 인구의 정점이 2024년 현재로부터 약 60년 후인 2086년에 나타나는 것은 주로 하위 중소득국과 저소득국의 지속적인 인구 증가에 기인한다. 반면에 소비력이 큰 고소득국과 상위 중소득국은 각각 대략 20년 후인 2045년과 2039년에 인구 정점을 이루고 감소하기 시작한다(《그림 5.2》). 이는 세계 경제에서 소비력 축소가 세계 인구 정점 시점보다 빠르게 도래한다는 것을 의미한다.

고소득국과 상위 중소득국을 보다 정밀하게 살펴보면, 세계 GDP의 약 90%를 차지하는 63개 국가, 7개 지역 중 북미를 제외한 모든 지역에서 소비자 감소가 일어난다. 특히, 아시아 부국, 동유럽, 중국의 3개 지역에서는 소비자 감소가 이미 시작됐다. 서유럽 지역은 10년 이내에 감소하기 시작될 것으로 예측되고, 중남미와 아시아 개발도상국 지역도 그 뒤를 이어 차례로 소비자 감소가 30~60년 이내에 도래할 것으로 보인다.

총인구 감소에 의한 소비자 감소에 더해, 이들 6개 지역의 최고 소비 연령층인 45~49세의 인구 감소는 소비 축소를 더욱 심화할 것으로 보인다. 45~49세 인구 축소는 한국, 일본, 중국의 동아시아 3국과 서유럽 지역은 총인구 감소 시작 시점보다 빠른 시기 (1996~2017년)에 시작됐다. 한국과 일본을 제외한 나머지 아시아 부국과 동유럽 지역은 향후 10년을 전후해서 시작된다. 그리고 중남미 지역은 2040년대 초를 정점으로 하여 최고소비 연령층이 감소하기 시작할 것이다. 2100년까지 인구가 지속적으로 증가할 것으로 예측되는 북미 지역 역시 2050년 중반 이후로는 최고소비 연령층의 인구가 정체 상태에 돌입하여 이후 소비 증가를 기대하는 것은 어려울 것이다.

결론적으로, 소비력이 큰 GDP 점유율 상위 지역에서 소비자

총수가 감소할 뿐만 아니라, 최고소비 인구가 급격하게 감소하게 될 것이다. 이는 소비력이 큰 지역에서 단순히 소비자 총수가 축소되는 것을 넘어, 높은 소비력을 가진 소비자가 급격하게 사라짐으로써 소비시장이 크게 축소될 수 있다는 것을 의미한다. 즉, 세계 시장에서 소비 축소는 단순 인구 감소 수준을 뛰어넘는 강도로 일어날 것임을 예측할 수 있다. 향후 21세기 내내 북미 지역을 제외한 전 지역에서 소비자가 사라지는 시대가 펼쳐지는 것이다.

4

대량생산 대량소비 시대가 가고,
맞춤소비 맞춤생산 시대가 온다

경제학에서는 '희소성(稀少性)'을 '인간의 물질적 욕망에 비하여 그 충족 수단이 상대적으로 부족한 상태'로 정의한다. 어떤 재화나 서비스가 희소성을 가지려면 사람들이 원하고 사람들이 필요로 하는 것보다 그 수 또는 양이 적어야 한다. 이러한 희소성의 원리는 흑사병 이후 현재까지의 인구 급증 시대에는 주로 재화나 서비스의 부족에 초점이 맞혀져 있었다. 그러나 앞에서 살펴보았듯이, 앞으로 펼쳐지는 시대에서는(적어도 산업 선진국에서는) 부족해지는 것이 재화와 서비스의 양이 아니라 소비자 수와 소비량이다. 즉, 경제학에서 말하는 '희소성의 원리'가 한편으로는 맞고, 다른 한편으로는 틀린 세계가 펼쳐지는 것이다.

인구 급증 시대에 맞춰 형성된 생산과 서비스 역량은 소비자 감소 시대에서는 소비량을 월등하게 초과하게 되어, 부족하게 되는 것은 재화와 서비스 공급량(즉 충족 수단)이 아니라 소비자 수와 소비량이 되는 것이다. 이러한 점에서는 기존의 경제학에서 말하는 희소성은 역전된다. 그러나 인간의 욕구는 무한하다는 것을 전제로 하면, 기존의 방식으로 제공되는 재화와 서비스가 양적으로 충분하더라도 새롭게 등장하는 소비자의 새로운 욕구를 충족시키는 데에는 부족할 수 있다.

이러한 관점에서 본다면, 기존에 제공되어 오던 재화와 서비스가 양적으로는 충분을 넘어 과잉 상태에 있더라도 질적으로는 부족하여, 기존 경제학의 희소성 원리가 여전히 유효하다. 따라서 향후 세계에서는 희소성이 양적인 면에서는 소비자와 소비량에게, 질적인 면에서는 새로운 소비자의 요구에 부응하는 생산자와 서비스 제공자에게 있다고 할 수 있다. 즉, 생산과 서비스가 양의 시대에서 질의 시대로 전환되고, 시장의 권력이 공급자에서 소비자로 이동하게 된다는 것을 의미한다.

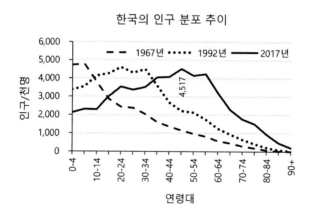

그림 5.14 한국의 인구 분포 변화 추이(1967, 1992, 2017년).[316]

---

316 ‘*World Population Prospects 2022*, Online Ed., United Nations, Department of Economic and Social Affairs, Population Division, **2022**’의 자료를 토대로 작성됨.

2017년을 정점으로 하여 2020년대부터 본격적인 인구 감소가 시작되며, 가장 급격한 소비 축소가 일어날 것으로 예측되는 한국의 경우를 예로 들어 보면, 다음과 같은 현상이 예상된다. 〈그림 5.14〉를 보면, 2017년에 최고소비 연령대인 45~49세 인구는 451만 7천 명으로 전 연령대 중 최대 인구를 기록하고 있다(〈그림 5.14의 2017년〉). 이들은 25년 전인 1992년에는 20~24세 연령대의 인구였고(〈그림 5.14의 1992년〉), 40년 전인 1977년에는 5~9세 연령대의 인구였다(〈그림 5.14의 1967년〉).

비록 45~49세 연령대가 최고소비 연령대이기는 하나, 그들의 소비 습관과 방식은 사회에 진출하며 자율적인 소비 생활을 시작하는 20대 초를 전후해서 주로 형성된 것이다. 즉, 현재의 최고소비 연령층은 공급자 우위 시대(대량생산, 대량소비 시대)인 1990년대에 형성된 소비 습관에서 크게 벗어나지 않는 소비 행태를 따른다.

〈그림 5.15〉를 보면 2017년 현재 451만 7천 명(2022년 현재로는 394만 명이다)이었던 45~49세의 최고 소비 연령층은, 그들이 20~24세 연령대인 1992년에 461만 3천 명이었다. 그러나 1992년 당시의 최고소비 연령층인 45~49세 인구는 221만 명으로, 현재 최고 소비 연령층의 절반에도 못 미치는(47.9%) 수준이었다. 이러한 상황에서는 전반적으로 수요에 비해 공급이 부족할 수밖에 없었다. 따라서, 경제적 약자인 사회 초년생 시절인 20~24세 시절부터 가성비를 따지는 소비[317] 생활을 하는 것이 습관화 될 수

---

317 가성비는 '가격 대비 성능'의 약자로 소비자가 지불한 가격에 비해 제품이나 서비스의 성

밖에 없었다.

　그러나 이러한 20~24세 인구가 45~49세 인구를 초과하는 상태는 2005년에 역전되기 시작하여, 2022년 현재는 308만 2천 명 대 394만 명으로 약 0.78:1의 구조가 됐다. 20~24세 연령대의 입장에서 보면, 45~49세의 최고소비 연령층에 맞추어 공급되는 재화와 서비스는 공급이 수요를 초과하는 상태가 형성됐다. 특히, 20대 젊은 층을 주 고객으로 하는 산업 분야에서는 1992년에 461만 3천 명에 달했던 수요가 2022년에는 308만 3천 명으로 감소하여 약 2/3 수준으로 축소됐다(《그림 5.15의 20~24세》). 이 분야에서는 절대적인 공급 과잉과 수요 부족 시대가 이미 도래해 있다. 소비 생활의 주도권이 생산자에서 소비자로 완전히 넘어간 것이다.

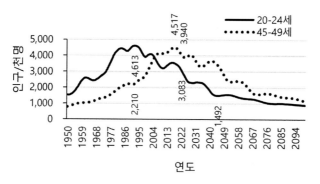

한국의 20-24세와 45-49세 인구 추이

그림 5.15 한국의 20~24세와 45~49세 연령대의 인구 추이(1950~2100년).[318]

능이 소비자에게 얼마나 큰 효용을 주는지를 나타내는 척도이다. 가성비를 따지는 소비에서는 제품이나 서비스의 성능이 100% 만족스럽지 않더라도 가격이 맞으면 소비를 하게 된다.

318　'*World Population Prospects 2022*, Online Ed., United Nations, Department of Economic

이와 관련하여, 20대 전문 연구 기관인 '대학내일20대연구소'는 "지금은 초개인화(hyper-personality) 시대입니다. 일상 속 모든 것이 개인 맞춤형으로 진화하고 있고 개인이 가진 취향과 욕구 또한 미분화를 거듭하고 있습니다. 이 말은 곧 '대세'라고 부를 수 있는 것, 소위 '국민템'과 같은 것들이 점점 희소해진다는 의미이기도 합니다"[319]라고 말하고 있다. 즉, 20~24세 연령대가 포함된 Z세대[320]에서는 기존에 대량 소비되던 특정 아이템에 대한 선호는 약화되고, 개인 맞춤형 소비가 미분화를 거듭하며 강화되고 있음을 말하고 있다.

젊은 층에서의 이러한 현상은 시간이 흐름에 따라 더욱 심화될 것이다. 〈그림 5.15〉를 보면, 20~24세 인구는 지속적으로 감소하여 2045년에는 149만 2천 명, 2080년대에는 100만 명대까지 떨어진다. 이는 1992년 대비 각각 약 1/3과 1/5 수준에 불과하다. 따라서 젊은 층의 맞춤형 소비 행태는 시간이 흐를수록 더욱 강화될 것임은 불을 보듯 분명하다.

여기에 더해, 20대 시절 형성된 소비 방식과 습관은 시간이 지나도 크게 변하지 않기 때문에, 맞춤형 소비는 시간이 흐를수록 전체 소비 시장으로 퍼져 나갈 것이다. 다시 말해, '가실비 소비'[321]를 지향하는 Z세대는 20년 후 그들이 최고소비 연령대가 되

and Social Affairs, Population Division, **2022**'의 자료를 토대로 작성됨. 2022년 이후의 값은 중위 추계 값을 사용했음.

319 대학내일20대연구소, *Z세대 트렌드 2023: 하이퍼 퍼스낼리티, 더 선명하고 입체적인 나*, 위즈덤하우스, **2022**, p. 4.

320 1990년대 중반에서 2000년대 초반에 걸쳐 태어난 세대.

321 Z세대의 소비 행태를 앞선 세대의 '가성비 소비'와 대비하여 '가실비 소비'라고 한다. 가

었을 때에도 가실비 소비 행태를 유지할 것이고, 이는 전 소비 시장이 맞춤형 소비로 전환됨을 의미한다.

따라서, Z세대의 특정 아이템 대량소비의 약화와 맞춤형 소비의 강화 현상은 대량생산과 대량소비의 시대가 저물고, 앞으로는 맞춤 소비를 위한 맞춤 생산의 시대가 펼쳐질 것임을 알 수 있게 한다.

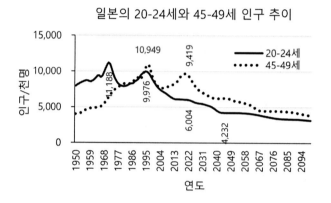

그림 5.16 일본의 20~24세와 45~49세 연령대의 인구 추이(1950~2100년).[322]

20~24세 인구가 45~49세 인구보다 적어지는 현상은 동아시아

실비 소비는 가격과 기능뿐만 아니라 사용 후 결과와 만족도를 따져 가격 대비 실 사용 효과를 따져서 구매하는 방식이다(대학내일20대연구소, *Z세대 트렌드 2023: 하이퍼 퍼스낼리티, 더 선명하고 입체적인 나*, 위즈덤하우스, **2022**, Chapter 11.). 따라서 가성비가 높은 상품이나 서비스라 하여도 Z세대 소비자 개인별로 가실비는 다를 수 있다. 가실비 소비는 맞춤 소비의 한 단면이다.

322 '*World Population Prospects 2022*, Online Ed., United Nations, Department of Economic and Social Affairs, Population Division, **2022**'의 자료를 토대로 작성됨. 2022년 이후의 값은 중위 추계 값을 사용했음.

3국의 나머지 두 나라, 일본과 중국에서도 마찬가지이다. 〈그림 5.16〉에서 보듯이, 일본의 20~24세 인구는 1971년 1,118만 8천 명으로 최고를 기록하고 감소했으나, 1982년부터 다시 증가하여 1995년에는 997만 6천 명으로 2차 고점을 찍었다. 이후 지속적으로 감소하여 2022년에는 600만 4천 명이 됐다. 그러므로 2022년 현재의 20~24세 인구는 지속적인 감소가 시작된 1995년 대비 60% 수준이 된 것이다. 이 비율은 2045년이 되면 423만 2천 명이 되어 42% 수준까지 떨어질 것으로 예측된다.

중국의 경우에는 〈그림 5.17〉에서 보듯이, 20~24세 인구가 일본보다 21년 늦은(한국과는 같은 해인) 1992년 1억 3,102만 8천 명으로 최고를 기록하고 감소했으나, 일본과 마찬가지로 다시 증가하여 2011년에 1992년의 95% 수준인 1억 2,407만 6천 명까지 회복됐다. 이후 본격적인 감소세에 들어서 2022년에는 8,013만 9천 명, 2045년에는 5,313만 명으로 2011년 대비 각각 65%와 43% 수준으로 감소할 것으로 예상된다.

이러한 현상은 서유럽 지역도 예외가 아니다. 서유럽 지역은 1987년 20~24세 인구가 3,046만 7천 명으로 최고를 기록한 후 2022년 2,332만 1천 명으로 최고 대비 77%로 수준이 됐다. 2045년에는 66% 수준인 2,009만 1천 명까지 감소될 것으로 예상된다(〈그림 5.18〉).

따라서, 한국을 비롯한 동아시아 3국과 유럽의 고소득국들에서 시점과 강도에 차이는 있을지 모르나, 생산과 소비의 행태가 대량생산 대량소비에서 맞춤생산 맞춤소비로 전환될 것임(또는 이미 전환되고 있음)을 충분히 강하게 예견할 수 있다.

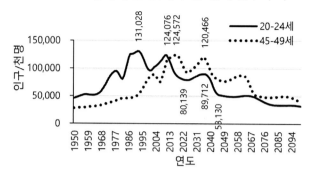

중국의 20-24세와 45-49세 인구 추이

그림 5.17 중국의 20~24세와 45~49세 연령대의
인구 추이(1950~2100년).[323]

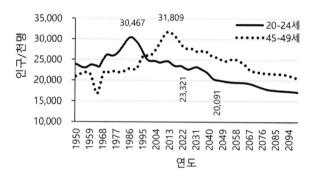

서유럽 지역의 20-24세와 45-49세 인구 추이

그림 5.18 서유럽 지역의 20~24세와 45~49세 연령대의
인구 추이(1950~2100년).[324]

323 Ibid.
324 Ibid.

5

자원 풍요 시대가 가고,
자원 고갈 시대가 시작됐다

　현대 산업사회를 이끌어 가는 핵심 자원은 석유와 철이라고 할 수 있다. 석유는 1973년 10월 1차 석유 위기(1st Oil Crisis) 전만 해도 배럴당 2.9달러였던 두바이유가 1974년 1월 11.6달러로 4배나 폭등했다. 이어 1979년에 발생한 2차 석유 위기(2nd Oil Crisis) 때는 1978년 12월 배럴당 13달러였던 유가가 1980년 9월에 30달러를 돌파했고, 1981년 1월에는 39달러에 도달했다. 이는 1978년 12월 기준으로는 3배 상승한 것이지만, 1973년 10월을 기준으로 하면 약 13배나 폭등한 것이다. 왕왕 1차 석유 위기는 제4차 중동 전쟁, 2차 석유 위기는 이슬람 혁명과 이란-이라크 전쟁, 그리고 사우디아라비아의 석유무기화 선언을 주요 원인으로 꼽는다. 그러나 이러한 사건이 유가 폭등을 야기시키는 직접적인 계기가 되었을 지 모르나, 근본적인 원인은 1970년대에 들어서 미국을 비롯한 서구 세계가 직면한 석유 부족에 있었다.

　〈그림 5.19〉에서 보듯이, 미국의 석유 생산량은 1970년에 1차 정점을 찍었고, 순수입량은 1960년대부터 급격히 증가하기 시작했다. 이렇게 1960년대에 미국과 세계 일부 지역에서 증산이 한

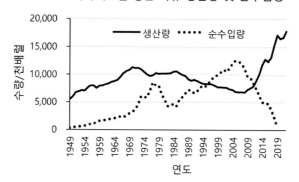

미국의 1일 평균 석유 생산량 및 순수입량

그림 5.19 미국의 1일 석유 생산량 및 순수입량(1949~2022년).[325]

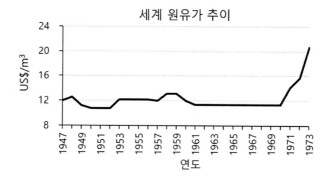

세계 원유가 추이

그림 5.20 현행 미국 달러 기준 입방 미터당 세계 원유가 추이
(1947~1973년).[326]

계에 도달하고, 미국의 수입량이 폭증하면서 석유 위기의 그림자
가 서서히 드리워지고 있었다. 수급이 불균형해지는 상황에서는
작은 공급 부족만으로도 언제든지 가격 폭등이 일어날 수 있는

두바이유 현물가 추이

그림 5.21 현행 미국 달러 기준 입방 미터당 두바이유 현물가 추이
(1972~2022년).[327]

상태가 형성되고 있었다. 이는 〈그림 5.20〉에서 보듯이, 제2차 세계대전 후인 1947년부터 1970년까지 11~13달러 영역에서 오르내리며 안정세를 유지하던 원유가가 1971년부터 급등세로 돌아서 1973년에는 20달러를 돌파하고 있었던 것으로도 확인할 수 있다. 이러한 때에 4차 중동전쟁이 발발한 이후 페르시아만 산유국들의 감산과 이란의 이슬람 혁명 이후 이란의 석유 수출 중단은 울고 싶은 아이 뺨을 때린 격으로 석유 가격을 폭등시키게 된 것이다.

결국 1970년대에 일어난 석유 위기는 1960년대 말부터 1970년대 초의 미국의 생산량 한계와 수입량 급증에 따른 수급 불균형

---

325 'U.S. Energy Information Administration, *Annual Data of Petroleum Overview*, Department of Energy, United States, Released October 26, 2023'의 자료를 토대로 작성됨.

326 'Crude oil prices, Our World in Data, https://ourworldindata.org/ grapher/crude-oil-prices'의 자료를 토대로 작성됨. 이 자료는 인플레이션에 의한 보정은 적용되지 않았음.

327 Ibid.

이 본질적인 원인이라 할 수 있다. 이러한 수급 불균형에 따른 유가는 1, 2차 석유 위기로 인한 경기 침체로 1980~1990년대에 일시적으로 하락한 후, 2000년대에 들어 다시 급등세로 돌아서 2012년에는 686달러까지 치솟았다. 이는 1970년과 비교하면 약 60배가 오른 것이다(《그림 5.21》).

주로 연료로 사용되는 석유는 한 번 연소되면 현재의 기술로는 재생이 불가능하다. 따라서 석유라는 자원은 필연적으로 언젠가는 고갈될 수밖에 없고, 생산량도 언젠가는 정점을 찍고 감소할 수밖에 없다. 이와 같이 국제 석유 생산량(즉, 추출 속도)이 최대에 이르는 시점을 석유 생산 정점(Peak Oil)이라 하고, 유정, 유전, 지리적 영역의 생산량이 감소하는 현상을 석유 고갈이라고 부른다. 허버트(M. K. Hubbert)의 정점 이론에 의하면, 생산이 정점에 이르면 생산율은 돌이킬 수 없는 하락세로 들어간다(《그림 5.22》).[328]

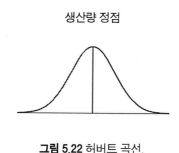

생산량 정점

그림 5.22 허버트 곡선.

각각의 유정은 일반적으로 추출이 시작될 때 지압으로 인해 자

---

328 M. K. Hubbert, *Nuclear Energy and the Fossil Fuels,* Drilling and Production Practice, 1956. http://www.hubbertpeak.com/hubbert/1956/1956.pdf.

연 분출되므로, 생산 속도가 최대가 되며 생산비도 가장 저렴하다. 이후 지압이 낮아지면서 생산량도 감소하고 생산비도 증가한다. 대부분의 석유는 소수의 큰 유전에서 생산되는데, 이때 생산은 서서히 시작하여 점차 빠르게 증가하다가, 점차 속도가 느려지고 평탄해지며 정점에 도달한 후 감소하기 시작하여 증가 속도와 거의 같은 속도로 하락한다(〈그림 5.22〉).

생산이 정점에 도달하면, 생산이 수요를 감당할 수 없게 되기 때문에 가격 급등이 일어난다. 〈그림 5.21〉에서 1970년대와 2000년대에 두 차례에 걸쳐 생산 정점이 발생하며 가격 급등이 일어났음을 볼 수 있다. 이러한 가격 급등은 수요 감소와 새로운 유전의 발굴과 시추 기술의 발전 등으로 한동안 유가를 안정시킬 수 있다(〈그림 5.21〉에서 1980~1990년대, 2010년대). 그러나 중장기적으로는 유가 상승이 필연적이다. 이는 새로운 유전의 발견과 개발은 점점 더 어려워지고, 중국을 비롯한 브릭스(BRICS)[329] 등 개발도상국의 고성장이 수요를 지속적으로 증가시키기 때문이다.

이러한 갈수록 심화되는 생산의 어려움과 지속적인 수요의 증가는 궁극적인 석유 생산 정점을 도래시킬 수밖에 없다. ASPO (Association for the Study of Peak Oil and Gas)[330]의 창립자 중 한 명인

---

329 브릭스(BRICS)는 빠르게 경제가 성장하는 브라질(Brazil), 러시아(Russia), 인도(India), 중국(China), 남아프리카공화국(South Africa)의 머리글자를 따서 이들을 통칭하는 말이다. 브릭스는 본래 공식적인 정부 간 조직이 아니었으나, 2009년 이후 매년 정상회담을 열어 G7을 견제하는 개발도상국 블록 형성을 도모하고 있다. 브릭스는 현재 세계 인구의 약 40%, 세계 GDP의 약 30%를 차지하고 있다.

330 캠벨(C. J. Campbell)과 라에레르가 2000년에 창립한 조직으로 석유 회사 출신 지질학자들과 에너지에 관심을 갖는 유럽의 대학교수들을 주축으로 구성되어 있다.

라에레르(J. Laherrére)는 이 시점을 2015±5년으로 보고 있다.[331] 그에 따르면, 석유 생산 정점은 이미 도달한 상태이다. 그러나 이후 석유 매장량의 증가와 빠른 기술 혁신에 힘입어 2023년 현재로는 2025~2040년을 정점으로 추정하고 있다.[332] 그러므로 시점에 다소 차이가 있을지 모르나, 석유 생산 정점과 석유 고갈 시대가 목전에 다가왔음을 부인할 수 없다.

그림 5.23 세계 철광석 가격 추이(1990.1월~2023.10월).[333]

석유와 더불어 현대 산업을 지탱하는 또 하나의 핵심 자원인 철

331 J. L. Wingert, 김성희 역, 에너지 전쟁: 석유가 바닥나고 있다. 청년사, 2007, p. 128.
332 S. Ghouri, *The Tipping Point in Global Oil Demand*, The Tipping Point In Global Oil Demand | OilPrice.com, Retrieved September 04, 2023.
333 International Monetary Fund, Global price of Iron Ore [PIORECRUSDA], Retrieved from FRED, Federal Reserve Bank of St. Louis; https://fred.stlouisfed.org/series/PIORECRUSDA, December 13, 2023.

광석은 〈그림 5.23〉에서 보듯이 2000년대 초까지 1톤당 10~15달러 사이를 움직이던 국제 가격이 2004년부터 급작스레 폭등하기 시작하여 2011년 2월 187달러를 기록했다. 10년도 채 안 되는 기간 동안에 10배 이상 상승한 것이다. 이후 세계 경제 침체로 2015년 41달러까지 떨어졌으나, 경제 회복과 더불어 2021년 6월에는 216달러로 200달러를 돌파하는 등 지속적인 상승 추세를 보이고 있다. 철의 원료인 철광석 역시 공급이 수요를 충족시키지 못하고 고갈되어가고 있음을 보여주고 있다.

이는 철과 함께 현대 산업에서 중요한 위치를 차지하고 있는 금속인 구리와 알루미늄의 경우에도 같은 현상을 나타내고 있다. 〈그림 5.24〉와 〈그림 5.25〉에서 보듯이, 2000년대 초 구리와 알루미늄의 1톤당 평균 가격이 각각 1,650과 1,350달러이던 것이, 구리는 2022년 3월 10,730달러를 기록하며 6.5배 상승했고, 알루미늄은 3,984.5달러로 약 3배 상승했다. 또한 이들 역시 지속적인 상승 추세(〈그림 5.24〉와 〈그림 5.25〉의 점선)를 보이고 있다. 이는 비철금속의 대표적인 광물인 구리와 알루미늄도 철광석에 비해 다소 완만하기는 하나, 공급이 수요 증가 속도를 따라가지 못하며 고갈되어 가고 있음을 의미한다.

그림 5.24 런던 금속거래소의 구리 LME[334] 현물 가격 추이
(2000.2월~2023.11월).

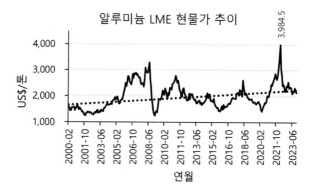

그림 5.25 런던 금속거래소의 알루미늄 LME 현물 가격 추이
(2000.2월~2023.11월).

---

334 LME(London Metal Exchange, 런던 금속 거래소)는 전 세계 비철금속의 선물 및 현물 거래와 보관업무를 담당하고 비철금속 시장의 가격을 결정하는 역할을 한다.

표 5.6 주요 비철금속의 현·선물 최저·최고가 및 상승률(2023년 12월 현재, US$).

자원	최저가		최고가		상승률/
	가격	연월	가격	연월	%
팔라듐[a]	145.0	'03.04	3,380.5	'22.03	2,331
니켈[b]	4,375.0	'01.11	54,200.0	'07.05	1,239
납[b]	402.5	'02.10	3,980.0	'07.10	989
은[a]	5.5	'04.05	49.8	'11.04	905
주석[b]	5,990.0	'05.11	50,050.0	'22.03	836
금[a]	255.1	'01.02	1,920.8	'11.09	753
구리[b]	1,316.0	'01.11	10,148.0	'11.02	771
아연[b]	722.8	'02.08	4,619.5	'06.11	639
백금[a]	537.1	'02.09	2,308.8	'08.03	430
알루미늄[b]	1,243.0	'01.11	3,984.5	'22.03	321
평균					921

[a] NYMEX[335] 선물, [b] LME 현물.

문제는 현재 매장량이 줄면서 가격이 급등하는 자원이 석유, 철, 구리, 알루미늄만이 아니라는 것이다. 〈표 5.6〉에서 보듯이, 차량의 촉매 변환 장치와 수소 저장에 사용되는 팔라듐(Pd)은 2003년 4월 145달러에서 23배 이상 폭등하여 2022년 3월에는 3,380.5달러까지 치솟았고, 부식에 강하여 스테인리스 강, 합금, 도금 등에 사용되는 니켈은 12배 이상이 급등하는 현상을 보였다. 〈표 5.6〉에 나열된 10종의 주요 비철금속은 2000년대 초의 최저가 대비 최고가의 상승률이 최대 2,331%(팔라듐)에서 최저 321%(알루미늄)까지, 평균 921% 상승하여 전례를 찾아보기 힘들

---

335 NYMEX(New York Mercantile Exchange, 뉴욕 상품 거래소)는 전 세계에서 가장 큰 상품 선물 거래소이다.

정도로 광범위한 자원 종에서 가격 폭등이 일어나고 있다.

　이처럼 현대 산업을 지탱하는 핵심 자원인 석유뿐만 아니라, 철과 비철금속들도 줄줄이 고갈되어 가고 있음이 가격 급등 현상으로 드러나고 있다. 자원 풍요 시대가 끝나고, 자원 고갈 시대가 도래하고 있는 것이다.

6

4차 산업혁명의 본질

앞으로 진행될 4차 산업혁명은 인구 감소와 자원 고갈에 그 본질이 있다. 이는 1차 산업혁명에서 3차 산업혁명까지 지속된 기존 산업혁명의 본질인 인구 증가와 자원 개발과는 정반대적인 특성이다. 따라서 4차 산업혁명기는 1~3차 산업혁명기와는 전혀 다른 패러다임에 입각한 산업 혁신이 요구되는 시대가 될 것이다.

흑사병 대재앙 이후 급격히 증가하는 인구에 대한 의식주 해결이라는 절박함으로 촉발되어 이어져 온 기존(1~3차)의 산업혁명은 '인구 증가 → 생산 증가 → 인구 증가'를 반복하며 세계 인구의 증가를 견인해 왔다(《그림 5.1》). 그러나 인구는 지구의 수용 한계로 인해 끝없이 증가할 수는 없고, 언젠가는 필연적으로 정체 또는 감소할 수밖에 없다. 유엔에 따르면, 전 세계적으로는 인구 감소 현상은 2086년경부터 시작되며(5장의 2), 산업화가 잘 된 아시아 부국과 서유럽 지역은 2020~2030년대에 시작될 것으로 예측되고 있다(5장의 3). 이러한 인구 증가 시대에서 인구 감소 시대로의 전환은 단순히 선진 산업국들의 노동력 부족을 의미하는 것이 아니다. 일시적인 인구 감소는 일시적인 노동력 감소 문제로 다뤄질 수 있지만, 장기적이고 추세적인 인구 감소는 현 산업 구조를 뿌리째 흔들 수 있는 근원적인 사건이다. 다시 말해, 인구 증가를 기반으로 하는(즉, 생산하면 소비되는) 현재의 대량생산 대량소비의 산업 구조는 더 이상 유효하지 않은 세계가 펼쳐지는 것이다.

이는 시장의 주도권이 생산자에서 소비자로 바뀌는 것을 의미한다. 따라서, 상품의 사양을 생산자의 편의에 따라 결정하던 것이 각 소비자의 요구에 맞춰 생산해야만 팔릴 수 있는 시장으로 바뀌는 것이다. 앞으로 산업 사회는 대량생산 대량소비의 시대가 저물고, 맞춤생산 맞춤소비를 기본 패러다임으로 하는 시대가 펼쳐질 것이다. 이것이 4차 산업혁명의 첫 번째 본질이다.

4차 산업혁명의 또 다른 본질은 대량생산 대량소비를 가능하게 한 풍부한 각종 자원이 이미 생산 정점에 도달했거나 가까운 미래에 도달하게 된다는 것이다. 이러한 자원 고갈은 필연적으로 가격 급등을 야기할 수밖에 없다. 1970년대에 석유로부터 시작된 자원 고갈에 따른 가격 급등((그림 5.20, 5.21))은 2000년대에 들어서 광물 자원 전체로 확대되고 있다((그림 5.23~5.25), 〈표 5.6〉). 이는 저가로 생산되는 자원을 활용하여 낭비에 가까운 자원 투입을 통한 대량생산 체계로는 더 이상 경쟁력을 가질 수 없는 시대가 되고 있다는 것을 의미한다. 다시 말해, 누가 얼마나 자원 소비를 최소화하고 자원을 반복적으로 재생(순환)하는 산업 체계를 잘 구축하느냐가 경쟁력을 결정하는 시대가 될 것이다. 이것이 4차 산업혁명의 두 번째 본질이다.

그러므로, 4차 산업혁명의 본질을 종합적으로 정리하면 다음과 같다.

1. 인구 증가 시대의 종료와 인구 감소 시대의 도래는 필연적으로 시장의 주도권이 공급자에서 소비자로 넘어가게 된다. 그러므로 4차 산업혁명은 인구 증가를 기반으로 하는 생산자 중심의 대량생산 대량소비를 축으로 하는 혁신이 아니라, 맞춤소비를 추구하는 소비자들을 위한 맞춤생산 맞춤공급으로의 혁신이 그 본질의 한 축이 될 것이다.

2. 또 다른 축은 자원 고갈로 인한 자원 가격의 폭발적 상승에 있다. 이는 석유 하나에만 국한된 것이 아니다. 5장의 5에서 보았듯이, 거의 모든 지하자원이 생산량 정점의 도래와 수요 급증으로 인해 가격이 기하급수적이라고 할 수 있을 정도로 상승하고 있다. 이는 자원에 대한 전혀 새로운 혁신적 접근을 요구하고 있다. 앞으로의 시대는 단순히 누가 자원을 많이 확보하고 있느냐가 경쟁력이 아니라, 자원을 얼마나 많이 재생하고 순환시켜 사용할 수 있느냐가 경쟁력이 될 것이다. 즉, 4차 산업혁명 본질의 또 하나의 축은 자원을 재생하고 순환하여 사용하는 사회 체제의 구축과 기술 확보에 있다.

따라서 4차 산업혁명의 승패는 하나는 인구 감소 시대를 맞아 소비자의 기호에 얼마나 잘 부응하여 맞춤생산과 맞춤공급 체계를 구축하는가에 달렸으며, 다른 하나는 자원 고갈 시대에 부응하여 자원의 재생과 순환 사용을 고도화하는 사회 체계 구축과 기술 혁신을 이루어 내는가에 달려 있다.

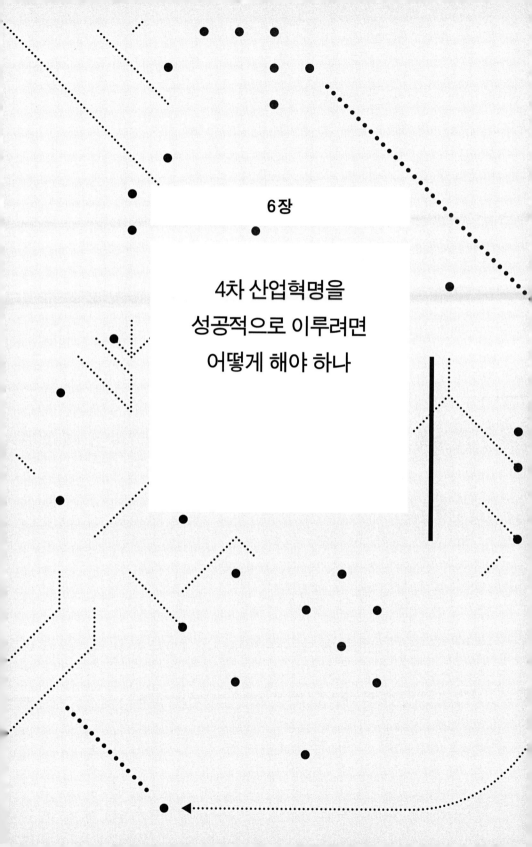

6장

4차 산업혁명을
성공적으로 이루려면
어떻게 해야 하나

유럽에서 흑사병 대재앙으로 급감한 인구는 흑사병이 물러가자 급증하기 시작했다. 이에 따라 의식주를 비롯한 생존 수단의 확보가 절실한 상황에 봉착했다. 이러한 절실함에 기반한 혁신적 노력의 결과, 영국을 시발점으로 하여 산업혁명이 일어나게 되었고, 인접 국가들을 거쳐 전 세계로 확장되어 나갔다. 그러나 21세기에 들어서면서 이 산업화(구산업화[336])는 그것을 가능하게 한 기반 자체가 흔들리며 체제가 무너져 내리고 있다.

대량생산 대량소비로 특징지어지는 구산업화는 지속적으로 증가하는 인구와 무한히 채취할 수 있을 것 같았던 지하자원을 토대로 성장해 왔다. 그러나 이 두 요소가 지금 거의 동시에 그 한계에 도달하고 있다(5장의 2, 3, 5). 특히, 지속적인 인구 증가는 산업화에 소요되는 노동력을 지속적으로 공급해 주는 것은 물론이고, 오늘날 모든 산업사회의 핵심 요소인 대량생산, 대량유통, 대

---

336 저자는 인구 증가와 약탈적 자원채취를 기반으로 하는 지난 3~4세기 동안 일어난 1~3차 산업혁명 과정을 구(舊)산업화, 인구 감소와 자원 고갈을 기반으로 하는 새로운 산업혁명 과정을 신(新)산업화로 구분하고 자 한다.

량소비를 가능케한 소비자 증가를 지속적으로 제공해 왔다. 또한 지하자원을 대표하는 석탄·석유·천연가스 등 화석연료는 구산업화 이전 사회의 동력원인 인력·축력·수력 등을 대체하며 구산업화를 가속시켰다.

그러나 우리가 삶의 토대로 하는 지구라는 행성은 증가하는 인구를 무한정 수용할 수도 없고, 지하자원 또한 무한정 제공해 줄 수도 없는 유한한 크기의 하나의 별일 뿐이다. 이 별은 지금 구산업화의 결과물인 인구 증가와 자원 잠식에 대한 수용 한계를 드러내고 있다. 이 지구 별의 인구 수용 한계는 구산업화의 정도와 인구밀도가 높은 한국과 일본을 비롯한 아시아 부국을 필두로 하여, 중국, 서유럽으로 이어지며 인구 감소로 나타나고 있다(5장의 3). 또한 지하자원의 제공 한계는 1970년대 석유 위기로부터 드러내기 시작하여, 자원 생산량(지구의 입장에서는 자원 제공량) 한계로 인한 가격 급등으로 나타나고 있다(5장의 5).

따라서 4차 산업혁명이라고도 불리는 새로운 산업적 혁신(신산업화)은 지금까지의 1~3차 산업혁명(구산업화)과는 기본 개념을 달리해야 하며, 새로운 패러다임으로 접근해야 한다는 과제를 우리에게 던져주고 있다.

1

인구(소비자) 감소는
개인 맞춤형 소비를 확장한다

인구 증가를 기본 동력으로 하는 구산업혁명은 폭발적으로 증가하는 인구로 인해 소비할 물품의 양이 절대적으로 부족한 시대에 일어난 산업혁명이었다. 이에 부족한 식량, 의류, 연료 등을 필두로 하여 각종 물품을 효율적으로 공급하기 위해 대량으로 생산해서 유통시키는 산업적 혁신이 일어나게 됐다(1장). 이 시대에는 상품의 종류도 한정적이고, 양도 부족하여, 소비자는 개인적 선호를 보류하고 공급자가 일방적으로 제공하는 상품을 구매하는 소비를 해야만 했다. 즉, 구산업화 시대는 공급자가 주도하는 대량생산, 대량유통, 대량소비를 패러다임으로 하는 산업화가 가장 효과적이고 효율적인 구조였다.

그러나 인구 증가가 멈추고 인구 감소로 돌아서면,[337] 대량생산 대량소비를 기반으로 하는 산업화는 더 이상 유효하지 않게 된다. 다시 말해, 소비자가 절대적으로 부족한 물품을 구하기 위해

---

[337] 이러한 변화는 전 세계적으로는 2080년대에 시작될 것으로 예상(〈그림 II.1〉)되지만, 아시아 부국과 동유럽 그리고 중국에서는 이미 시작됐다(5장의 3).

치열한 경쟁을 해야 하는 시대에서, 생산자와 유통업자가 절대적으로 부족해진 소비자에게 물품을 판매하기 위해 치열한 생존 경쟁을 해야 하는 시대로 패러다임이 역전될 수밖에 없게 된다. 이러한 패러다임 역전의 강도는 구산업화 정도가 높을수록, 인구 감소가 급격할수록 강하게 나타나게 된다. 이는 구산업화 정도가 높을수록 대량생산 산업 체계로 인한 생산 과부하가 클 수밖에 없고, 여기에 인구 감소까지 추가되면, 기존 산업에 가해지는 충격이 구산업 체계에 머물러 있는 대다수 기업에게 생존 위협으로 작용할 것이기 때문이다.[338]

선진 부국에서의 인구 감소는 개발도상국 또는 저개발국가에서의 인구 감소와는 다른 의미를 지닌다. 개발도상국 또는 저개발국가에서의 인구 감소는 부양 가족 수의 감소로 인해 기본 생계비가 줄어들어, 교육비와 건강관리비 증가와 같은 생산성 향상을 견인하는 효과로 나타날 수 있다. 그러나 이미 충분한 교육비와 건강관리비를 지출하고 있는 선진 부국의 인구 감소는 오롯이 생산력과 소비력의 감소로 이어진다. 더불어 인구 감소는 개인이 차지하는 공간 범위를 확장(인구밀도 감소)시켜 개인간 치열한 경쟁 의식도 약화시켜, 타인의 시선보다는 자신의 개성을 중시하는 의식(개인주의[339])을 고양시킨다.

---

338 이미 인구 감소가 시작된 아시아 부국, 동유럽, 중국 가운데 동유럽과 중국은 아시아 부국들에 비해 구산업화 정도가 낮아 상대적으로 충격이 덜할 것으로 여겨진다. 아시아 부국 가운데서는 인구 감소 속도가 가장 빠르고 구산업화 정도도 높은 한국이 가장 큰 충격을 받을 것으로 예상된다.

339 여기서 말하는 개인주의는 자신의 이익을 위해 공공에 피해를 주는 이기주의가 아니라, 집단주의적 가치에 휘둘리지 않고 개인의 권리와 가치를 우선시하는 의식을 말한다.

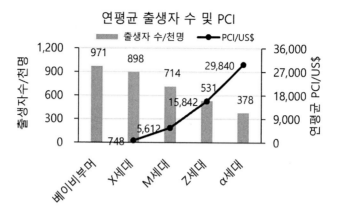

그림 6.1 한국의 세대별[340] 연평균 출생자 수[341] 및 PCI[342] (1952~2022년).

이러한 공간적 범위 확장에 따른 개인주의화는 자신이 속한 세대의 인구가 적을수록 더 강하게 나타날 것이다. 예를 들어, 전 세계에서 가장 급격하게 출생률이 낮아지는 한국의 경우를 보면, 〈그림 6.1의 출생자 수/천명〉에서 세대 간에 1인당 차지하는 공간 범위가 베이비부머 세대에서 α(알파)세대로 갈수록 급격하게 확장되었음을 알 수 있다. 출생 당시 X세대는 바로 앞 세대인 베이비부머 세대에 비해 평균적으로 단지 8% 포인트 정도의 공간

---

340 '베이비부머 세대: 1952~1969년 출생자; X세대: 1970~1979년 출생자; M(밀레니얼)세대: 1980~1996년 출생자; Z세대: 1997~2009년 출생자; α(알파)세대: 2010년 이후 출생자'로 잡았음.

341 '대한민국 통계 포털(https://kosis.kr)'의 자료를 토대로 작성됨.

342 'National Accounts, *Basic Data Selection*, Statistics Division, Department of Economic and Social Affairs, UN, Retrieved Feb. 21. 2024(https://unstats.un.org/unsd/snaama/Basic)'의 자료를 토대로 작성됨.

이 확장되었다. 그러나 M, Z, α세대는 각각 바로 앞 세대에 비해 26, 34, 40% 포인트 정도로 공간 확장이 급격하게 일어났다. 이는 X세대는 베이비부머 세대에 비해 1.08배, M세대는 1.36배, Z세대는 1.83배의 확장된 공간 범위에서 출생·성장하게 되었고, α세대에 이르러서는 무려 2.57배가 되었음을 의미한다. 이러한 공간 확장은 세대 내 개인 간 경쟁을 완화시키고, 타인의 시선보다는 자신의 개성을 중시하는 성향(개인주의)을 강화하는 것으로 나타날 수 있음을 예상할 수 있다.

공간 확장과 더불어 개인주의 강화에 중요한 요인으로 작용한 또 하나는 경제적 여유의 증대이다. 〈그림 6.1의 PCI/US$〉를 보면, X세대의 출생 당시 연평균 1인당 국민소득(PCI)은 748달러였으나, M세대는 5,612, Z세대는 15,842, α세대는 29,840달러로 증가했다. 다시 말해, 비록 인플레이션이 감안 안 된 명목소득이지만, 출생과 동시에 X세대는 평균 748달러를 입에 물고 태어났으나, M세대는 5,612달러로 7.5배, Z세대는 15,842달러로 21배, α세대는 29,840달러로 40배 증가한 부를 물고 태어난 것이다. 이러한 태어나면서부터 누리게 된 경제적 여유는 물리적 공간의 여유 확장과 더불어 물질적으로도 자신의 취향과 개성을 추구하는 개인주의화가 세대를 거듭할수록 급격하게 강화되는 데 크게 기여했음을 알 수 있다.

레이먼드(M. Raymond)는 '미래의 소비자들'에서 "브랜드는 고객의 욕구를 제대로 읽지 못할 때 쇠락의 길을 걷는다"고 말했다.[343]

---

[343] M. Raymond, 박정숙 역, 미래의 소비자들, 에코비즈, **2006**, p. 22.

이는 브랜드를 넘어 산업 전체로 확장해도 똑같이 적용된다. 그는 또 "우리는 브랜드가 왕이고, 브랜드가 중요하며, 소비자들이 관심을 가진다고 가정해 왔다. 과거에는 그랬다."고 말했다.[344] 그렇다. 과거에는 그랬다. 인구 증가 시대인 대량생산 대량소비 시대에는 소비자들은 브랜드를 보고 몰려들어 구매했다. 따라서 브랜드가 중요했고, 브랜드가 왕이었다. 그러나 인구 감소 시대에 태어난 세대에게 이러한 브랜드 만능주의는 더 이상 유효하지도 작동되지도 않는다. 오히려 비웃음만 살 뿐이다. 2024년 현재 10대 후반에서 20대 전반의 나이로 차례로 사회에 나서며 독립적인 소비를 시작하는 '초개인화'된 Z세대에게 브랜드 만능주의는 까마득한 옛날에 있었던 일일 뿐이다.

한국 사회에서 개인별 공간 확장 및 소득 증가와 더불어 태어나고 성장한 세대가 공간 확장 및 소득 증가와 궤를 같이하며 개인주의를 강화하고 있다. 이 개인주의화는 소비에 있어서는 개인 맞춤형 소비로 나타나고 있다. 따라서 각 세대 간 맞춤형 소비 강도는 세대가 내려갈수록 다음과 같이 점점 강화되고 있다.

세대 간 맞춤형 소비 강도
베이비부머, X세대 < M세대 < Z세대 < α세대

따라서 시간이 흐름에 따라 M세대, Z세대, α세대가 차례로 소비 정점 연령대로 진입해 나가며 맞춤소비가 소비 시장을 점령해

---

344 Ibid, p. 29.

나갈 것이다.[345] 그러므로 향후 30년이면 한국 사회는 맞춤소비를 기본으로 하는 소비자가 완전히 시장을 장악하게 될 것이다. 이러한 맞춤소비 현상은 한국 사회에 국한되지 않는다. 이 현상은 선후와 강도에 차이는 있을지 모르나, 합계출산율(Total Fertility Rate, TFR)[346]이 대체출산율(Replacement Level of Fertility) 2.1[347]미만으로 떨어진 모든 선진국에서 일어나고 있으며, 앞으로도 계속될 것이다.

먼저 동아시아 3국(한국, 중국, 일본)의 합계출산율을 보면 〈그림 6.2〉와 같다. 가장 먼저 합계출산율이 대체출산율 미만으로 떨어지기 시작한 일본의 경우를 살펴보면, 1957년부터 1974년까지 18년간 합계출산율이 2.1을 오르내리며 대체출산율을 유지하다가, 1975년 1.94를 기록한 후 약 50년에 걸쳐 서서히 하락하여 2021년에는 1.30을 기록했다. 일본에 이어 한국은 1984년 2.06을 기록하며 대체출산율 2.1을 하회한 후, 2002년까지 약 20년간 급락하여 1.20을 기록했다. 이후 2015년까지 13년간 평균 1.19를 기록하며 1.2대를 유지했으나, 다시 급락세로 전환되어 2021년에는 0.88[348]까지 떨어졌다. 대한민국 통계청 자료에 따르면,

---

345 2024년 현재, 전기 M세대는 30대 후반에서 40대 초반의 연령에 도달해 있으며, 향후 5~10년 내에 소비 정점 연령에 도달한다.

346 가임 여성(15~49세) 1명이 평생동안 낳을 것으로 예상되는 평균 출생아 수로 출산력을 나타내는 대표적 지표이다.

347 대체출산율은 한 국가가 인구가 감소하지 않고 유지하는 데 필요한 수준의 출산율을 말한다. 일반적으로 한국과 같이 사망률이 낮은 나라는 2.1명이고, 아프리카 등과 같이 사망률이 높은 지역은 그보다 높아 3.0명까지도 제시된다.

348 대한민국 통계청 자료로는 2021년 합계출산율이 0.81이다.

2022년에는 0.78[349]까지 떨어진 것으로 나타났다. 끝으로 중국은 일본보다는 18년, 한국보다는 8년 늦은 1991년 1.93으로 대체출산율 2.1을 밑돌기 시작했으며, 1998년에는 1.52까지 떨어졌다. 이후 중국은 2017년 1.81까지 반등했으나, 2021년 1.16을 기록하며 2010년대 말부터 급락세를 보이고 있다.

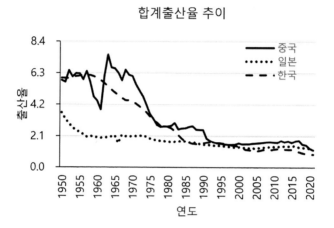

그림 6.2 동아시아 3국의 합계출산율 추이(1960~2021년).[350]

---

349 대한민국 통계청, 시도/합계출산율, 모의 연령별 출산율(년 1993~2022), 대한민국 통계포털, 자료갱신일: 2023-08-30. https://kosis.kr/statHtml/statHtml.do?orgId=101&tblId=DT_1B81A21&conn_path=12.

350 'World Population Prospects 2022, Online Ed., United Nations, Department of Economic and Social Affairs, Population Division, 2022'의 자료를 토대로 작성됨.

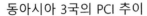

동아시아 3국의 PCI 추이

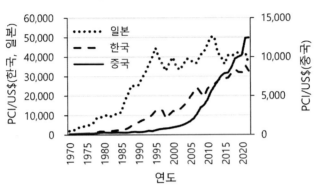

그림 6.3 동아시아 3국의 PCI 추이(1970~2022년).[351]

한편, 〈그림 6.3〉에서 동아시아 3국의 PCI를 보면, 한국은 1983년 2,168달러로 2,000달러를 돌파한 후 2021년 35,479달러로 약 40년 만에 16배 증가했다. 한국은 1984년 대체출산율 2.1을 하회한 후 지속적으로 출산율은 감소했지만(〈그림 6.2〉), PCI는 꾸준히 급증했다. 이는 한국의 맞춤소비 욕구가 공간 확장과 소득 증가 양면에서 꾸준히 강화되음을 보여준다. 이러한 경향은 〈그림 6.2〉와 〈그림 6.3〉을 볼 때, 앞으로도 상당기간 그 강도가 더해질 것임이 어렵지 않게 예상된다.

중국의 PCI는 대체출산율 미만으로 떨어지기 직전 해인 1990년 343달러였으나, 2022년 12,463달러로 약 30년 동안 36배 증

---

351 'National Accounts, *Basic Data Selection*, Statistics Division, Department of Economic and Social Affairs, UN, Retrieved Feb. 21. 2024(https://unstats.un.org/unsd/snaama/Basic)'의 자료를 토대로 작성됨.

가했다. 중국은 1990년 이래 지속적으로 PCI가 증가했으나, 한국의 맞춤소비가 본격적으로 시작한 시기가 PCI가 5,000달러를 넘어선 후기 M세대[352]부터인 점을 고려하면, 중국에서 맞춤소비가 본격화될 시기는 중국의 PCI가 5,000달러를 넘어선 2011년 이후 출생한 세대가 사회에 나오는 시기부터일 것으로 예상된다. 이때부터 중국도 한국과 마찬가지로 공간 확장과 소득 증가 양면에서 맞춤소비 욕구가 급격히 강화되며 맞춤소비 사회로 진입할 것으로 보인다.

일본은 한국 및 중국과는 조금 다른 양상을 보인다. 일본은 합계출산율이 대체출산율 미만으로 떨어지기 직전 해인 1974년 PCI가 4,314달러였으나, 1995년에는 44,587달러로 약 10배 증가했다. 그러나 이후 2022년까지 약 30년 동안 등락을 반복하며 평균 39,800달러를 기록하며 정체 상태를 유지하고 있다. 따라서 일본은 1975년부터 1995년까지의 20년간 출생한 세대(주로 M세대)에서는 공간 확장과 소득 증가 양면에서 맞춤소비 욕구가 강화되었을 것이다. 그러나 그 이후 세대에서는 소득 증가면에서는 오히려 맞춤소비 욕구가 약화되는 상황이 발생했다.

따라서 일본은 1995년 이후 출생한 세대에서는 공간 확장면에서는 맞춤소비 욕구는 강화되었을 지 모르나, 소득 증가면에서는 맞춤소비 욕구 약화되어 전체적으로는 맞춤소비 욕구가 정체되거나 미약하게 강화되는 상태가 되었을 것으로 보인다. 이에 따

---

352 M세대(1980~1996년 출생자)는 Z세대(1997~2009년 출생자)에 비해 기간이 길어 M세대의 전반부를 전기 M세대, 후반부를 후기 M세대로 나누기도 한다.

라 일본에서 1995년 이후 출생한 세대에의 맞춤소비 강화는 제한적일 것으로 예상된다. 이는 한국과 중국의 신세대들이 시간 간격을 두고 차례로 강력한 맞춤소비로 전환하는 것과 달리, 일본은 비록 먼저 시작되었으나 앞으로의 맞춤소비로의 선환 강도는 한국 및 중국에 비해 약할 것으로 여겨진다.

이상과 같이 동아시아 3국은 합계출산율이 지속적으로 대체출산율 미만을 기록하고 있는 반면, PCI는 지속적으로 증가(일본은 1995년 이후 정체)하고 있다. 이로 인해 개인별 공간 확장과 소비력 증가(일본은 정체)가 일어나고 있다. 이러한 동아시아 지역에서의 변화는 미래 소비자들이 개인적 취향과 개성을 중시하는 맞춤소비 경향이 지속적으로 강화되는 현상으로 나타날 것이다. 따라서 전 세계에서 가장 낮은 출산율을 나타내는 동아시아 3국은 세대가 흐를수록 개인주의의 강화와 더불어 개인 맞춤형 소비가 대세로 자리잡을 것이며, 그 가운데 한국이 가장 빠르고 강력하게 진행되어 갈 것이다.

이러한 소비 행태의 개인 맞춤형으로의 전환은 동아시아 3국에 국한되지 않는다. 경제 부국이면서 합계출산율이 대체출산율 미만을 기록하는 나라에서는 그 강도와 선후에 차이는 있을지라도 모두 마찬가지일 것이다. 이는 〈그림 6.4〉의 북미의 경제 부국과 〈그림 6.5〉의 서유럽 경제 부국들의 합계출산율과 PCI 추이를 살펴보면 어렵지 않게 확인할 수 있다.

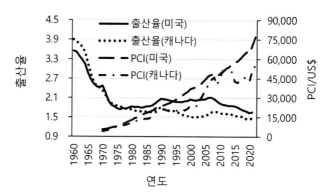

합계출산율 및 PCI 추이

그림 6.4 북미 2국의 합계출산율과 PCI 추이(1960~2022년).[353]

〈그림 6.4〉를 보면, 북미의 경제 부국인 미국과 캐나다는 1972년 합계출산율이 2.1 미만으로 떨어진 이후, 미국이 일시적으로 2007과 2008년에 각각 2.10과 2.11을 기록한 것을 제외하고는 2022년 현재까지 대체출산율을 상회하지 못하고 있다. 또한, 미국과 캐나다의 PCI는 각각 1971년에 5,731과 4,485달러로 5,000달러 부근이었던 것이 2022년에는 77,087과 55,038달러로 약 13배와 12배 증가했다. 그러므로 이들 국가에서는 X세대부터 맞춤 소비 성향이 나타나기 시작했을 것으로 보인다.[354] 이는 북미 국

---

353 합계출산율은 'World Population Prospects 2022, Online Ed., United Nations, Department of Economic and Social Affairs, Population Division, 2022'의 자료, PCI는 'National Accounts, Basic Data Selection, Statistics Division, Department of Economic and Social Affairs, UN, Retrieved Feb. 21. 2024(https://unstats.un.org/unsd/snaama/Basic)'의 자료를 토대로 작성됨.

354 각각 1994년과 1997년에 설립되어 놀라운 성공을 이룬 아마존(Amazon.com Inc.)과 넷플

가들이 한국보다 13년 빠른 것이다. 다만, 출산율 하락 강도는 한국이나 중국에 비하여 약하여 향후 맞춤소비로의 전환 강도는 한국이나 중국에 비해 약할 수 있다.

합계출산율 및 PCI 추이

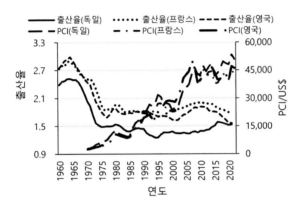

그림 6.5 서유럽 3국의 합계출산율과 PCI 추이(1960~2022년).[355]

이러한 현상은 유럽의 경제 부국인 서유럽 3국(독일, 프랑스, 영국)도 북미 2국과 크게 다르지 않다. 〈그림 6.5〉에서 보듯이, 서유럽 3국은 1970년대 전반부에 독일, 영국, 프랑스 순으로 차례로 합계출산율이 2.1미만으로 떨어졌다. 따라서 서유럽의 경제 부국에

릭스(Netflix, Inc.)를 비롯한 플랫폼 기업들은 미국에서 X세대와 그 이후 세대의 연이은 소비시장 진출과 궤를 같이한다.

355 합계출산율은 'World Population Prospects 2022, Online Ed., United Nations, Department of Economic and Social Affairs, Population Division, 2022'의 자료, PCI는 'National Accounts, Basic Data Selection, Statistics Division, Department of Economic and Social Affairs, UN, Retrieved Feb. 21. 2024(https://unstats.un.org/unsd/snaama/Basic)'의 자료를 토대로 작성됨.

서도 1970년 초·중반 이후에 출생한 세대들은 맞춤소비를 지향하는 성향을 지닌 소비자들이다.

그러나 여기서 한 가지 주목해야 할 것은 독일의 출산율이다. 독일은 미국과 캐나다보다 2년, 영국과 프랑스 보다 각각 3년과 5년 먼저 합계출산율이 2.1 미만으로 떨어졌다. 이후 하락 정도도 커서, 1975년에는 1.48로 1.5를 붕괴했고, 1994~1995년에는 1.25까지 떨어져 서구 사회에서 가장 낮은 출산율을 기록했다. 이러한 독일의 출산율은 이어서 논하게 될 독일에서의 '인더스트리 4.0(Industry 4.0) 정책'[356]의 태동과 결코 무관하지 않음을 예상하게 한다.

소득 그룹별 합계출산율 추이

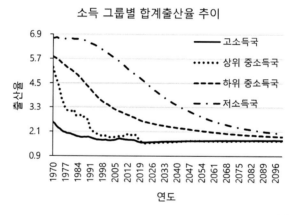

그림 6.6 소득 그룹별 합계출산율 추이(1970~2100년).[357]

---

356 인더스트리 4.0은 제조업과 같은 전통 산업에 IT 기술을 접목하여 생산 시설을 스마트화(Smart Factory)하고, 생산시설들을 네트워크화 하여 지능형 생산 시스템으로 전환하는 것을 골자로 한다. 이 정책은 독일 총리가 주도하며, 2011년 1월에 공식적으로 발의되었다.

357 'World Population Prospects 2022', Online Ed., United Nations, Department of Economic and Social Affairs, Population Division, 2022'의 자료를 토대로 작성됨. 2022년 이후의 값은 중위 추계 값을 사용했음.

한편, 이러한 대체출산율 붕괴에 의한 대량소비에서 맞춤소비로의 전환은 경제 부국들에서만 일어나는 현상이 아니다. 〈그림 6.6〉에서 보듯이, 합계출산율이 2.1 미만으로 떨어지는 현상은 고소득국에서 저소득국으로 시차를 두고 차례로 일어난다. 고소득국과 상위 중소득국은 각각 1976년과 1993년에 2.1 미만으로 떨어졌으며, 하위 중소득국과 저소득국(low-income countries)은 각각 2058년과 2089년으로 추산되고 있다. 그러나 소득이 낮은 국가로 갈수록 사망률이 높아 대체출산율이 2.1보다 높은 점을 감안하면, 하위 중소득국은 2010년대에 이미 대체출산율 미만으로 떨어졌을 것으로 예상되며, 저소득국은 2050년대에 대체출산율 미만으로 떨어질 것으로 여겨진다. 따라서 향후 30년 내에 전 세계 인구가 맞춤소비를 지향하는 세대들로 교체될 것이다. 이는 머지않아 전 세계적으로 인구 증가를 기반으로 성장한 대량생산 대량소비의 구산업화 시대가 막을 내리고, 인구 감소와 더불어 맞춤소비 시대로의 전환에 따른 산업화의 패러다임이 바뀌는 것(신산업화)을 의미한다.

2

맞춤소비는 맞춤유통과
맞춤생산으로 대응한다

'소비자는 왕(王)이다'라는 말이 있다. 그러나 기존의 구산업화 시대에는 오히려 '소비자는 봉(鳳)'이었다. 그러나 앞으로 전개되는 시대는 진정으로 '소비자가 왕'인 시대가 될 것이다. 소비자가 왕이 되느냐 봉이 되느냐는 누가 주도권을 갖는가에 달려있다. 시장에서 소비자가 주도권을 가지면 소비자가 왕이 되고, 주도권을 가지지 못하면 봉이 된다. 주도권은 거시적으로 볼 때 희소성을 지닌 곳이 갖게 마련이다. 따라서 소비할 물품이 절대적으로 부족했던 구산업화 시대에는 물품을 공급하는 자(생산자와 유통업자)가 왕이었고, 소비자는 봉이었다. 이것이 바로 1~3차 산업혁명이 대량생산, 대량유통, 대량소비 체제를 구축하는 일련의 과정이 될 수밖에 없었던 이유이다. 다시 말해, 생산자가 특정 상품(각종 서비스도 본질적으로 여기에서 벗어나지 않는다)을 대량으로 생산해서 대량으로 유통시키면, 소비자는 개인적 취향과 상관없이 그 물품을 대량으로 소비할 수밖에 없었던 것이다. 그러나 공급되는 물품은 많은 데 구매할 소비자가 적으면, 이 관계는 역전되어 공급자들은 경쟁적으로 소비자의 눈치를 볼 수밖에 없게 된다. 소비자가 왕이 되고 공급자는 봉이 되는 것이다. 이 소비자가 왕이 되는 현상이 바로 맞춤소비고, 공급자가 봉이 되는 현상이 맞춤유통과 맞춤생산이다.

쉽게 말해, 맞춤소비란 소비자가 왕이 되어 생산자와 유통업자에게 내가 좋아하는 상품을 만들어서 가져오라고 명령을 내리는 소비 행태이다. 따라서 맞춤소비가 등장하고 있다는 것은 기존의 공급자가 우위에 있던 시장이 소비자가 우위에 있는 시장으로 위상이 역전되고 있음을 의미한다. 이러한 위상 역전은, 너무나 당연한 것이겠지만, 작은 자금으로도 쉽게 접근할 수 있는 유통 분야에서부터 시작되고 있다.

비록 초기 형태이긴 하지만, 미국에서 등장한 아마존(Amazon. com, Inc.)과 넷플릭스(Netflix, Inc.) 같은 기업이 맞춤소비에 부응하여 맞춤유통을 실현하고 있는 대표적인 예이다. 아마존은 1994년에 독자가 책을 사기 위해 서점을 방문하지 않아도 되는 온라인 서점으로 설립됐다. 그러나 이 회사는 1997년부터 VHS, 음악 CD, DVD, 컴퓨터 소프트웨어 등으로 판매 상품을 확장해 나갔고, 현재는 소비자가 상상할 수 있는 모든 제품을 온라인에서 판매하고 있다.[358, 359]

넷플릭스는 아마존보다 3년 늦은 1997년에 설립됐다. 넷플릭스는 당시 신생 기업이었던 아마존을 벤치마킹하여 기존에 비디오를 대여하고 반납하기 위해 소비자가 대여점을 방문해야만 했

358　https://www.amazon.com.
359　아마존에서는 현재는 구매하고자 하는 제품을 직접 확인하고자 하는 소비자를 위해 일부 오프라인 매장도 운영하고 있다.

던 것을 온라인과 우편 시스템을 이용하여 집에서 대여하고 반납하는 소위 찾아가는 비디오 대여점 사업을 시작했다. 이후 넷플릭스는 스트리밍 기술의 발전에 발맞추어 동영상을 인터넷으로 다운받아 볼 수 있는 서비스를 제공했다. 넷플릭스의 비디오 대여 사업이 전 세계 거의 모든 나라의 안방에 영상을 즉각적으로 배달하는 서비스가 된 것이다. 소비자는 자신이 있는 그 자리에서 자신이 보고 싶은 영상을 골라 주문하면 넷플릭스에서는 즉시 그 영상을 배송해준다. 즉, 넷플릭스의 비디오 서비스는 즉시 맞춤유통인 것이다. 넷플릭스는 이러한 맞춤유통으로 1998년 4월 14일 온라인 DVD 대여 서비스를 시작할 당시 직원수가 30명[360]에 불과한 소기업이었으나, 2024년 2월 현재 20여 년 만에 직원수 9,400명과 2억 6,000만 명이 넘는 유료 회원을 가진 거대기업이 됐다.[361]

아마존과 넷플릭스가 이러한 성공을 거둘 수 있었던 것은 기술적으로는 인터넷의 등장에 힘입은 바 크다. 그러나 보다 근원적인 것은 맞춤유통 서비스를 요구하는 소비자가 그만큼 많이 시장으로 쏟아져 들어오고 있었기 때문이다. 온라인 기술이 아무리 잘 개발되었다 하더라도 맞춤소비를 선호하는 소비자가 없거나 미미했다면, 오늘날과 같은 아마존과 넷플릭스의 성공이 가능했을까? 아마도 그렇지 못했을 것이다. 이는 아마존과 넷플릭스가

---

360 FundingUniverse, *Netflix, Inc. History.* www.fundinguniverse.com/ company-histories/ Netflix-inc-history/

361 Netflix Investors, *Company Profile.* https://ir.netflix.net/ir-overview/profile/default. aspx/

등장한 시기가 미국의 첫 맞춤소비를 지향하기 시작한 세대(미국이 대체출산율 미만으로 떨어진 시기에 태어난 세대)가 시장에 본격적으로 나오기 시작한 시기[362]와 일치하는 것을 보아도 잘 알 수 있다.[363]

2005년 등장하자 삽시간에 기존 시장을 장악해 나가고 있는 것은 물론 새로운 시장을 창출하고 있는 동영상 공유 플랫폼 유튜브(YouTube)[364]는 아마존, 넷플릭스보다 한 단계 더 진화된 맞춤유통 기업이다. 유튜브는 유통업체이기도 하지만, 생산업체이기도 하다. 다만 유튜브는 컨텐츠를 직접 생산하지 않는다는 점에서 전통적인 생산업체와 다를 뿐이다. 유튜브에서 생산자는 '크리에이터(Creator)'라고 하는 이들로, 누구든지 동영상을 만들어 유튜브에 올리면 크리에이터인 생산자가 될 수 있다. 유튜브는 맞춤유통에 맞춤생산까지 일부 접목시킴으로써, 아마존이나 넷플릭스보다 한 단계 더 나아간 맞춤 서비스로 맞춤소비를 추구하는 소비자들의 욕구를 사로잡고 있다.

맞춤소비가 맞춤유통과 맞춤생산을 강력하게 요구하고 있음을 잘 보여주는 또 하나의 업종이 배달업이다. 배달업의 성장은 '소비자가 왕'이 되었음을 분명하게 보여주는 사례이다. 집까지 배달

---

362 미국과 캐나다에서 합계출산율이 대체출산율 밑으로 떨어진 첫 해에 출생한 1972년생은 아마존이 설립된 1994년에는 22세, 넷플릭스가 설립된 1997년에는 25세로 사회에 나와 자율적으로 소비를 시작한 나이였다.

363 아마존의 창업자 베이조스(J. P. Bezos)는 1964년생, 넷플릭스의 공동 창업자 헤이스팅스(W. R. Hastings)는 1960년생이다. 이들은 창업 당시 각각 30세와 37세의 젊은이들로 새롭게 등장하는 M세대의 소비 취향의 변화를 잘 알 수 있는 나이였다.

364 2005년 첸(S. Chen), 헐리(C. M. Hurley), 카림(J. Karim)이 공동으로 창업한 동영상 공유 플랫폼 기업이다. 2006년에 구글이 인수하여 서비스를 제공하고 있다. 첸, 헐리, 카림은 각각 1978, 1977, 1979년생으로 모두 맞춤소비 1세대 출신이라 할 수 있다.

해준다고 해서 택배(宅配)라고도 불리는 맞춤배달 서비스는 한국 등 선진국에서 이제는 보편적인 배달 서비스가 되고 있다. 그러나 맞춤배달 서비스는 한국에서는 1990년대까지 만해도 우체국 소포가 거의 전부였고, 민간 유통업체가 개인을 위해 제공하는 서비스는 거의 전무했다. 택배 서비스는 1990년대 후반 통신판매업과 함께 성장했고, 2019년에 발생한 코로나 팬데믹으로 더욱 크게 확장됐다. 이러한 택배 서비스의 발전은 소비자의 맞춤배달 욕구의 증대가 가져온 결과이다.

한편, 무점포 판매[365]의 하나로 맞춤유통의 초기 형태인 통신판매는 필연적으로 택배 서비스의 발전과 함께 할 수밖에 없다. 그리고, 통신판매업은 택배업과 마찬가지로 맞춤소비의 수요가 충분하지 않으면 발전할 수 없는 특성을 지닌 업종이다. 온라인 통신판매에서 소비자는 온라인에 올라와 있는 모든 상품의 성능 등 각종 스펙과 가격, 디자인, 배송 조건 등을 비교하여 자신이 구매하고자 하는 조건에 가장 잘 맞는 상품을 주문한다. 이러한 소비 행태는 완전한 형태의 맞춤소비라 할 수는 없다. 그러나 대량소비 시장에서 한정된 상품에 대한 일방적인 광고와 오프라인 매장에서 소수의 상품만을 보고 구매를 결정하는 것과 비교하면, 소비자가 구매를 할 때 활용할 수 있는 정보의 양과 질은 하늘과 땅 차이다. 따라서 소비자의 맞춤소비 욕구에 불완전하게나마 부응하는 통신판매는 맞춤배달 서비스와 결합하여 급격한 시장 확장

---

365 판매자는 점포가 아닌 미디어를 이용하여 제품을 전시하고, 소비자는 통신 수단을 이용하여 주문하는 상품 거래 방법이다. 판매자는 택배와 같은 맞춤배달 서비스를 이용하여 주문된 상품을 소비자에게 전달한다.

을 이루게 됐다. 일종의 통신판매 회사인 아마존과 넷플릭스의 놀라운 성장은 맞춤배달 서비스의 발전에 힘입은 바 크다.

통신판매의 확장과 온라인 커뮤니티를 통한 개인 간의 정보 교환은 맞춤소비를 더욱 강화시켰다. 이는 인터넷 시내에 성장한 첫 세대인 M세대, 어릴 때부터 스마트폰에 친숙한 Z세대와 α세대로 내려갈수록 정보 교환의 양이 증가하고, 내용도 정밀해졌다. 이러한 경험은 브랜드에 대한 고객 충성도를 낮췄고,[366] 상품에서 자신에게 불필요한 기능을 빼 달라고 요구하는 등 상품의 생산에까지 참여하는 수준으로 발전하게 했다. 이는 궁극적으로 생산자를 비롯한 공급자 역시 진정으로 개개인에게 맞춘 제품을 제공하는 형태로 혁신해야 함을 보여주고 있다. (이는 어떠한 산업과 기업도 시장을 이길 수 없기 때문이다.) 그러나 모든 생산 시설과 유통 체계가 일순간에 완벽한 맞춤생산과 맞춤유통으로 전환하는 것은 어려운 일이다. 혁신으로 가는 길에는 반드시 과도기 단계와 현상이 있다. 이것이 현재 '대량맞춤(mass-customization)'[367]이 등장한 배경이다. 그러므로 생산과 소비는 다음과 같은 과정을 거쳐 변화해 나갈 것이다.

---

366 소비자의 브랜드 충성도의 약화를 단적으로 드러내고 있는 것이 '노브랜드(No Brand)' 상품의 등장이고, 이러한 소비자의 성향 변화를 마케팅에 활용하여 '브랜드가 아니라 소비자다'를 내세우며 아예 'No Brand'를 상호로 내세운 유통 기업마저 나타났다.

367 대량맞춤은 크게 대량 맞춤생산과 대량 맞춤소비로 나눌 수 있다. 대량 맞춤생산은 대량 생산 공정에 개별 맞춤화를 결합하여 생산하는 방식이다. 이를 위해 컴퓨터 지원 시스템을 결합하여 생산자는 추가적인 큰 비용투자 없이 상품의 다양성과 맞춤화를 크게 증가시킬 수 있다. 그리고, 대량 맞춤소비는 소위 '공동구매'라 하는 것이 그 전형적인 예이다. 이는 소비자들이 단체로 물품이나 서비스를 대량으로 구매하여, 개별 소비자가 얻을 수 없는 혜택을 누리는 것을 의미한다.

대량생산, 대량소비 → 대량 맞춤생산, 대량 맞춤소비 → 개별 맞춤생산, 개별 맞춤소비[368]

대량 맞춤생산은 "어떤 형태로든 회사와 고객 간의 상호작용을 통해 제조 및 조립 단계에서 가치를 창출하고 대량생산 제품과 유사한 생산 비용과 화폐 가격으로 맞춤형 제품을 만드는 전략"[369], 또는 "맞춤화를 요구하는 비교적 큰 시장(또는 틈새 시장 집합)을 위해 상대적으로 다양한 제품 옵션을 비용, 납품, 품질에 대한 거래 없이 생산할 수 있는 능력"[370]으로 정의되고 있다. 이러한 정의에서 보듯이, 대량 맞춤생산은 아직은 대량생산 체제를 벗어나지 못한 산업들이 소비자의 맞춤소비 욕구에 대응하기 위한 과도기적 방편임을 보여준다.

궁극적으로 소비자의 맞춤 욕구는 개인주의의 강화와 더불어 '개별 맞춤소비'로 나아갈 수밖에 없다. 이러한 '개별 맞춤소비' 욕구의 강화 추세에 발맞추어 등장한 범국가적인 정책이 시중에서 소위 4차 산업혁명이라고도 불리는 독일의 '인더스트리 4.0 구현

---

368 '개별 맞춤'은 '개인 맞춤'보다 확장된 개념으로 저자가 제시하는 용어이다. '개인 맞춤'이 한 사람 개개인에 초점을 맞춘 개념이라면, '개별 맞춤'은 개인 뿐만 아니라 개별적인 기업이나 단체 등 시장에 참여하는 모든 존재를 포함하는 개념으로 사용했다.

369 A. M. Kaplan, M. Haenlein, *Toward a Parsimonious Definition of Traditional and Electronic Mass Customization*, Journal of Product Innovation Management, **23**(2), 168 (2006).

370 I. P. McCarthy, *Special Issue Editorial: The What, Why, and How of Mass Customization*, Production Planning & Control, **15**(4), 347 (2004).

전략'371이다. 372 인더스트리 4.0은 기존의 대량생산이나 현재 뜨거운 관심을 받고 있는 '대량 맞춤'이 아니라 '개인 맞춤형 제품 (personalized product)'을 고객이 수용할 만한 가격으로 제공하기 위한"373 생산 체계의 전년석 개편 전략이다. 이는 날이 갈수록 개인화가 심화되고 있는 소비자의 소비 방식 변화에 대응하고자 하는 독일 산업계의 생존 전략이다.

독일의 이러한 전략은 우연히 나온 것이 아니라 필연에 의해 선택된 전략이다. 이는 인더스트리 4.0이 정부가 아닌 민간에서 수립하여 정부에 제안된 것임을 보아도 잘 알 수 있다. 독일의 인더스트리 4.0은 하이테크 전략374 2020의 실행계획의 일환으로 수립됐다. 이 전략을 제안하고 프로젝트 매니저로서 발의하고 수립한 이는 독일의 소프트웨어 회사인 SAP의 회장(1998~2009) 카게르만(H. Kagermann)이었다. 카게르만이 수립한 인더스트리 4.0의 핵

---

371 Bitkom e.V., VDMA e.V., ZVEI e.V., *Implementation Strategy Industrie 4.0: Report on the results of the Industry 4.0 Platform*, January 2016. https://www.zvei.org/en/press-media/publications/implementation-strategy-industrie-40-report-on-the-results--of-industrie-40-platform/

372 독일의 인더스트리 4.0 전략을 4차 산업혁명과 동일시하여 용어를 사용하는 것은 문제가 있다. 산업혁명이라는 것은 산업적 혁신이 다양한 분야에서 대규모로 일어나고, 또 성공적으로 달성되었거나 달성될 것이 확실할 때 붙여지는 명칭이다. 그러므로 인더스트리 4.0과 같은 초기 단계의 산업 혁신 운동은 '산업혁명'과는 구분하여 사용할 필요가 있다. 4차 산업혁명은 인더스트리 4.0에서 달성하고 자 하는 것 이상의 산업적 혁신이어야 한다. 이에 관해서는 이어지는 글을 참고하기 바란다.

373 김은 외, *4차 산업혁명과 제조업의 귀환: 독일 전문가들이 들려주는 인더스트리 4.0의 모든 것*, 클라우드나인, **2017**, p. 24.

374 독일의 첨단 기술 전략으로 2006년에 처음 수립됐고, 4년 주기로 2010, 2014년에 수정·보완되어 발표됐다. 이 가운데 2010년에 발표된 전략을 '하이테크 2020'이라 칭한다. (김은, *인더스트리 4.0의 연혁, 동향과 방향 전망*, 월간 KIET 산업경제, **2017**(6), p. 76.)

심은 개인 맞춤형 제품 생산을 위해 독일 제조업을 '스마트 팩토리(Smart Factory)'로 전환하는 것이다. 이는 2000년경 확대되기 시작한 개인 맞춤형 제품에 대한 수요 확대와 독일에서 2004/2005년부터 시작한 '스마트 팩토리'에 대한 연구에 기반한다.

서구 사회에서 2000년에 일어난 개인 맞춤형 제품 수요 확대는 〈그림 6.4〉와 〈그림 6.5〉에서 보았듯이, 1970년대 초·중반부터 시작된 북미와 서유럽 국가에서 발생한 합계출산율이 대체출산율 미만으로 떨어진 현상과 궤를 같이한다. 1970년대부터 태어나기 시작한 세대가 1990년대에 사회에 진출하기 시작한 것이다. 이들 세대는 〈6장의 1〉에서 논했듯이 개인주의가 강화되는 세대로 맞춤소비를 추구하는 세대이다.

독일은 〈그림 6.5〉에서 보았듯이, 북미와 서유럽의 산업 강국 가운데 합계출산율이 가장 먼저, 그리고 가장 낮은 수준까지 떨어졌다. 이는 산업선진국 가운데 독일에서 개인주의화의 강도가 가장 빨리 그리고 강하게 진행됐고, 이에 따른 맞춤소비 욕구도 가장 강하게 일어났을 것임을 알 수 있다. 따라서 독일 산업계에 대한 개인 맞춤소비 압박 또한 가장 먼저 그리고 강하게 일어났을 것임은 명확관화(明確觀火)하다. 이러한 연유로 독일 산업계는 필연적으로 '스마트 팩토리'로 대표되는 개인 맞춤형 생산으로 제조업의 변신을 누구보다 먼저 추진할 수밖에 없었다. 즉, 서구 국가 중 독일의 가장 급격한 합계출산율 하락이 독일에서 개별 맞춤소비를 추구하는 세대의 등장을 가장 강하게 야기했고, 이는 독일이 가장 먼저 제조업의 개인 맞춤형으로의 전환을 추구하는 인더스트리 4.0 전략을 수립하게 한 동력이 되었음을 알 수 있다.

국가 단위로는 합계출산율 하락으로 인한 맞춤생산으로의 전환을 독일이 먼저 추구했다면, 산업 단위에서는 제조업 중에 새롭게 소비 시장에 진입하는 세대에 민감한 산업인 의류산업이 그 선두 중 하나에 서 있다고 할 수 있다. 의류산업은 구산업화 이진에는 맞춤생산이 일반적이었고, 지금도 일부 고급 제품은 개인 맞춤생산을 한다. 그러나 전통적인 맞춤생산으로는 급증하는 인구로 인한 수요를 감당할 수 없게 되자, 구산업화를 통해 발전한 대량생산 체제를 적용하여 소위 '기성복'이라 불리는 대량생산 의복이 일반적인 것이 됐다. 이후 의류산업은 소비자들의 의복에 대한 기호 변화(유행)에 빠르게 맞춰(한편으로는 이끌어) 나가는 산업으로 발전하여 '패션'하면 의류를 떠올리게 됐다.

의류에 대한 기호 변화를 주도하는 것은 늘 새롭게 사회에 진입하는 젊은 세대이다. 따라서 의류업이 주를 이루는 패션산업은 개인 맞춤소비 욕구가 강한 젊은이의 소비 행태에 발맞추어 빠르게 개인 맞춤생산으로 전환하고 있다. 현재 패션산업에서는 인공지능 기술을 도입하여 창의적인 작업으로 대체하기 어려울 것으로 여겨지는 디자인 분야에서조차 인공지능을 적용하는 개인 맞춤형 디자인에 대한 시도가 이루어지고 있으며, 의류의 자동 제작도 고려되고 있다.[375] 이러한 패션산업에서의 변화는 패션업계의 직무에서 데이터 관련 직무 수요가 급격하게 증가하고 있는 것으로도 확인된다.[376]

---

375 정주리, 김미현, 패션산업에서 인공지능 기반의 디자인 프로세스 혁신에 관한 연구, 커뮤니케이션디자인학연구, **67**, 140 (2019).

376 신성은, 글로벌 패션기업의 직무 수요 데이터 분석을 통한 4차 산업혁명 시대의 패션 산

독일의 인더스트리 4.0 전략의 추진과 패션산업에서의 개인 맞춤생산 도입 시도는 인구 구조 변화에 따른 맞춤소비를 추구 세력이 유통업에 이어 제조업으로까지 맞춤으로의 전환을 강하게 압박하고 있음을 보여준다. 이러한 산업 혁신 물결은 국가 단위에서는 1970년대부터 시작된 인구 구조 역전이 일어나고 있는 나라로부터, 산업 분야에서는 새로운 세대의 소비 행태에 민감한 업종으로부터 시작되어 퍼져 나가고 있다.

선후와 정도의 차이는 있을 지 모르나, 궁극적으로 전 세계 모든 국가와 모든 산업이 맞춤유통과 맞춤생산을 기본으로 하는 산업체계로의 전환이 요구되고 있다. 시장이 대량소비에서 맞춤소비로 전환되는 것은 시대의 대세이다. 따라서 맞춤소비로 전환되는 시장에서 산업과 기업이 살아남기 위해서는 맞춤생산과 맞춤유통으로 대응하는 방법 외에 다른 길은 없다.

업 직무 연구, 문학석사학위논문, 창원대학교 대학원, 2023년 1월.

3
자원 고갈은 자원순환과
자원변환으로 대응한다

구산업화 사회는 현 기술로는 재생 불가능한 화석연료(석유·석탄·천연가스 등)를 에너지원으로 사용하고, 철과 구리 같은 매장량이 한정된 지하자원에 의존해서 성장해 왔다. 화석연료의 대량 연소로 인한 지구 온난화와 같은 환경 문제는 차치하더라도, 지난 300여 년 동안 인류는 지구의 자연 자원을 지속적으로 잠식해 왔다. 그 결과, 석유를 비롯한 거의 모든 지하자원이 고갈되면서 가격이 급등하고 있다. 더욱 심각한 것은 이러한 자원 고갈이 화석연료에만 국한되는 것이 아니라는 점이다. (5장의 5)

화석연료 중 석유 가격 추이를 보면(《그림 6.7》), 제1차 세계대전이 발발하기 전인 1910년대 전반부에는 원유 가격이 평균 4.68달러였다. 이 가격은 제1차 세계대전과 세계 대공황의 여파로 1917~1926년 10년 동안 평균 11.50달러로 약 2배 상승했다. 이후 제2차 세계대전이 끝난 직후인 1946년까지는 평균 6.74달러로 하향 안정세를 유지했다. 그러나 이 안정세는 전후 복구와 더불어 소비가 증가하자, 1970년대의 석유위기가 일어나기 전까지는 세계 규모의 전쟁이나 경제 공황이 없었음에도 불구하고 평균

11.66달러까지 다시 2배로 올랐다. 이는 석유 자원이 서서히 고갈되어 가고 있음을 암시하고 있는 것이었다. 이런 상태에서 1970년대에 페르시아만 산유국들의 석유 감산과 이란의 석유 수출 중단으로 인해 석유 가격이 급등하기 시작했고, 이 추세는 현재까지 지속되고 있다. 앞으로도 이 상승 추세는 지속될 것으로 보인다. 특히, 이 추세(〈그림 6.7〉의 점선)가 무서운 점은 지수함수적인 속도로 상승하고 있다는데 있다.

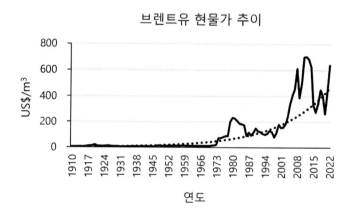

그림 6.7 현행 미국 달러 기준 입방 미터당 브렌트유 현물가 추이
(1910~2022년).[377]

이러한 지하자원의 고갈 문제는 화석연료만의 문제가 아니다. 현대 산업의 꽃인 반도체 제조에 사용되는 원료인 규소(실리콘, Si),

---

377 'Crude oil prices, Our World in Data. https://ourworldindata.org/ grapher/crude-oil-prices' 의 자료를 토대로 작성됨. 이 자료는 인플레이션에 의한 보정은 적용되지 않았음.

게르마늄(Ge), 갈륨(Ga), 비소(As)도 마찬가지이다. 이 가운데 규소
는 비록 지각을 구성하는 원소 중 27.7%를 차지해 산소 다음으로
풍부하지만, 게르마늄은 0.00016%, 갈륨은 0.00169%, 비소는
0.00015%로 매우 적은 양만 존재한다. 따라서 반도체 제조의 사
활은 규소가 아니라 이러한 희귀 원소들이 결정한다. 또한, 새로
운 에너지원으로 주목받고 있는 태양광 패널을 만드는 소재의 원
료인 카드뮴(Cd), 텔루륨(Te), 인듐(In)은 각각 0.00001,
0.0000001, 0.000005%로 일반적인 반도체 원료보다 더 적은 양
이 지각에 존재한다.

표 6.1 철, 알루미늄, 구리 대비 희귀 원소 존재 비.

분야	원소	철	알루미늄	구리
반도체	Ge	1/31,250	1/9,931	1/31
	Ga	1/2,959	1/941	1/3.0
	As	1/33,333	1/10,600	1/33
	소계량	1/2,500	1/795	1/2.5
태양광 전지	Cd	1/500,000	1/159,000	1/500
	Te	1/50,000,000	1/15,900,000	1/50,000
	In	1/1,000000	1/318,000	1/1,000
	소계량	1/331,126	1/105,298	1/331
합계량		1/2,481	1/789	1/2.5

반도체나 태양광 전지[378]를 만들기 위해 필요한 원소의 희귀성
정도는 철(Fe), 알루미늄(Al), 구리(Cu)와 존재량을 비교해 보면 명

---

378 태양광 패널을 구성하는 태양광 전지 소자도 반도체의 일종이다. 다만, 일반적으로 컴퓨
터 칩에서 사용하는 반도체와 태양광 패널에 사용하는 반도체를 구분하여, 각각 반도체와
태양광 전지로 부르고 있다. 여기서도 이러한 구분을 따른다.

확하게 드러난다. 지각에 존재하는 양은 철이 약 5%, 알루미늄은 1.59%, 구리는 0.0050%이다. 이에 반해, 희귀 원소들은 〈표 6.1〉에 나와 있듯이 훨씬 적은 양으로 존재한다. 예를 들어, 반도체 원료 중 지각에 가장 많이 존재하는 갈륨조차 철, 알루미늄, 구리에 비해 각각 1/2,959, 1/1,941, 그리고 1/3 정도만 존재한다. 게르마늄, 갈륨, 비소의 양을 모두 합해도 철, 알루미늄, 구리에 비해 각각 1/2,500, 1/795, 1/2.5에 불과하다.

태양광 전지의 원료인 카드뮴, 텔루륨, 인듐의 희귀성은 더 극단적이다. 태양광 전지 소자의 원료 중 가장 많이 존재하는 카드뮴조차 철, 알루미늄, 구리에 비해 각각 1/50만, 1/16만, 1/500에 불과하다. 가장 적게 존재하는 텔루륨은 각각 1/5,000만, 1/1,600만, 1/5만 밖에 안된다. 카드뮴, 텔루륨, 인듐 모두를 합해도 철, 알루미늄, 구리에 비해 각각 약 1/33만, 1/10만, 1/330 수준밖에 되지 않는다.

이러한 반도체와 태양광 전지 원료의 희귀성은 작은 수요 증가에도 가격이 급등할 수밖에 없는 근본적인 한계를 가진다. 희귀 원소의 가격 급등 현상은 차량의 촉매 변환 장치 등에서 수요가 급증하고 있는 팔라듐(Pd)의 경우에서 그 심각성을 확인할 수 있다. 〈그림 6.8〉을 보면, 희귀 원소 중 하나인 팔라듐의 가격은 2003~2005년에는 200달러 수준이었으나, 수요가 증가하자[379] 20년도 채 안된 2022년 3월에는 3,380달러까지 17배나 치솟았

---

379 팔라듐의 가장 큰 용도는 촉매 변환기의 소재이다. 그러나 최근에는 전자 제품의 전극과 도금에도 사용이 급증하고 있으며, 수소 연료 정제에도 사용되어 수요가 꾸준히 증가하는 희귀 원소이다.

다.[380] 그리고 팔라듐 선물가의 추세선(<그림 6.8>의 점선)을 보면, 이 상승세는 일시적인 현상이 아니라 석유와 마찬가지로 지수함수적으로 상승하고 있음을 알 수 있다. 따라서 다른 희귀 원소들의 가격도 수요가 증가할수록 팔라듐과 같은 가격 급등이 일어날 수 있을 것으로 예측된다.

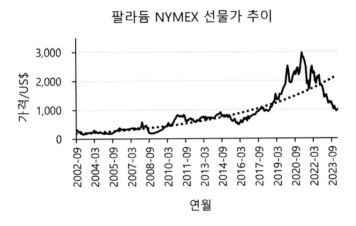

그림 6.8 팔라듐의 NYMEX 선물가 추이(2002.9~2024.4).

---

380 2003년 3월의 저가 145달러를 기준으로 하면 23배나 상승했다(<표 5.6>).

표 6.2 산업적으로 중요한 희귀 원소의 주 생산국(2023년).[381]

원소	주요 생산국*
갈륨	중국(98)
비소	페루(45), 중국(40), 모로코(12)
인듐	중국(67), 한국(18)
카드뮴	중국(39), 한국(17), 캐나다(8), 일본(8)
텅스텐	중국(81), 베트남(4)
코발트	콩고(74), 인도네시아(7)
티타늄	중국(67), 일본(18)
백금	남아프리카공화국(69), 러시아(13), 짐바브웨(11)
팔라듐	러시아(45), 남아프리카공화국(34), 캐나다(8)

*괄호 안의 숫자는 생산 점유율임.

희귀 원소의 취약성은 수요 증가에 따른 가격 급등뿐 만이 아니다. 또 하나의 취약성은 생산지의 편중성이다. 〈표 6.2〉에서 보듯이, 반도체 원료인 갈륨은 거의 전량(98%)이 중국 1개국에서 생산되고, 비소는 거의 전량(97%)이 페루, 중국, 모로코 3개국에서 생산된다. 그리고, 태양광 전지의 원료인 인듐은 85%가 중국과 한국 2개국, 카드뮴은 72%가 4개국(중국, 한국, 캐나다, 일본)에서 생산되고 있다. 반도체와 태양광 전지를 제작하는 데 필요한 원료 생산이 1~4개국에 집중되어 있는 것이다. 여기에 더해, 여타 하이테크 산업의 핵심 소재인 텅스텐(W), 코발트(Co), 티타늄(Ti)은 80% 이상이 2개국에서, 주요 촉매 소재인 백금(Pt)과 팔라듐은 각각 93%와 87%가 3개국에서 생산되고 있다. 이와 같은 희귀 원소 생산국의 극심한 편중은 정치·경제적인 불안이 발생하면 관련 산

---

381 'U.S. Geological Survey, *Mineral Commodity Summaries*, 2024'로부터 계산됨.

업 자체가 한순간에 심각한 타격을 입을 수 있음을 보여준다.[382]

21세기에 들어 석유(《그림 6.7》), 철광석(《그림 5.23》), 구리(《그림 5.24》)와 같은 자원 가격의 추세적인 급상승은 저가의 자원을 기반으로 하는 구산업화 시대의 성장 모델이 한세에 봉착하고 있음을 말해주고 있다. 또한, 팔라듐과 백금 같은 희귀 원소 자원 가격이 급등하고 생산지가 극도로 편중된 상황에서(《그림 6.8》, 〈표 5.6〉), 하이테크 산업 분야에서 이들에 대한 수요가 꾸준히 증가하고 있다. 만약 획기적인 자원 공급 대책이 마련되지 않으면, 미래 산업 발전은 '한여름 밤의 꿈'으로 끝날 수도 있음을 암시한다. 예를 들어, 신재생 에너지원으로 주목을 받고 있는 태양광 전지를 보면, 태양광 전지의 원료는 언제든지 가격이 급등할 수 있을 뿐만 아니라 원료 구입 자체가 불가능해질 수도 있다. 이와 같은 사태가 장기화되면 태양광 전지를 활용하여 에너지를 얻는다는 것은 '한여름 밤의 꿈'이 될 수 있다. 이러한 불확실성은 희귀 원소를 원료로 하는 모든 산업에 똑같이 적용된다.

21세기는 자원 고갈의 시대가 될 것이 분명하다. 그 가운데 현재 가장 먼저 그리고 가장 심각하게 다가오고 있는 것이 1차 산업혁명 이래 300여 년간 사용해 온 재생 불가능한 석유를 비롯한 화석연료의 고갈이다. 화석연료인 석유, 석탄, 천연가스 중 고갈이 가장 먼저 나타날 것은 석유이다.[383] 석유 고갈은 피하려 해도 피

---

[382] 자동차의 촉매 변환기 수요 증가 예측으로 팔라듐 가격은 2021년 5월 사상 최고치인 3,380.5달러로 최고치를 기록했다. 이후 하락하던 가격이 2022년 2월 러시아-우크라이나 전쟁 위기가 임박하자 약 50% 급등했다.

[383] J.-L. Wingert, 김성희 역, 에너지 전쟁: 석유가 바닥나고 있다, 청년사, **2007**, p. 193.

할 수 없는 사안이며, 아무런 조치가 없다면 그 피해는 상상을 초월할 정도로 막대할 것이다. 석유 고갈은 단순한 에너지원의 고갈 그 이상이다. 석유는 에너지원뿐만 아니라 플라스틱을 비롯한 각종 합성 소재를 비롯해 비료와 농·의약품을 만드는 데 사용되는 핵심 자원이다. 그러므로 지금과 같이 석유를 태워 없애는 것은 지구 온난화를 악화시키는 것을 넘어 현대 문명 생활을 조만간 불가능하게 하는 행위이다.

석유는 비료와 농약 및 의약품의 원료이므로 석유 고갈은 식량 생산과 질병 치료 역시 위협한다. 또한, 석유는 거의 모든 섬유의 원료이므로 의류 생활 또한 위협받게 된다. 석유 남용은 에너지 고갈과 지구온난화 문제를 넘어 우리의 일상생활을 위협하는 생존 문제이다. 따라서 우리는 문명 생활을 영위하는 것을 넘어 생존을 위해서도 지금과 같은 석유 자원을 낭비하는 소비 방식을 버리고 석유를 귀하게 사용하는 소비 방식으로 생활 방식을 완전히 바꿔야 한다. 즉, 석유 소비를 석유가 아니면 안 되는 것에만 사용하는 방식으로 바꾸고, 한 번 사용하고 버리는 것이 아니라 더 이상 재생할 수 없을 때까지 최대한 순환 사용하는 방식으로 바꿔야 한다.

이러한 전환은 당연히 하루 아침에 이루어 질 수 없다. 그럼에도 불구하고 반드시 가야 할 길이다. 이러한 전환을 위해서는 첫째로 석유 고갈의 최대 주범인 석유를 태워 없애는 것을 최대한 그리고 신속하게 줄여 나가야 한다. 그리고 그 목표는 석유를 비롯한 화석연료를 태워 없애는 것을 완전히 중지하는 것이 되어야 한다.384 현재 화석연료를 대신할 유일한 에너지원은 존재하지 않는다. 가능한 방법은 모두 동원해야 한다. 현재까지 제시되고 있는 방법385은 물론이고, 지금까지 알려지지 않은 방법도 개발하고 시도해야 한다. 둘째로, 모든 석유 제품을 만드는 데 사용된 원료를 최대한 재생하고 순환 사용하는 체계를 구축해야 한다. 비료, 농약, 의약품 등으로 사용된 것은 본질적으로 재생이 불가능하다. 그러므로 이와 같이 재생 불가능한 석유화학 제품을 제외한 모든 제품은 완전한 재생과 순환을 목표로 하는 사회 체계를 구축하고, 재생 및 순환 기술을 지속적으로 개발하고 적용하는 연구·개발을 독려하고 지원해야 한다.

앞으로 어떤 한 사회와 국가가 석유를 얼마나 적게 태워 없애고, 석유화학 제품을 얼마나 많이 그리고 얼마나 잘 순환 사용하는지가 그 사회와 국가의 경쟁력이 될 것이다. 즉, 미래에는 석유 에너지원의 대체율이 높고, 석유화학 제품의 순환 사용율이 높은 나라가 현재의 산유국과 같은 부국의 반열에 오를 것이다. 역설적으로, 미래에는 석유를 많이 생산하는 나라가 아니라 석유를 적게 소비하는 나라가 석유부국이 되는 것이다.

그러나 적게 사용하고 순환 사용하는 것만으로는 자원 고갈 문제를 온전하게 해결할 수 없다. 자원 고갈은 석유에 국한된 문제

---

384 이것은 궁극적으로 화석연료라는 단어가 사어(死語)가 되는 것을 의미한다.

385 석유의 대체 에너지로 석탄, 천연가스, 우라늄(원자력)은 석유와 마찬가지로 순환 불가능한 에너지원이다. 따라서 이들은 에너지 고갈 문제를 다소 뒤로 미룰 수는 있으나 근본적인 해결책은 될 수 없다. 반면, 현재까지 시도되고 있는 지속가능한 에너지원으로는 태양광, 해양, 풍력, 바이오매스(biomass), 지열, 수소 에너지 등이 있다.

가 아니기 때문이다. 석유, 석탄, 천연가스 같은 자원은 매장량이 희귀 원소들에 비해 비교가 되지 않을 정도로 풍부하다. 만약 이 자원들을 석유화학 제품 제조에만 사용한다면, 수백 년 이상을 사용할 수 있다. 그리고, 순환 사용율이 높아지면 그 기간은 더욱 길어질 것이다. 그러나 희귀 원소들의 경우는 상황이 크게 다르다. 석유 가격 상승률과 팔라듐 가격의 상승률을 비교해 보면 이 차이는 명확히 드러난다(《그림 6.7》, 〈그림 6.8〉). 팔라듐은 촉매로 많이 사용되어 현재에도 기본적으로는 순환 사용되고 있다.[386] 그럼에도 불구하고, 팔라듐을 사용하는 장치가 증가함에 따라 가격이 급상승하여 팔라듐을 적용하는 제품의 개발과 생산을 제한하고 있다.

이러한 현상은 희귀 원소를 주원료로 하는 다른 제품에도 똑같이 적용될 수 있다. 예를 들어, 태양광으로부터 전기 에너지를 얻게 하는 태양광 전지의 원료인 카드뮴, 인듐, 텔루륨은 지각에 0.00001~0.0000001% 정도만 존재하는 매우 희귀한 원소이다. 이는 태양광 전지 패널 보급이 증가할수록 원료 고갈은 급격히 일어날 수밖에 없음을 의미한다. 따라서 태양광을 지속적인 신재생 에너지원으로 사용하려면 수명이 다한 태양 전지를 재생하는 기술을 갖춰야 하는 것은 물론, 근본적으로는 지각에 풍부하게 존재하는 물질로부터 희귀 원소와 같은 성질을 갖는 물질로 변환하는 기술이 필요하다. 이러한 기술은 물리학적, 화학적, 생명과

---

386 촉매는 반응 과정에서 자신은 소모되지 않으면서 반응속도에만 영향을 미치는 물질을 말한다. 따라서 촉매는 촉매 변환기에 한 번 충진되면 재충진 없이 지속적으로 사용될 수 있다.

학적 방법 등 모든 방법을 동원하여 현대 문명의 사활을 걸고 개발해야 한다. 이러한 기술은 자원 순환 기술 개발보다 요원한 일일지 모르나, 궁극적으로 우리가 반드시 성취해내야만 하는 기술이다.

이러한 기술 개발이 결코 꿈같은 이야기만은 아니다. 귀금속으로 사용되는 루테늄(Ru)과 로듐(Rh)은 우라늄의 핵분열 생성물로 얻어진다. 팔라듐도 비록 현재 기술로는 추출하는 시설은 없으나, 사용 후 핵연료에서 추출할 수 있다. 루테늄, 로듐, 팔라듐이 핵반응을 통해 생성될 수 있다면, 다른 희귀 원소 역시 불가능하다고 할 수 없다.

또한, 1911년 최초로 발견된 초전도체는 1986년까지 -243℃ 이상에서 초전도성을 보이는 것은 불가능하다고 생각됐다. 그러나 1986년 베드노르츠(J. G. Bednorz)와 뮐러(K. A. Müller)가 이전과는 전혀 다른 계통의 물질로부터 -248℃에서 초전도성을 발견했다. 이후 순식간에 -181℃까지 올라가는 물질이 만들어졌고, 단 7년 후인 1993년에는 -135℃에서 초전도성을 보이는 물질이 만들어졌다. 그 결과, 우리는 초대형 병원에 가야 찍을 수 있었던 MRI(Magnetic Resonance Imaging, 자기공명영상)를 이제는 지역의 중형 병원에서도 어렵지 않게 찍을 수 있게 됐다.

따라서 핵분열 또는 핵융합과 같은 핵변환을 통한 희귀 원소 생성이든, 고온 초전도체의 합성과 같은 기존에 없던 새로운 접근법을 통해 희귀 원소와 동일하거나 더 성능이 뛰어난 물질을 개발하는 것이든, 희귀 원소를 재생하거나 대체하는 것이 전혀 불가능하다고 할 수는 없다.

그러므로 자원 고갈을 목전에 둔 현재, 우리가 1차적으로 달성해야 하는 것은 석유, 천연가스, 석탄의 낭비를 중지하는 것이다. 이를 위해서는 재생 에너지원의 개발과 사용 확대가 절실하다. 화석연료 사용을 줄이고 재생 에너지 사용을 늘이기 위해 RE100[387]과 같은 국제협약이 체결되어 최근 높은 주목을 받고 있다. 그러나 RE100과 같은 조처만으로는 플라스틱과 화학섬유 같은 석유화학 제품의 남용으로 인한 환경 오염과 석유 고갈 문제를 완전히 해결할 수 없다. RE100과 더불어 반드시 달성해야 할 것은 100% 자원의 재생·순환 사용이다. 그리고 이 재생·순환 사용은 화석연료에 국한하지 않고 모든 지하자원으로 확장되어야 한다.

그러나 반도체, 태양광 전지를 비롯한 하이테크 산업에 사용되는 희귀 원소는 재생·순환 사용만으로는 한계가 있다. 이러한 물질들은 보다 풍부하게 존재하는 원소를 변환하여 희귀 원소 물질을 지속적으로 공급하거나, 또는 유사하거나 더 우수한 성능을 지닌 신물질을 개발하여 대체재로 공급하지 않으면, 조만간 산업 자체가 마비될 수 있다. 따라서 상대적으로 풍부하게 존재하는 원소를 희귀 원소 물질로의 변환하고, 희귀 원소와 동일하거나 더 성능이 뛰어난 신물질 개발을 위한 과학·기술적 연구 개발이 이루어져야 한다.

387　RE100은 100% Renewable Energy(100% 재생 가능 에너지)의 약자로, 세계적 기업들이 탄소 배출량 0을 목표로 100% 재생 가능한 에너지를 사용하자는 국제협약이다.

4

인구 절벽은
인재 고도화로 극복한다

합계출산율 하락으로 인한 자국내 출산 인구 감소에 대한 우려는 서유럽과 북미 및 일본에서는 1970년대, 한국은 1980년대, 중국은 1990년대부터 시작됐다. 이에 이들 국가는 출산장려금 지급, 육아 휴직 실시, 어린이 보육 시설 확대 등 출산 증진을 위한 다양한 정책을 도입했다. 그러나 그 효과는 미미하거나 전혀 없었다. 이것은 경제 부국에서 일어나고 있는 출산율 저하는 인위적인 정책적 조치로 해결할 수 있는 것이 아니라는 것을 의미한다. 따라서 인구 감소를 인정하고 그에 따른 문제를 해결하는 방향으로 접근해야 소위 '인구 절벽' 문제를 해결할 수 있을 것이다.

인구 감소를 겪는 나라의 우려는 크게 두 가지로 나눌 수 있다. 하나는 국력의 약화이고, 다른 하나는 줄어든 생산 인구와 늘어난 노년 인구로 인한 인구 구조의 노령화이다. 첫 번째 우려는 생산연령 인구 감소로 인한 GDP로 나타나는 경제 규모의 축소를 걱정하는 것이고, 두 번째 우려는 노년 인구를 부양하기 위한 재정 부족을 염려하는 것이다. 결국 두 가지 우려 모두 하나의 문제로 귀결된다. 그것은 생산력 하락이다. 그렇다면 생산 인구가 감소하더라도 생산력이 하락하지 않으면 이러한 우려는 더 이상 문제가 되지 않을 것이다.[388] 생산 인구가 감소함에도 불구하고 생산력이 하락하지 않게 하려면 어떻게 해야 할까? 그 답은 단순하다. 구성원의 생산성을 높이면 된다. 그리고 구성원의 생산성을 높이려면 구성원 개개인의 능력을 향상시키면 된다. 특히 산업과 문명이 새로운 패러다임으로 전환되는 시점에서 구성원의 역량은 패러다임 전환에 대응하는 데 있어 성패를 가르는 결정적인 역할을 한다.

역사적으로 보면, 새로운 산업, 새로운 사회, 새로운 문명을 전개하고 발전시킨 국가, 지역, 사회에는 반드시 당대에 가장 고등한 교육 체계가 있었다. 중세 시대 이탈리아 북부 도시에서 시작된 상공업을 중심으로 한 산업발전에는 도제 제도를 통해 전문 상공인을 육성한 길드(Guild)라는 전문 교육 체계가 있었다.[389] 중세 유럽은 길드의 발전과 더불어 상업이 성장하고 수공업이 발전했다. 길드가 중세 유럽의 산업 발전을 이끌었던 것이다. 그러나 산업이 더욱 발전하여 무역이 지중해 내에서 대서양으로까지 확장되고, 공장제 수공업이 등장하며 공장제 산업으로 발전하자 도제 제도는 전문 인력을 육성하는 데 한계를 드러내기 시작했다. 산업과 사회가 더 고급한 인재를 필요로 하는 시대가 된 것이다. 이러한 시대 변화에 발맞추어 새롭게 전문 인력을 공급하는 기관

---

388 자원 고갈 시대가 도래하고 있는 점을 고려할 때, 인구 감소는 생산 인구뿐만 아니라 소비 인구의 감소를 의미하기도 하므로, 자원 고갈 시대에는 오히려 축복이 될 수도 있다.
389 중세 도시에서 길드의 도제 제도는 당대의 전문 교육 기관이었다. 도제는 장인의 집에 살면서 장인으로부터 일을 배웠다. 이것은 상인 길드나 수공업자 길드 모두 마찬가지였다.

으로서 역할을 맡게 된 것이 대학이다.

대학은 근세에 새로 생긴 교육기관이 아니다. 대학은 중세인 11세기 말~13세기 초에 길드의 일종인 학생 조합과 교육자 조합에 의해 구성되기 시작했다.[390] 중세의 초기 대학[391]은 기존에 교회에서 독점하던 지식을 세속으로 가져오고, 세속적이고 합리적인 학문을 추구하며 이후 인문주의, 종교개혁, 과학혁명을 이룬 근대 지성의 기반이 됐다. 그러나 중세 말 사회적 혼란이 심각해지자, 보편적인 지식을 전수하고 교회로부터 완전히 독립하지 못한 초기의 대학 체계로는 변화하는 시대의 요구를 충족하는 인재를 육성하는 데 한계가 있었다. 이에 새로운 대학들이 유럽 전역에서 설립되기 시작했다.[392] 초기의 대학들이 라틴어를 공통 언어로 사용하고, 동일한 교과 과정과 학위를 통용하는 코스모폴리탄적 성격을 지녔던 것과 달리, 중세 후기에 설립된 대학들은 국가적·지역적 특색이 강화됐다. 그리고 학문과 교육의 방향도 바뀌었다.

이전의 대학이 지식 그 자체를 탐구하는 것이 주 관심사였다면, 중세 후기에 설립된 대학은 새롭게 시작되는 시대에서 필요로 하

---

390 초기 대학인 이탈리아의 볼로냐 대학(1088년)은 길드의 도제라 할 수 있는 학생 조합에 의해 설립되었고, 프랑스의 파리 대학(1109년)은 마스터라 할 수 있는 교육자들에 의해 설립됐다.

391 11세기 말~13세기 초에 설립된 초기 대학들은 가르치는 자와 배우는 자의 공동체로 시작되어 체계를 갖추며 대학으로 발전했다. 초기 대학으로는 이탈리아의 볼로냐 대학(1088년), 프랑스의 파리 대학(1109년), 영국의 옥스퍼드(1167년)와 케임브리지(1209년) 대학과 이탈리아의 살레르노 대학(1231년)이 있다.

392 대표적인 것으로 체코의 프라하 대학(1346년), 폴란드의 크라쿠프 대학(1364년), 오스트리아의 비엔나 대학(1365년), 독일의 하이델베르크(1385년), 쾰른(1388년), 라이프치히(1409년) 대학이 있다.

는 성직자, 의사, 법률가, 행정 관료, 교사와 같은 실용적 전문 인재를 양성하는 것을 목표로 했다. 교육의 목적 역시 학자(scholar)를 양성하는 것에서 계몽된 시민을 양성하는 것으로 바뀌었다.[393]

그 결과, 상업과 길드를 바탕으로 번영을 구가한 이탈리아 북부 지역은, 서서히 그 자리를 새로운 고등 교육 체계로 무장한 프랑스, 오스트리아, 그리고 독일 북부와 네덜란드를 비롯한 저지대와 영국 등 알프스 너머 지역에 내어주게 됐다.

이처럼 한 단계 더 발전된 교육 체계는 산업 혁신과 사회 발전에 있어서 서로 필수불가결한 관계에 있다. 혁명적 산업 발전과 고도화된 인재 육성 체계의 결합은 구산업혁명 시기(18~20세기)에서도 똑같이 나타났다. 르네상스 이후 17세기까지 서유럽 사회의 발전을 이끌었던 대학도 17~18세기에 이르러 쇠퇴하기 시작했다. 당시의 전통적인 대학은 중세 시대에 갖춰진 학문 체계, 교육 내용, 학부의 구성에 변화가 없었고, 학문은 종교에 종속되어 근대 사회로의 발전을 견인할 과학 기술의 혁신은 외면했다. 기존의 대학은 발전의 원동력이 아니라 오히려 새로운 시대로의 발전을 가로막는 존재가 된 것이다.[394] 18세기 학문의 새로운 패러다임은 실험과학이었으나 대학은 이를 수용하기에는 너무 낡고 보수화됐다. 이 시대에 위대한 과학적 성과는 대개 대학 밖에서 이루어졌다. 이에 17세기부터 곳곳에 새로운 실험실이 만들어지고,

---

393 남기원, 대학의 역사, 위즈덤하우스, **2021**, p. 131.
394 Ibid, p. 153.

전문학교의 설립395과 과학 아카데미의 등장396이 일어났다. 구산업혁명을 성공적으로 달성하고 19세기 이후 전 세계를 제패한 나라에서는 전통적인 대학과는 결이 다른 고등교육 기관이 설립되고 발전했다.

이들은 대학 명칭을 사용하는 기관도 있었고, 대학이라는 이름을 사용하지 않는 기관도 있었다.397 여기에 더해 구산업혁명이 1차에서 2차로 진행되면서 과학·기술은 고도화 되어가고, 행정·관리는 복잡해지고 전문화 되어감에 따라, 기존 대학의 교육 과정만으로는 이를 수용하기에 부족하게 됐다. 이에 독일을 중심으로 교수와 학생이 함께 연구하고 실험하며 학문을 탐구하는 연구 중심 대학이 등장했다. 이 대학들은 '세미나'를 통해 연구와 교육이 결합된 새로운 고등교육 기관으로, 대학원 과정을 중심으로 한다. 이러한 대학원 제도는 독일이 영국과 프랑스를 추월하여 2차 산업혁명의 선두 주자로 나서는 데 결정적인 역할을 했다.

이어 미국이 산업화를 이루며 경제적으로도 윤택해지고 해상교통이 발달하자, 많은 미국의 젊은이들이 독일을 비롯한 유럽의 대학으로 유학을 갔다.398 이들은 미국으로 돌아와 독일식 대학

395　Ibid, p. 169.
396　Ibid, p. 176.
397　현대의 대학은 전통적인 대학과는 다른 다양한 형태의 대학이 존재한다. 그리고 대학이라는 명칭을 사용하지 않는 고등교육 기관도 많이 있다. '한국예술종합학교' 같은 것이 그 예이다.
398　영국의 식민지였던 미국의 초기 대학은 영국식 대학을 모델로 삼아 설립됐다. 이후 식민지에서 벗어나고 사회가 발전하자 19세기 들어 대학의 수가 급격히 증가했다. 그러나 당시 미국 대학의 교육여건은 유럽 대학들에 비해 매우 열악한 상태였다. 이에 많은 미국의 젊은이들이 유럽으로 유학을 떠났는데, 그들이 선호하는 곳은 영국이 아니라 독일이었다.

모형을 이식하여 대학에 대학원 과정을 설치하기 시작했다. 그러나 단순히 독일식 대학원 과정을 이식하는 데 그치지 않고, 독일 대학의 '세미나'에 '수업 활동(courseworks)' 등을 추가하여 대학원 과정을 보다 심도 있고 체계화한 제도로 발전시켰다. 뿐만이 아니라, 미국은 대학을 학과별로 조직하는 학제개편을 시행하여 학문 분야를 고도로 전문화했고,[399] 대학을 다양화하여 고등교육의 지역적 차별 해소와 대중화의 길을 열었다. 그 결과, 미국의 대학은 연구중심 대학, 교육중심 대학, 커뮤니티 칼리지(community college)로 기능과 역할에 따라 나뉘었다. 이러한 고도화와 다양화의 토대에서 육성된 인재들은 미국이 2차 산업혁명의 성공에 머물지 않고 전후 20세기에 3차 산업혁명을 선도하는 국가로 발전하는 견인차가 됐다.

'새 술은 새 부대에'라는 말이 있다. 이는 구산업혁명인 1~3차 산업혁명 과정을 보아도 그 진가가 그대로 드러난다. 예를 들어, 1차 산업혁명인 영국의 산업혁명에서는 전통을 고수하던 기존의 명문 대학인 옥스퍼드나 케임브리지 대학이 아니라, 개방적이고 유연한 교육을 실시한 스코틀랜드의 대학[400]과 지역 사회가 주도

---

399 예를 들면, 예전에 하나의 학문 분야로 묶여 있던 '과학'을 수학, 물리학, 화학, 생물학, 지질학 등으로 세분하고 전문화시켰다. 이러한 세분화와 전문화는 인문학과 사회과학 분야에서도 마찬가지였다.

400 옥스퍼드와 케임브리지 대학은 귀족이나 젠트리 등 사회 엘리트층이 다수를 구성하고, 인문학을 강조하며 직업 교육을 외면했다. 그러나 스코틀랜드의 대학들은 종파와 빈부를 차별하지 않았고, 새로운 학문 분야의 도입에도 적극적이었다. 이러한 분위기는 스코틀랜드 대학들이 재능 있는 인재들을 끌어들여 영국의 산업혁명의 원동력이 되었고, 영국의 산업 발전과 근대 과학 발달에 크게 기여하게 했다. 스코틀랜드 대학의 이러한 분위기는 와트가 글래스고 대학에서 증기기관을 개발하는 데 결정적인 역할을 했다. 당시 스코틀랜드

해서 설립한 대학들[401]이 크게 기여했다. 그리고 2차 산업혁명을 선도한 독일에서는 국가가 주도하여 정부와 산업을 이끌어갈 전문 인력 양성을 목표로 교육과 연구가 결합된 근대 대학을 설립했다. 새 술을 담긴 위한 새 부대인 대학을 국가가 주도하여 처음부터 새로 만든 것이다.[402] 한편, 미국이 제2차 세계대전 후 인터넷을 비롯한 IT 산업을 일구며 3차 산업혁명을 주도하는 데에는 20세기 들어서 연방 정부, 산업, 대학을 연결하는 네트워크라는 새로운 체계를 도입한 것이 큰 역할을 했다. 이 네트워크는 대학의 연구 역량을 비약적으로 향상시키면서 체계화된 대학원 교육을 통해 서유럽 국가들을 뛰어넘는 한 차원 높아진 인재를 육성해냈다.

이상에서 보았듯이, 어느 한 나라와 사회가 새로운 산업 혁신을 이루어 내고 선도하는 데에는 반드시 이전 시대의 인재 육성을 뛰어넘는 고도화된 인재 육성 체계가 함께 했음을 알 수 있다. 따라서 4차 산업혁명을 비롯한 신산업혁명이라는 새 술에도 현재의 고등교육 체계를 뛰어넘는 새로운 교육 체계라는 새 부대가 절대적으로 필요하다. 특히, 한국의 경우 급격한 인구 감소로 인한 노동 인구 감소까지 고려할 때, 인재의 고도화 없이는 4차 산업혁명

지역의 대학으로는 세인트앤드루스(St. Andrews, 1413년), 글래스고(Glasgow, 1451년), 애든버러(Edinburgh, 1583년), 애버딘(Aberdeen, 1495년) 대학이 있다.

[401] 지역 사회가 주도해 설립한 대학으로는 더럼(Durham, 1832년), 뉴캐슬(Newcastle, 1834년), 런던(London, 1836년), 맨체스터(Manchester, 1851년), 브리스틀(Bristol, 1876년), 셰필드(Sheffield, 1879년), 버밍엄(Birmingham, 1880년), 리버풀(Liverpool, 1881년), 리즈(Leeds, 1884년) 대학 등이 있다.

[402] 이러한 대학으로는 할레(Halle, 1694년), 괴팅겐(Göttingen, 1734년), 베를린(Berlin, 1810년) 대학 등이 있다.

을 비롯한 신산업혁명을 선도하는 것은 불가능하다.

따라서, 현재 미국의 인재 육성 체계를 뛰어넘는 고도화된 교육 체계의 구축 없이 현대 산업의 최선두에 있는 미국을 뛰어넘는 것은 요원한 일이다. 이를 이루어내기 위한 방안으로는 다음의 세 가지 교육 체계 도입을 통한 인재 고도화를 생각해 볼 수 있다.

1. 현장에서 일하는 인력을 두 번째 전공을 이수하게 하여 융합형 인재로 육성하는 체계.
2. 산업별 종합학교를 설립하여 맞춤 산업 시대를 선도할 수 있는 인재를 육성하는 체계.
3. 박사 후(Postdoctor) 연구를 체계화하고, 박사 후 연구원들이 학제간 융합 연구를 활발히 수행할 수 있는 전문 기관 설립으로 초고도화한 인재로 육성하는 체계.

첫 번째 방안인 '현장에서 일하는 인력을 두 번째 전공을 이수하게 하여 융합형 인재로 육성하는 체계'는 현재 각종 교육 기관에서 실시하는 '평생교육원'이나 최근 몇몇 대학에 선별적으로 도입한 '평생교육대학'과는 다른 접근이다. 이 체계는 정규 대학 과정을 그대로 이용하여 현업에서 활발히 활동하고 있는 인재의 능력을 한 단계 향상시키는 방법이다. 이는 대학 교수들의 연구년 제도와 같은 '국민 학습년(가칭)' 같은 제도를 실시하여, 자신의 업무 현장에서 상당한 경험을 쌓은 인력으로 하여금 대학에서 새로운 분야의 전공 과정을 이수하는 것을 제도화하는 것이다. 이를 통해 산업 현장의 모든 인력을 융복합 능력을 갖춘 인재로 육성하는 방안이다. 예를 들어, 근무 경력 5년에 1년씩의 '학습년'을 누적시켜 20년을 근무하면 4년의 '학습년'을 의무적으로 사용하게 하는 제도를 실시하는 것이다. 이는 모든 노동 인구의 현재 능력을 배가시키는 방안이다.

두 번째 방안인 '산업별 종합학교를 설립하여 맞춤 산업 시대를 선도할 수 있는 인재를 육성하는 체계'는 현재 대학의 전공 분야가 과도하게 세분화되어 있기 때문에 필요하다. 현 대학 체계로는 4차 산업혁명의 한 축인 맞춤생산 맞춤유통 시대에 걸맞은 인재를 육성하는 데 한계가 있다. 맞춤생산 맞춤유통 시대에는 다양하면서도 복합적인 전문 지식이 필요하다. 각 산업별로 기존 해당 산업 분야의 전공 지식에 더하여 연관 분야의 지식까지 아우를 수 있는 교육 체계가 구축되어야 비로소 효과적으로 4차 산업혁명에 발맞추어 각 산업이 대응해 나갈 수 있다.

이러한 '종합학교' 설립의 예시로는, 한때 섬유산업의 메카였던 대구에 '한국패션종합학교(가칭)'를 설립하여 소재에서 디자인, 패션쇼까지 대구 지역의 섬유 산업 기반에 미래기술을 접목한 패션 관련 전분야를 종합적으로 연구하고 교육하는 미래 패션 고등교육 기관을 설치하는 것을 들 수 있다. 또 다른 예시로는, 한국의 전통 음식과 전통 음악의 중심지인 전주에 '한국문화종합학교(가칭)'를 설립하여 전통과 미래 기술이 융합된 새로운 K-문화를 창출하는 기관으로 자리매김하게 하는 것도 생각할 수 있다. 이러한 '종합학교'는 각 지역과 산업별로 다양하게 구축될 수 있다. '국민 학습년'제도가 현재의 현장 인력의 능력을 배가시키는 방안이라면, '종합학교'는 미래 세대의 융·복합형 인재를 육성하는 방안이다.

세 번째 방안인 '박사 후 연구를 체계화하고, 박사 후 연구원들이 학제간 융합 연구를 활발히 수행할 수 있는 전문 기관 설립으로 초고도화한 인재로 육성하는 체계'는 4차 산업혁명과 그 이후의 산업혁명을 선도해 나가는 데 있어 가장 핵심적인 인재 고도화 방안이다. '박사 후 연구' 과정은 미국에서 박사학위 취득자가 정규직을 얻기 전까지 대학 연구실에 머물며 연구를 계속 수행하는 임시직으로 시작됐다. 시간이 흐르면서 2~3년 정도의 박사 후 연구 과정을 거치는 것이 일반화되고 있으나, 여전히 임시직이고 체계화된 과정은 아니다. 이 제도는 18~19세기에 독일이 고등교육 체계를 개혁하면서 '세미나'로 운영되는 느슨한 대학원 제도를 도입한 것과 유사한 면이 있다. 이 느슨한 대학원 제도는 미국의 대학들이 19세기부터 도입하여 보다 심도 깊고 체계화된 제도로 발전시켰고, 이후 3차 산업혁명을 견인하는 인재를 육성하는 원동력이 됐다.

4차 산업혁명을 포함한 신산업혁명을 주도하는 보다 고도화된 인재를 육성하기 위해서는 미국의 대학원 제도를 뛰어넘는 보다 고등한 교육 체계가 필요하다. 이 체계의 핵심은 체계화된 '박사 후 연구' 제도의 도입이다. 이 제도는 각자의 전공 분야에서 박사학위를 취득한 후, 서로 다른 전공자들이 한 곳에 모여 자발적으로 융합연구 프로젝트를 개발하고 수행하면서 융합연구 능력을 키우는 초고도 인재를 육성하는 것을 목표로 한다. 이렇게 육성된 인재는 4차 산업혁명은 물론, 이후에 전개되는 산업혁명에서도 과학·기술 개발 등을 선도하는 역할을 하게 될 것이다.

따라서 출산율 감소로 인해 발생하는 인구 절벽으로 일어나는 생산력 저하 문제를 생산 인구의 인재 고도화로 대응한다면, 인구 감소는 재앙이 아니라 새로운 시대를 여는 인재를 선점하는 절호의 기회이자 축복의 장이 될 수 있다.

5

신산업화 시대의 서막,
4차 산업혁명

우연인지 모르겠으나, 현대 문명은 대략 300년을 주기로 패러다임이 전환되며 전개되어 왔다. 현대 문명을 주도하고 있는 서양 문명의 패러다임 변화를 보면, 12~14세기의 이탈리아 도시 국가들(베네치아, 제노바, 피사, 피렌체 등)이 중심이 된 '지중해 교역 시대'와 15~17세기의 '대항해 시대' 모두 약 300년을 한 주기로 하여 번영하고 쇠퇴했다. 이후 18세기 중엽에 영국에서 시작된 산업혁명에 의한 산업화 시대 역시 이제 300여 년의 세월이 흘렀다. 서양 문명의 300년 주기를 고려하면 18세기에 시작된 구산업화 시대가 막을 내리고 있다고 할 수 있다.

현재의 산업화 시대가 막을 내리고 있다는 것은 위의 각 문명이 인구 변화와 밀접하게 연관되어 있다는 점을 보아도 충분히 예상할 수 있다. 10~11세기에 유럽은 사회가 안정되고 농업에서 2포제와 3포제가 보급되면서, 농업 생산성이 크게 높아지며 인구 역시 크게 증가했다.[403,404] 농업 생산량의 증가와 인구 증가는 18세기 이후의 산업혁명기와 마찬가지로 도시의 성장과 공산품의 수요 역시 증가시켰다. 이는 교역을 중심으로 하는 상업과 길드를 기반으로 하는 수공업의 발전[405,406]을 일으켜 12세기부터 14세기까지 300여 년에 걸친 지중해 교역 시대를 열었다.

그러나 이 지중해 교역 시대의 번성은 14세기에 급격한 변화가 일어나며 막을 내릴 수밖에 없었다. 그 변화는 14세기 서유럽 사회에서 발생한 잉글랜드와 프랑스의 백년전쟁(1337~1453), 이베리아 반도에서의 레콩키스타(Reconquista, 718~1492)[407] 등의 전쟁[408], 역병[409], 기근[410,411] 등으로 인한 인구 감소였다. 그 결과, 농업과 수공업의 착실한 팽창에 토대를 둔 300여 년에 걸쳐 증대하던 지중해 교역을 비롯한 유럽의 부는 중지 또는 역전됐다.

지중해 교역 시대의 번영으로 인구가 급증하자,[412] 농업은 경작할 토지가 부족해지기 시작했다. 1300년경, 서유럽 지역에서 대부분의 비옥한 토지는 이미 경작이 되고 있었고, 새로 개간할 토

---

403   B. Tierney, S. Painter, 이연규 역, 서양 중세사: 유럽의 형성과 발전, 집문당, **1986**, p. 181.

404   심재윤, 서양 중세사의 이해, 선인, **2005**, p. 124.

405   Ibid, p. 228.

406   B. Tierney, S. Painter, 이연규 역, 서양 중세사: 유럽의 형성과 발전, 집문당, **1986**, p. 269.

407   718년부터 1492년까지 775년간에 걸쳐 이베리아 반도 북부의 가톨릭 왕국들이 이베리아 반도 남부의 이슬람 세력을 몰아내는 운동을 말한다. '레콩키스타'는 에스파냐어와 포르투갈어로 '재정복'을 의미한다.

408   Ibid, p. 485.

409   Ibid, p. 535.

410   Ibid, p. 467.

411   심재윤, 서양 중세사의 이해, 선인, **2005**, p. 268.

412   14세기말에 유럽의 인구는 서로마 멸망 직후와 비교해 2배에 달했고, 영국의 경우 1100년 약 150만 명이던 인구가 1348년 480만 명으로 증가했다.

지는 없거나 있어도 메마른 땅이어서 충분한 식량을 수확하기 어려웠다. 이에 더하여 14세기 초부터 '소빙하기(Little Ice Age, LIA)'라 할 만한 기상이변이 발생해 춥고 습한 날씨가 지속됐다.[413] 인구 증가로 경작 가능한 토지가 부족한 상태에서 기상이변은 엎친 데 덮친 격으로 심각한 식량부족을 야기했다. 이로 인해 1309~1325년의 대기근 시기에는 도시의 10~15%의 인구가 굶어 죽는[414] 등 유럽 전역에서 수 많은 사람이 굶어 죽었다. 더욱이 14세기에 유럽을 휩쓴 흑사병 등으로 1400년의 유럽 인구는 흑사병 이전에 비해 1/3~1/2로 감소했다. 이로써 14세기는 인구 증가 시대에서 인구 감소 시대로 인구 역전이 일어난 세기가 됐다. 현재 우리가 살고 있는 21세기도 개간할 토지 부족과 기상이변이 일어나고 있다는 점과 머지않아 세계 인구가 감소하는 인구역전이 일어날 것이라는 점에서 14세기와 매우 닮았다.

인구 감소는 당연히 노동력 부족과 소비자 감소를 일으켰다. 노동력 부족은 노동자의 임금 상승을 일으켰고, 소비자 감소는 상품의 과잉공급과 수요 감소를 초래했다. 이는 농촌에서는 지주들의 파산, 도시에서는 길드의 해체를 야기했다. 따라서 많은 농민과 노동자들은 새로운 일자리가 필요했고, 12~14세기 지중해 교역을 통해 상당한 자본을 축적한 상인들은 새로운 투자처가 필요했다.[415] 이러한 시기에 인구의 대부분이 해안지역에서 어업과 무역에 종사하는 신생 소국인 포르투갈은 부를 일구기 위해서는 해

---

413 중세 후기에 발생한 소빙하기는 1300년에서 1850년까지 약 500년간 지속됐다.
414 심재윤, 서양 중세사의 이해, 선인, **2005**, p. 268.
415 B. Tierney, S. Painter, 이연규 역, 서양 중세사: 유럽의 형성과 발전, 집문당, **1986**, p. 538.

상무역에 진출해야 해야만 했다. 그러나 유럽은 흑사병 등으로 시장이 붕괴되고 있었고, 지중해 지역은 이탈리아의 도시 국가들과 이슬람 세력에 의해 장악되어 있었다. 뿐만 아니라, 지중해로 진출하기 위해서는 지브롤디(Gibraltar) 해협을 통과해야 했다. 따라서 포르투갈은 새로운 시장 개척을 위해서는 유럽 외부로 눈을 돌려야만 했다.

당시 유럽 세계의 변방이자 소국인 포르투갈의 혁신적인 시도는 놀라운 결과를 가져왔다. 대항해 시대[416]가 시작된 것이다. 대항해 시대는 전 지구적인 국제무역의 시작이자 유럽 식민제국들의 탄생으로 이어졌다. 유럽 지역의 인구 감소가 기존에 지중해 무역을 장악하고 있던 이탈리아의 도시국가들에게는 재앙이 되었으나, 변방의 신생 소국 포르투갈에게는 과감한 혁신을 하게 하는 동기가 됐다. 이로써 포르투갈은 대항해 시대의 선두주자로 나서게 됐다. 이후 300여 년에 걸쳐 진행된 '유럽 식민지화 제1물결'이라고도 불리는 1차 세계화의 시작인 대항해 시대는 유럽의 재앙적 수준의 인구 감소로 촉발되었으나 결과는 유럽 세계의 대팽창으로 결말지어졌다.

21세기 현재는 인구 증가와 함께 18세기에 시작되어 3세기 동안 팽창해 온 구산업혁명 사회가 인구 감소 시대로 전환되는 길목에 서 있다. 다시 지중해 교역 시대 말과 같은 상황이 도래하고 있는 것이다. 지중해 교역시대가 끝나가고 있다는 것은 대항해

---

416 대항해 시대는 유럽 역사에서 15~17세기에 대규모 해양 탐험이 이루어진 시기로 '유럽 식민지화 제1물결(the First Wave of European Colonization)'이라고도 불린다.

시대가 시작되고 있다는 것과 다름이 아닌 것처럼, 지난 3세기에 걸쳐 펼쳐진 구산업화 시대가 끝나가고 있다는 것은 새로운 3세기에 걸쳐 펼쳐질 신산업화 시대의 서막이 열리고 있다고도 할 수 있다. 그리고 대항해 시대의 시작이 원거리 항해를 가능하게 한 '나침반'[417]과 '삼각 돛[418]을 장착한 범선' 기술이 있었기에 가능했던 것처럼, 신산업화 시대의 서막이라 할 수 있는 4차 산업혁명에서는 아마도 'AI'와 '스마트 팩토리' 기술이 '나침반'과 '삼각 돛을 장착한 범선'이 되지 않을까 생각한다.

그러나 명심해야 할 것은 어떤 기술이 4차 산업혁명을 주도할 것이냐가 아니라, 4차 산업혁명의 목표를 달성하는 데 어떤 기술이 가장 유효하냐에 초점을 맞추고 열린 마음으로 기술 발전을 주시해야 한다. 기술은 수단이지 목적이 아니다.

417　나침반은 11세기 중국에서 항해를 하는 데 이용하기 시작했고, 12세기 말에서 13세기 초에 유럽으로 전래됐다.

418　삼각 돛은 역풍에 거슬러 항해할 수 있게 하는 기술이다. 삼각 돛을 단 범선이 있었기에 포르투갈이 역풍을 거슬러 아프리카 서해안과 남미 대륙까지 항해할 수 있었다. 삼각 돛은 이미 인도네시아의 오스트로네시아족이 기원전에 사용했다. 삼각 돛 사용법은 12세기경에 중국에 알려졌고, 이후 유럽에 전파됐다.

1. 김소영 외, 4차 산업혁명이라는 유령: 우리는 왜 4차 산업혁명에 열광하는가, 휴머니스트, 2017.

2. 김은 외, 4차 산업혁명과 제조업의 귀환: 독일 전문가들이 들려주는 인더스트리 4.0의 모든 것, 클라우드나인, 2017.

3. 남기원, 대학의 역사, 위즈덤하우스, 2021.

4. 대학내일20대연구소, Z세대 트렌드 2023: 하이퍼 퍼스낼리티, 더 선명하고 입체적인 나, 위즈덤하우스, 2022.

5. 신성은, 글로벌 패션기업의 직무 수요 데이터 분석을 통한 4차 산업혁명 시대의 패션 산업 직무 연구, 문학석사학위논문, 창원대학교 대학원, 2023년 1월.

6. 심재윤, 서양 중세사의 이해, 선인, 2005.

7. 이영림, 주경철, 최갑수, 근대 유럽의 형성: 16~18세기, 초판 2쇄, 까치글방, 2012.

8. Baldwin, R., 엄창호 역, 그레이트 컨버전스, 세종연구원, 2019.

9. Deane, P., 나경수, 이정우 역, 영국의 산업혁명, 민음사, 1987.

10. Dent, H., 권성희 역, 2018 인구 절벽이 온다: 소비, 노동, 투자하는 사람들이 사라진 세상, 청림출판, 2015.

11. Freeman, C.; Louçã F., 김병근 외 역, 혁신의 경제사: 산업혁명에서 정보혁명까지, 박영사, 2021.

12. Gordon, J. S., 안진환, 왕수민 역, 부의 제국, 황금가지, 2007.

13. Kindleberger, C. P., 주경철 역, 경제 강대국 흥망사 1500-1990, 초판 3쇄, 까치글방, 2007.

14. Laurent, C., 강유리 역, 인구를 알면 경제가 보인다, 원앤원북스, 2013.

15. Raymond, M., 박정숙 역, 미래의 소비자들, 에코비즈, 2006.

16. Rifkin, J., 안진환 역, 3차 산업혁명, 민음사, 2012.

17. Schwab, K., 김민주, 이엽 역, 클라우스 슈밥의 제4차 산업혁명 더 넥스트(The Next), 새로운현재, 2018.

18. Schwab, K., 송경진 역, 클라우스 슈밥의 제4차 산업혁명, 메가스터디북스, 2016.

19. Tierney, B.; Painter, S., 이연규 역, 서양 중세사: 유럽의 형성과 발전, 집문당, 1986.

20. Wingert, J.-L., 김성희 역, 에너지 전쟁: 석유가 바닥나고 있다, 청년사, 2007.

21. Adams, H. C. *Report on Transportation Business in the United States at the Eleventh Census 1890*, United States Census Office, Washington D. C.: Government Printing Office, 1895.

22. Albert, W. *The Turnpike Road System in England 1663~1840*, Cambridge Univ. Press, 1972.

23. Bailyn, B. *Voyagers to the West: A Passage in the Peopling of America on the Eve of the Revolution*, Vintage Books, 1988.

24. Baten, J. *A History of Global Economy: 1500 to the Present*, Cambridge Univ. Press, 2016.

25. Broadberry, S.; et al. *British Economic Growth 1270-1870*, Cambridge Univ. Press, 2015.

26. Chiswick, B. R.; Hatton, T. J. *International Migration and the Integration*

of Labor Markets, In *Globalization in Historical Perspective*, Bordo, M. D.; et al. eds., Univ. of Chicago Press, 2003.

27. Clemens, M. A.; Williamson, J. G. *A Tariff-Growth Paradox? Protection's Impact the World Around 1875-1997*, NBER Working Paper No. 8459, 2001. http://www.nber.org/papers/w8459

28. Dholakia, N.; Dholakia, R. R.; Kshetri, N. *Global Diffusion of the Internet*, In *The Internet Encyclopedia*, Bidgoli, H. ed., Vol. 2, John Wiley & Sons, 2004.

29. Dunning, J. H. *Changes in the Level and Structure of International Production: The Last One Hundred Years*, In *The Growth of International Business*, Casson, M.; Buckley, P. J. eds., George Allen & Unwin Ltd., 1983.

30. Dunning, J. H. *Studies in International Investment*, George Allen & Unwin Ltd., 1970.

31. Eckermann, E. *World History of the Automobile*, Society of the Automotive Engineers, 2001.

32. Eichengreen, B. *The European Economy since 1945*: *Coordinate Capitalism and Beyond*, Princeton Univ. Press, 2007.

33. Farnam, H. W. *Chapters in the History of Social Legislation in the United States to 1860*, Day, C. ed., The Lawbook Exchange, Ltd., 2000.

34. File, T.; Ryan, C. *Computer and Internet Use in the United States: 2013*, American Community Survey Reports, ACS-28, U.S. Census Bureau, Washington, DC, 2014.

35. Gibson, C. J.; Lennon, E. *Historical Census Statistics on the Foreign-born Population of the United States: 1850-1990*, United States Census Bureau, Working Paper Number POP-WP029, February 1999.

36. Goldfield, E. D. *Statistical Abstract of the United States*, 76th ed., U. S. Department of Commerce, U. S. Census Bureau, U. S. Government Printing Office, 1955.

37. Greenstein, S. *How the Internet Became Commercial: Innovation, Privatiza-*

tion, and the Birth of a New Network, Princeton Univ. Press, 2015.

38. Grinin, L. *Periodization of History: A theoretic-mathematical analysis*, In *History & Mathematics: Analyzing and Modeling Global Development*, Grinin, L.; de Munck, V. C.; Korotayev, A. eds., URSS, 2006.

39. Guy. J. *Tudor England*, Oxford Univ. Press, 1990.

40. Hall, A. R.; Smith, N. eds. *History of Technology*, Vol. 3, Bloomsbury Academic, 1978.

41. Hamada, K.; Kasuya, M. *The Reconstruction and Stabilization of the Post War Japanese Economy: Possible Lessons for Eastern Europe?* In *Postwar Economic Reconstruction and Lessons for the East Today*, Dornbusch, R.; et al. eds., MIT Press, 1993.

42. Hills, R. L. *Power from Steam: A History of the Stationary Steam Engine*, Cambridge Univ. Press, 1993.

43. Holliday, F. *The Middle East in International Relations: Power, Politics and Ideology*, Cambridge Univ. Press, 2005.

44. Hoover Report *Report of the Committee on Recent Economic Changes*, National Bureau of Economic Research, 1929.

45. Hounshell, D. A. *From the American System to Mass Production, 1800-1932: The Development of Manufacturing Technology in the United States*, Johns Hopkins Univ. Press, 1984.

46. Hunters, L. C. *Steamboats on the Western Rivers: An Economic and Technological History*, Dover Pub. Inc., 1949.

47. Hyde, C. K. *Technological Change and the British Iron Industry 1700~1870*, Princeton Univ. Press, 1977.

48. Jackman, W. T. *The Development of Transportation in Modern England*, Vol. 1, Cambridge Univ. Press, 1916.

49. Jones, G. M.; Moles, O. C. *Atlantic Intracoastal Canals: Commercial, Military, and Other Advantages of Deep Sea-Level Canals Connecting North Atlantic Coastal Waterways*, Washington D. C.: Government Printing

Office, 1918.

50. Lebergott, S. *Pursuing Happiness: American Consumers in the Twentieth Century*, Princeton Univ. Press, 1993.

51. Lewis, D. L. *The Public Image of Henry Ford: An American Folk Hero and His Company*, Wayne State Univ. Press, 1976.

52. McNeil, I. *An Encyclopedia of the History of Technology*, Routledge, 1990.

53. Mitchell, B. R. *Abstract of British Historical Statistics*, Cambridge Univ. Press, 1962.

54. North, D. C. *The Economic Growth of the United States 1970~1860*, W. W. Norton & Company Inc., 1966.

55. Nye, D. E. *Electrifying America: Social Meaning of a New Technology, 1880-1940*, MIT Press, 1992.

56. O'Rourke, K. H.; Williamson, J. G. *Globalization and History: The Evolution of a Nineteenth-Century Atlantic Economy*, The MIT Press, 1999.

57. Oi, W. Y.; Hurter, Jr., A. P. *Economics of Private Truck Transportation*, WM. C. Brown Co. Inc., 1965.

58. Perkins, E. J. *The Economy of Colonial America*, 2nd ed., Columbia Univ. Press, 1988.

59. Pfister, U.; Fertig, G. *The Population History of Germany: Research Strategy and Preliminary Results*, MPIDR Working Paper WP 2010-035, 2010, Max Planck Institute for Demographic Research, Germany.; Statistisches Bundesamt. https://www.demogr.mpg.de.

60. Population Division *World Population Prospects 2022: Summary of Results*, United Nations, Department of Economic and Social Affairs, UN DESA/POP/2022/TR/NO.3.

61. Putnam, R. D. *Bowling Alone: The Collapse and Revival of American Community*, Simon & Schuster, 2000.

62. Ripley, D. *The Little Eaton Gangway and Derby Canal*, Oakwood Press, 1993.

63. Rostow, W. W. *The Stages of Economic Growth: A Non-Communist Manifesto*, 3rd. ed., Cambridge Univ. Press, 1991.

64. Routledge, R. *A Popular History of Science*, 2nd ed., George Routledge and Sons, 1881.

65. Say, J.-B. A *Treatise on Political Economy; or the Production, Distribution, and Consumption of Wealth*, 6th American ed., Grigg & Elliott, 1834.

66. Schumpeter, J. A. *Business Cycles, Vol. 1: A Theoretical Historical, and Statistical Analysis of the Capitalist Process*, Martino Fine Books, 2017.

67. Schwab, K.; Davis, N. *Shaping the Fourth Industrial Revolution*, World Economic Forum, 2018.

68. Taylor, G. R. *The Transportation Revolution, 1815-1860*, Routledge, 1951.

69. Thompson, S. P. *Dynamo-electric Machinery: A Manual for Students of Electrotechnics*, E. & F. N. Spon, 1888.

70. Torp, C. *The Great Transformation: German Economy and Society 1850-1914*, In *The Oxford Handbook of Modern German History*, H. W. Smith ed., 2011.

71. Tylecote, A. *The Long Wave in the World Economy: The Present Crisis in Historical Perspective*, Routledge, 1992.

72. U.S. Geological Survey *Mineral Commodity Summaries*, 2024.

73. Wrigley, E. A.; Schofield R. S. *The Population History of England, 1541-1871: A Reconstruction*, Harvard Univ. Press, 1981.

74. Zakaria, F. *From Wealth to Power: The Unusual Origins of America's World Role*, Princeton Univ. Press, 1998.

| 찾아보기